LES RYTHMES DU VIVANT

COMPRENDRE LES CYCLES QUI RÉGISSENT LA NATURE

HELEN PILCHER

DELACHAUX
ET NIESTLÉ

MIXTE
Papier | Pour une gestion forestière responsable
FSC® C020353
FSC www.fsc.org

Édition originale :

Titre original : *How nature keeps time, understanding live events in the natural world*

Édition française :

Dépôt légal : janvier 2024
ISBN : 978-2-603-03059-2

Traduction : Elsa Hoffmann
Préparation et mise en pages : Littopia
Relecture : Caroline Dangles
Relecture scientifique : Patrice Lebrun
Adaptation couverture : Littopia

SOMMAIRE

3 LE TEMPS ET LA VIE

4 LE TEMPS ET LA CROISSANCE

5 LE TEMPS ET LES COMPORTEMENTS

6 LE TEMPS ET LA BIOLOGIE

INTRODUCTION

UNE QUESTION DE TEMPS

Selon les partisans de la théorie du big bang, l'Univers a commencé à se former il y a environ 13,8 milliards d'années, à la suite d'une explosion cataclysmique qui a engendré la création de l'énergie et de la matière, pour finalement donner naissance à la planète sur laquelle nous vivons.

De nos jours, la Terre regorge de vie, et de nombreux événements s'y déroulent au fil du temps qui passe. Dans cet ouvrage, nous allons explorer les différentes échelles de temps dans lesquelles s'intègrent ces événements naturels afin de mieux comprendre la relation entre le temps et la nature. Chaque chapitre est consacré à une échelle de temps spécifique.

Celle liée à l'évolution retrace les grands épisodes de l'histoire de notre planète, comme le passage de la vie aquatique à la vie terrestre de certains organismes, la disparition de diverses espèces ou encore l'émergence d'un primate assez puissant pour détruire la Terre.

L'échelle de temps liée à l'écologie évoque le caractère dynamique des écosystèmes. Les castors, par exemple, peuvent en quelques semaines seulement former tout un écosystème en bâtissant leur habitat singulier sur les rivières, tandis que les dépouilles en décomposition des baleines bleues peuvent devenir de véritables écosystèmes dans les profondeurs océaniques et abriter la vie pendant plusieurs décennies.

L'échelle de temps liée à la vie se réfère au temps qui s'écoule entre le début et la fin d'une vie. Alors qu'un éphémère adulte vit moins d'une journée, le plus vieil arbre toujours debout est âgé de plus de 4500 ans.

En parallèle, l'échelle de temps liée à la croissance mesure les développements qui se produisent au cours d'une vie. Là encore, les extrêmes se côtoient : le requin du Groenland atteint sa maturité sexuelle au bout de 150 ans, tandis que l'axolotl conserve ses caractéristiques juvéniles toute sa vie.

L'échelle de temps liée aux comportements mesure la façon dont les organismes agissent en fonction de leur environnement. Ces comportements peuvent se dérouler sur des périodes de temps longues, comme la migration des papillons belle-dame, ou sur des laps de temps très courts, comme une plante carnivore capturant en quelques millisecondes sa proie.

Enfin, l'échelle de temps liée à la biologie est dépendante de processus physiologiques, comme le métabolisme et la production d'hormones. Du nombre de respirations par minute au temps nécessaire pour faire ses besoins, ces cycles structurent les processus naturels qui permettent aux organismes vivants de fonctionner et de survivre.

Embarquons ensemble dans un voyage à travers le temps dans la nature.

La belle-dame ne vit que quelques semaines, mais au cours de sa vie elle peut parcourir des milliers de kilomètres.

PRENDS DU BON TEMPS

Que ce soit lorsque nous humons le doux parfum d'une prairie en fleurs ou lorsque nous écoutons le chant mélodieux d'un merle à la tombée du jour, la nature a le don de nous faire du bien. Intuitivement, nous le savions déjà, mais de récentes études scientifiques ont apporté des données empiriques corroborant l'idée d'une sorte de «service de santé par la nature» bénéfique à tout un chacun.

Il a été démontré que passer du temps «au vert» favorise à la fois notre bien-être physique et mental. Les personnes qui vivent dans des quartiers arborés ont moins de risques de développer des maladies cardio-vasculaires, de devenir obèses et diabétiques. Elles font également état de niveaux de stress réduits, de rythmes de sommeil améliorés, ainsi que de niveaux de santé et de bien-être supérieurs.

Les bénéfices potentiels qu'il y a à passer du temps dans la nature sont tellement incroyables que certains docteurs proposent désormais des «prescriptions vertes» qui encouragent fortement les patients à entretenir des interactions avec la nature. Un programme de ce type, mis en place en Nouvelle-Zélande, a permis de constater que, au bout de six mois, les deux tiers des patients qui avaient reçu cette prescription se sentaient en meilleure santé et étaient davantage actifs. L'écothérapie, une approche

L'expansion de la vie urbaine

Homo sapiens évolue.

Construction des premières villes.

thérapeutique encourageant les activités en extérieur, où les gens font du jardinage ou des randonnées en groupe, est également à l'étude en tant que traitement pour soigner certains types de dépression.

Même si cela semble génial, nous avons souvent peu de temps pour cela dans nos vies bien remplies. Alors, quelle serait la « dose » optimale de nature que nous devrions prendre ? Une fois encore, la science connaît la réponse. Une étude de 2019, réalisée auprès de 20 000 personnes, a démontré que les bénéfices obtenus en allant se mettre au vert seulement deux heures par semaine sont suffisants pour renforcer le sentiment de bonheur et celui d'être en bonne santé. Qu'il s'agisse d'une longue randonnée ou de plusieurs petites excursions, le fait de passer du temps dans la nature améliore le bien-être physique et mental, avec des résultats probants chez tout le monde, quels que soient l'âge, le genre ou encore le niveau de santé (incluant le handicap).

Si nous avons tous entendu ou lu les messages des autorités de santé nous incitant à manger cinq fruits et légumes par jour, ou à entreprendre 150 minutes d'activité physique par semaine, il est aussi peut-être temps, maintenant, de vanter haut et fort les bienfaits de la nature sur notre santé !

POURQUOI LA NATURE NOUS FAIT DU BIEN ?

Selon le biologiste, Edward O. Wilson, fervent défenseur de la biodiversité, c'est parce que nous faisons partie intégrante du monde naturel. Au fil de l'évolution de notre espèce, nos cerveaux ont été programmés pour réagir positivement aux éléments naturels comme les rivières, les forêts ou les prairies, qui ont facilité la survie de nos ancêtres. Avancée en 1984, cette hypothèse a été nommée la « biophilie » par Wilson.

Il y a 10 ans

Il y a plus de personnes en ville que dans les zones rurales.

En 2050

70 % de la population vivra en ville.

LA MESURE NATURELLE DU TEMPS

De l'horloge mécanique à la montre numérique, les humains ont conçu, au fil des siècles, des garde-temps de plus en plus précis. Mais Dame Nature possède, elle aussi, de multiples outils permettant la mesure du temps qui passe. Certains nous renseignent sur des périodes très vastes et témoignent des événements clés qui se sont déroulés sur des millions d'années, tandis que d'autres s'attachent à mesurer le temps sur une petite échelle et rendent compte des changements qui se produisent au cours d'une seule vie. Ces « instruments » de mesure naturels n'ont pas la précision d'une horloge atomique qui, elle, ne varie que d'une seconde tous les 100 millions d'années, mais leur manque de justesse est plus que compensé par ce qu'ils apportent comme contexte et comme nuances à nos connaissances.

Les archives fossiles, par exemple, relatent l'histoire époustouflante de la vie sur Terre. Les sédiments viennent se déposer les uns sur les autres en formant différentes couches et à l'intérieur de ces dernières se trouvent les corps fossilisés de quelques-uns des organismes ayant vécu à la même époque. L'étude de ces couches s'appelle la stratigraphie. Elle permet aux paléontologues de déterminer l'âge relatif des fossiles.

Exemples de fossiles trouvés dans la roche

COMMENT ESTIMER L'ÂGE D'UN FOSSILE ?

Les couches de roches sédimentaires s'appellent des strates. Les strates du bas sont celles qui se sont déposées en premier, ce qui signifie qu'elles sont plus anciennes que les strates du dessus. Cette information peut nous permettre de calculer l'âge des fossiles. Dans l'illustration au bas de la page précédente, le trilobite gris (un arthropode marin) découvert dans les strates 4, 5 et 6 doit être plus ancien que le coquillage vert, car celui-ci n'est présent que dans la strate 3. En revanche, le coquillage vert est plus ancien que le crabe rouge, qui n'est présent que dans la strate 2.

LA DATATION RADIOMÉTRIQUE

Si la stratigraphie peut nous donner une idée de l'âge relatif d'un fossile, d'autres méthodes sont requises pour calculer son âge absolu en millions d'années. La datation radiométrique est l'une de ces techniques. Elle s'appuie sur le fait que certaines roches ont piégé des isotopes naturels radioactifs d'éléments chimiques dont la décroissance au cours du temps est prédictible.

Les scientifiques peuvent ainsi analyser de l'uranium, du potassium ou du carbone radioactifs. En mesurant la quantité d'un isotope radioactif d'un élément chimique restant dans une roche, et en la comparant avec la quantité de l'isotope stable produit par la désintégration, les scientifiques (géochimistes) peuvent estimer combien de temps s'est écoulé depuis la formation de la roche.

EXEMPLES DE DATATIONS RELATIVES DE FOSSILES CONNUS

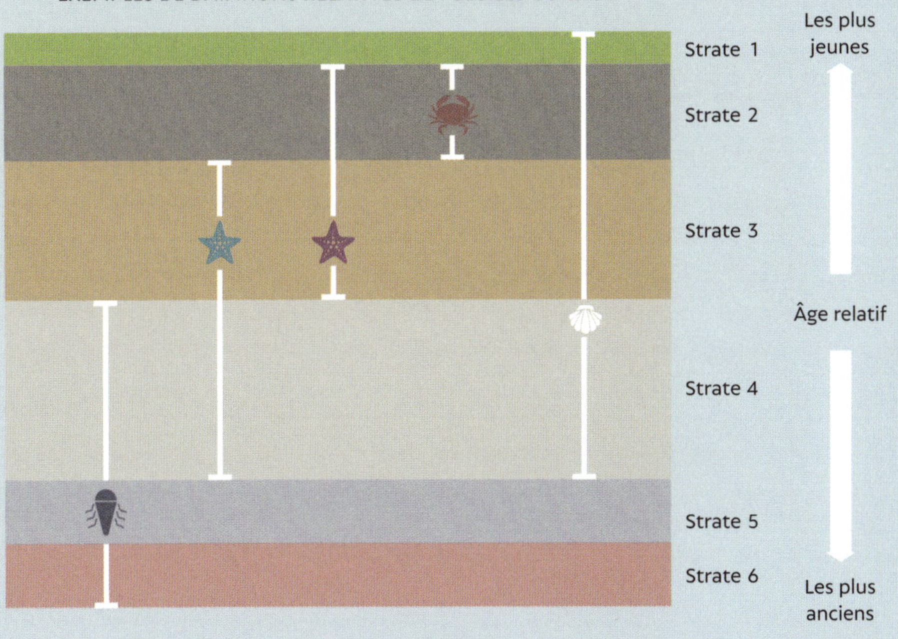

LA MESURE DU TEMPS À TRAVERS LE VIVANT

Nous savons presque tous que les anneaux de croissance des arbres peuvent servir à mesurer le temps. Ces anneaux, aussi appelés « cernes », alternant entre bois sombre et bois clair, nous donnent non seulement des informations sur l'âge de l'arbre mais également sur les aléas rencontrés au cours de sa vie.

Il en va de même avec la cire d'oreille des baleines. Tout au long de leur vie, les baleines accumulent une cire riche en lipides à l'intérieur de leurs conduits auditifs. Si une baleine est découverte peu de temps après sa mort, ce bouchon de cérumen, long et mince, peut être extrait. Après l'avoir coupé en deux, on peut observer une alternance de bandes claires et foncées qui sont comptées pour donner une indication de l'âge du mammifère. Cette cire d'oreille joue donc le rôle d'un instrument de mesure du temps.

Elle peut aussi nous donner des indications sur la vie de la baleine. Les baleines vivent souvent très longtemps et connaissent, inévitablement, des périodes de stress. Lorsqu'une baleine est stressée, elle sécrète une hormone appelée « cortisol ». Au cours

L'impact de l'activité humaine sur le stress des baleines

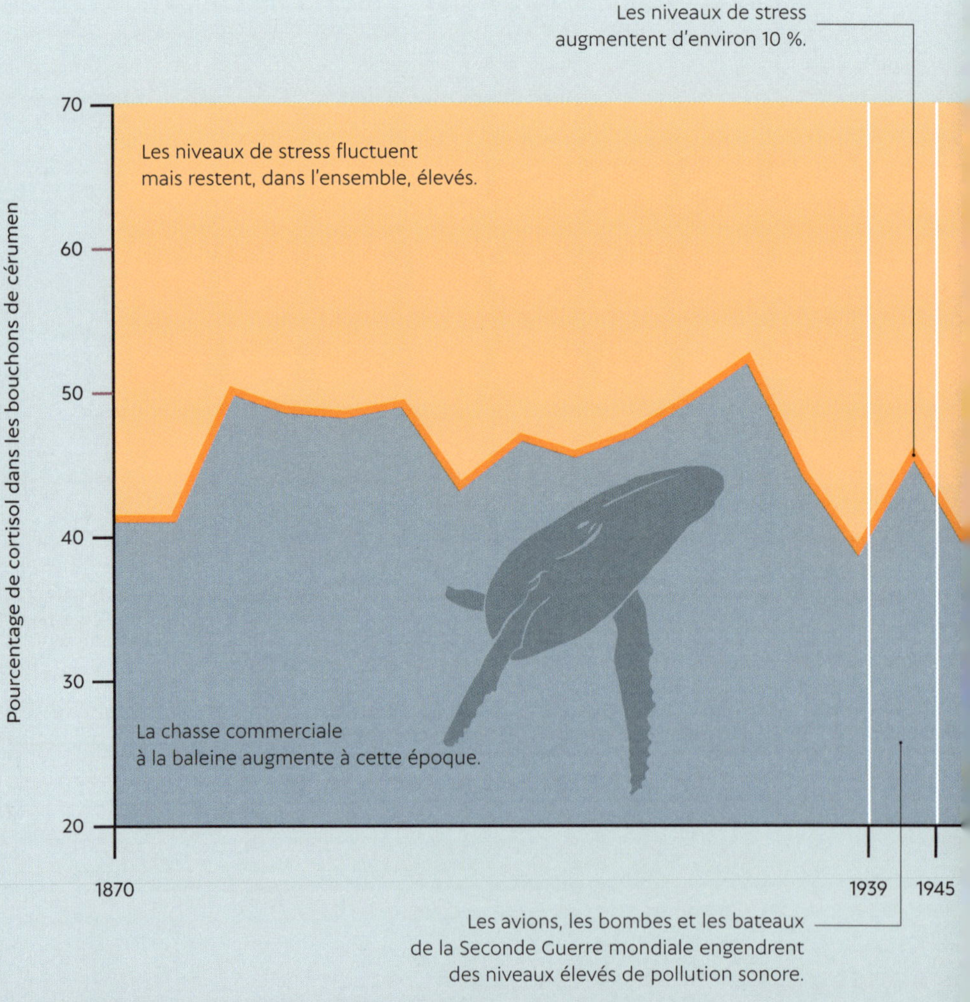

de leur vie, les baleines voient leur niveau de cortisol augmenter et diminuer. Ces fluctuations sont visibles dans leur cire d'oreille. Les scientifiques peuvent prélever des échantillons à différents endroits du bouchon et les analyser afin d'identifier le niveau de cortisol. Chaque échantillon représente une période différente de la vie de la baleine. En combinant ces informations, il est possible de retracer la façon dont le niveau de stress de l'animal a fluctué au fil du temps.

Dans le cadre d'une étude de 2018, des scientifiques ont rassemblé des données issues de la cire d'oreille de 20 baleines, couvrant une période de 150 ans. Les pics de cortisol, c'est-à-dire les moments où les animaux étaient fortement stressés, coïncidaient avec des périodes d'activités humaines « négatives », comme la chasse commerciale à la baleine, la guerre et d'autres pratiques néfastes de notre espèce. De nos jours, alors que les océans du globe se réchauffent, le niveau de stress de ces mammifères marins connaît une nouvelle hausse. Cette étude a permis de mettre en lumière à quel point nos actes peuvent nuire à ces géants pacifiques.

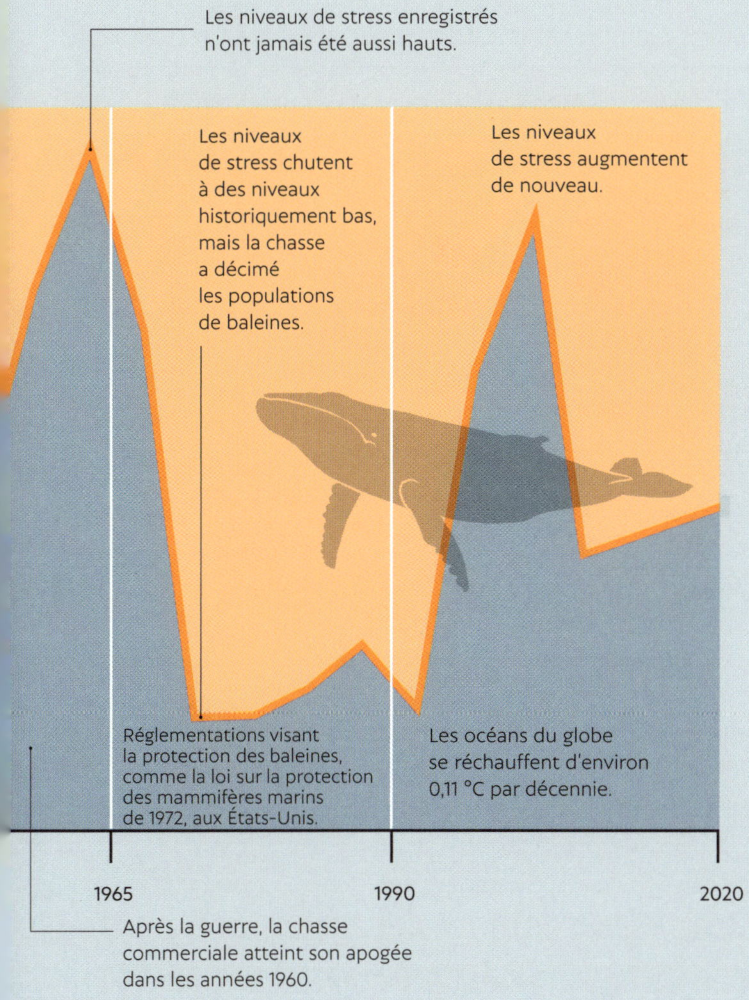

LE TEMPS QUI COURT

On dit souvent que « le temps file quand on s'amuse », mais qui n'a jamais eu l'impression que le temps se traîne au moment des corvées ménagères ? Cette sensation que le temps passe soit trop vite, soit trop lentement, nous l'avons toutes et tous vécue. Mais des expériences ont révélé que certaines espèces peuvent modifier leur perception du temps qui passe pour s'adapter à leurs besoins.

La perception du temps dépend de la vitesse à laquelle le cerveau est capable de traiter les informations qu'il reçoit. Cela peut se mesurer en montrant à des animaux des impulsions lumineuses, d'abord à un rythme lent, puis de façon accélérée. Au bout d'un moment, la lumière clignote tellement vite qu'elle apparaît comme un point continu un peu flou. C'est ce que l'on appelle le « seuil critique de fusion du papillotement ». Grâce à des électrodes cérébrales positionnées avec précision, il est possible de déterminer à quel moment se produit cette transition.

Des études montrent que les animaux rapides et de petite taille peuvent détecter de plus hautes fréquences de lumières clignotantes que les grands animaux au métabolisme plus lent. Les mouches, par exemple, peuvent percevoir le clignotement d'une lumière jusqu'à quatre fois plus rapide que ce que nous pouvons percevoir. Un peu à la façon de Neo, héros du film de science-fiction *Matrix*, qui évite les balles au ralenti, certaines actions et certains événements peuvent ainsi donner l'impression de se produire avec lenteur. Et même si cela explique cette capacité agaçante qu'ont les mouches à éviter notre torchon pour les écraser, cela pose la question du « pourquoi ? ».

D'un point de vue de l'évolution, cela paraît sensé que les animaux qui ont besoin de se déplacer rapidement — pour éviter de se faire manger ou pour attraper une proie — perçoivent le temps qui passe plus lentement que les autres et réagissent vite. Il semble tout aussi logique que ces animaux soient capables de modifier leur perception du temps lorsqu'ils n'ont plus besoin de réagir rapidement, quand ils sont au repos, par exemple.

De même, les scientifiques ont découvert que certains espadons peuvent augmenter l'afflux sanguin vers leur cerveau lorsqu'ils partent chasser. Cela permet de ralentir leur perception du temps et d'augmenter le nombre d'images qu'ils peuvent traiter par seconde. Une fois la chasse terminée, le temps défile de nouveau plus rapidement, et la quantité d'informations qu'ils peuvent traiter par seconde diminue.

La perception du temps par les animaux comparée à l'être humain

1
LE TEMPS ET L'ÉVOLUTION

INTRODUCTION

La vie est présente sur la Terre depuis plus de 3,5 milliards d'années. Durant tout ce temps, notre planète a abrité des centaines de millions d'espèces. Aujourd'hui, on estime qu'environ neuf millions d'espèces différentes cohabitent aux quatre coins du globe et que plus de 98 % de toutes celles qui ont existé sont désormais éteintes.

La Terre a assisté à l'émergence de la vie sous sa forme unicellulaire, puis à l'explosion de la diversité dès lors que ces organismes simples se sont mis à collaborer pour donner naissance aux organismes pluricellulaires. Notre planète a ensuite vu les premiers êtres vivants sortir des océans et prospérer sur la terre ferme. Par la suite, les ancêtres terrestres des baleines et des dauphins sont retournés dans l'eau. La Terre a assisté à l'expansion des végétaux, à la disparition des dinosaures et à l'émergence des humains. À une certaine époque, la planète abritait des champignons aussi hauts que des arbres, des castors de la taille des ours et des libellules aussi grosses que des chouettes effraies.

Il existe de nombreuses formes de vies fascinantes qui ont changé dans le cadre de l'évolution, ce processus qui permet aux êtres vivants de se transformer au fil du temps. Parfois, l'évolution s'effectue sur des laps de temps incroyablement longs, et elle engendre des changements tellement subtils qu'ils sont difficiles à percevoir. D'autres fois, il est possible de mesurer cette évolution sur des laps de temps bien plus courts, et elle peut s'observer à l'échelle d'une vie humaine. Comme nous allons le voir, la vie peut évoluer sur des millions, voire des milliards d'années, mais elle peut aussi se transformer en quelques décennies et même en une seule année.

L'ancêtre des baleines était un mammifère terrestre qui est retourné vivre dans l'océan il y a environ 50 millions d'années.

UN JOUR, UNE VIE

La Terre s'est formée il y a environ 4,5 milliards d'années, lorsque des débris issus de la formation du Soleil se sont percutés et ont fusionné. Par la suite, notre planète a vu d'énormes changements s'opérer, dont la formation de notre Lune, la création de nos océans et, bien sûr, l'évolution de la vie. Mais si l'on représentait l'histoire de la Terre sur une durée de 12 heures, comment cette «journée» serait-elle découpée?

Dans ses premières heures, la Terre est submergée d'éruptions volcaniques et martelée de pluies de météorites. Notre planète est brûlante et elle met du temps à refroidir. La première forme de vie apparaît à 2 h 45 environ : il s'agit d'organismes unicellulaires appelés «procaryotes». Deux heures après, un procaryote en engloutit un autre, créant les toutes premières cellules avec un noyau : les eucaryotes. Plusieurs heures plus tard,

Les grandes étapes de l'évolution représentées sur 12 heures

* AP signifie : «avant le présent».

environ à 10 h 25, les cellules se rassemblent et se mettent à collaborer. Les premières formes de vie pluricellulaires émergent, ouvrant la voie à toute cette diversité d'espèces que l'on connaît aujourd'hui. L'apparition de notre propre espèce, *Homo sapiens*, n'est qu'un soubresaut au milieu de cette journée regorgeant d'événements. L'histoire complète de l'humanité n'équivaut qu'à quelques secondes, et la vie d'un être humain est si brève qu'elle est quasiment imperceptible sur cette représentation.

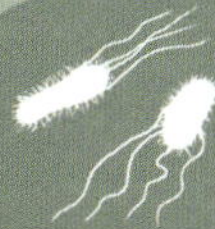

2 h 45
Apparition des premières formes de vie : les procaryotes.

4 h 50
Évolution en cellules eucaryotes contenant un noyau.

10 h 25
Évolution vers des organismes pluricellulaires.

10 h 34
Explosion de la biodiversité sous diverses formes (arthropodes, poissons...)

10 h 40
Certains animaux et végétaux sortent des océans pour gagner la terre. Apparition des premiers insectes.

11 heures
Évolution et sortie des eaux des premières créatures dotées de quatre membres.

11 h 10
Évolution des reptiles, ouvrant la voie à l'ère des dinosaures.

11 h 32
Apparition des premiers mammifères.

11 h 36
Évolution des oiseaux qui partent à la conquête des airs.

11 h 57 et 57 secondes
Évolution de l'humain en homme moderne (sur le plan anatomique).

L'ÉCHELLE DES TEMPS GÉOLOGIQUES

Les intervalles temporels que nous vivons au quotidien sont précis et structurés. Chaque journée comprend 24 heures, chaque heure contient 60 minutes et chaque minute se compose de 60 secondes. L'histoire de la Terre, elle, est divisée en plusieurs intervalles de temps géologiques. Il s'agit de périodes gigantesques et denses qui couvrent des millions, voire des milliards d'années (*Ma* signifie « millions d'années », cf. tableau ci-dessous).

Les scientifiques ont découpé ces périodes en de plus petites séquences, plus faciles à maîtriser. L'éon, comme le Phanérozoïque, est la plus grande subdivision de l'échelle des temps géologiques. Il est ensuite divisé en ères, qui sont à leur tour découpées en périodes, puis en époques. Contrairement aux intervalles de temps réguliers dont nous avons l'habitude, ces temps géologiques sont tous de longueurs différentes. Il n'y a pas deux ères qui contiennent le même nombre d'années. En effet, l'échelle des temps géologiques a été découpée en fonction des événements importants qui ont marqué

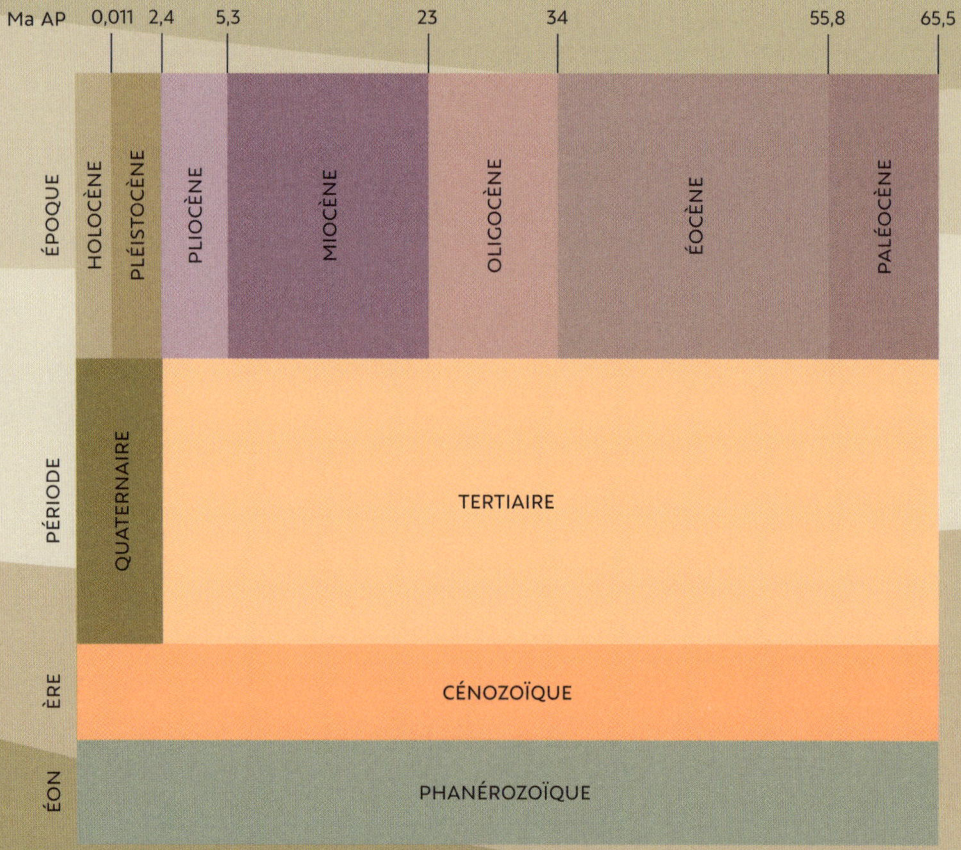

l'histoire de la Terre. Par exemple, c'est une diversification massive des formes de vie sur Terre qui a caractérisé le début de l'ère du Paléozoïque.

Les scientifiques ont pu en savoir plus sur l'histoire de la Terre en analysant les couches de roches dont elle est composée. Comme les strates se sont formées à des moments différents, elles contiennent chacune une grande diversité de fossiles et ont des caractéristiques chimiques variées qui leur sont propres. Tout cela permet aux scientifiques de dater les roches et de retracer l'histoire de la vie sur Terre.

L'époque actuelle se nomme l'Holocène, mais de nombreux scientifiques estiment que les activités humaines, comme la combustion de carburants fossiles et la déforestation, ont entraîné un changement climatique qui a fait passer un cap à notre planète. Nous serions donc en train de vivre une nouvelle époque qui a été baptisée «Anthropocène», du grec ancien *anthropos*, signifiant «être humain» et *kainos*, «nouveau».

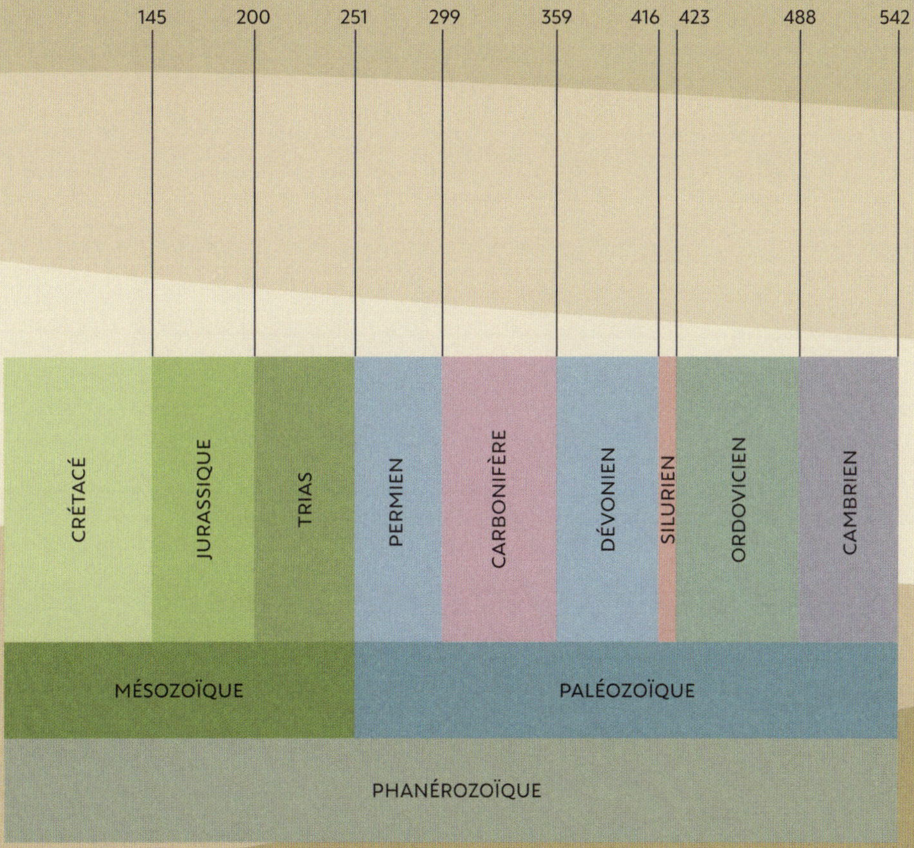

L'ÉVOLUTION EN ACTION

C'est en 1859 que le scientifique britannique Charles Darwin a publié sa théorie de l'évolution par la sélection naturelle. Ce principe explique comment les êtres vivants changent au fil du temps, et la façon dont toutes les espèces qui ont existé sont apparues. Elle est aujourd'hui devenue l'une des thèses scientifiques les plus renommées. Darwin a observé que, même si tous les membres d'une espèce sont très similaires, il existe pourtant des différences entre eux. Certains individus, par exemple, peuvent être plus gros, plus rapides ou plus performants que d'autres pour trouver de la nourriture.

L'ÉVOLUTION RÉCENTE DE LA PHALÈNE DU BOULEAU
Avant la révolution industrielle, les phalènes du bouleau étaient de couleur crème et mouchetées de noir.

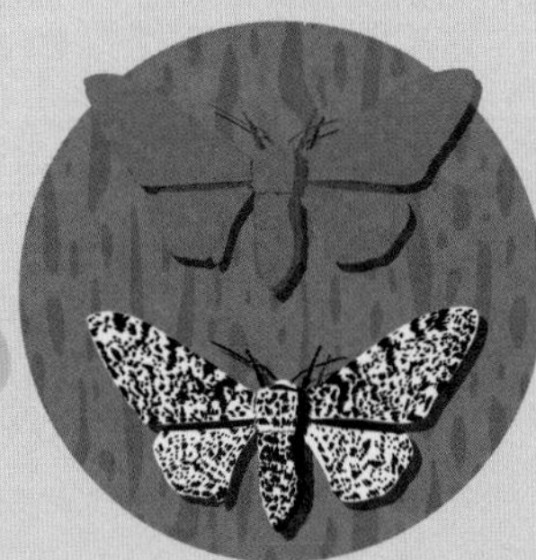

1760

La Révolution industrielle débute. La suie provenant des cheminées d'usines se dépose sur les troncs des bouleaux où les phalènes se reposent pendant la journée.

1819

Une mutation spontanée altère un gène qui régit la pigmentation. Les papillons porteurs de cette mutation dans leur ADN ont les ailes noires. Cette pigmentation foncée s'appelle le « mélanisme ».

1848

Un collectionneur de papillons de Manchester découvre pour la première fois cette variation foncée. Cette forme mélanique de papillons devient de plus en plus commune.

1895

Les papillons foncés se confondent avec les troncs des arbres salis. Ils sont moins susceptibles de se faire manger et ont plus de chances de survivre ainsi que de se reproduire. À Manchester, 98 % des phalènes du bouleau ont cette forme mélanique.

Darwin a affirmé que ces mêmes individus ont plus de chances de survivre, de se reproduire et de transmettre leurs caractéristiques avantageuses aux générations futures que les individus qui se sont moins bien adaptés à leur environnement.

Cette théorie est connue sous le nom de « sélection naturelle ». Au fil du temps, les caractéristiques qui favorisent la survie deviennent de plus en plus communes, et les espèces se transforment progressivement. À force de changements, de nouvelles espèces naissent. La phalène du bouleau est un exemple parfait de l'évolution en action.

La phalène du bouleau est désormais associée à Darwin, car elle illustre magnifiquement bien le processus de l'évolution.

1956

Une loi est votée pour lutter contre la pollution de l'air. Les niveaux de pollution chutent. Les troncs des bouleaux redeviennent propres et de couleur claire.

Les papillons foncés sont plus visibles et plus susceptibles de se faire manger. Les papillons clairs ont plus de chances de survivre et de se reproduire. Ils redeviennent donc plus communs avec le temps.

AUJOURD'HUI

Même s'il existe encore quelques variantes, les phalènes du bouleau sont majoritairement de couleur crème et mouchetées de minuscules points noirs.

L'ÉVOLUTION DU CHEVAL

La phalène du bouleau a évolué très vite en réponse aux changements environnementaux rapides qui se sont produits durant la Révolution industrielle. Il s'agit d'une « évolution contemporaine », car elle est observable au cours d'une vie humaine.

Darwin aurait été fasciné par ce phénomène. Il pensait que l'évolution était un processus lent, qui s'effectuait sur des millions d'années. Il a déclaré un jour : « Ces lentes et progressives transformations nous échappent jusqu'à ce que dans le cours des âges la main du temps les ait marqués de son empreinte. » Darwin pensait que

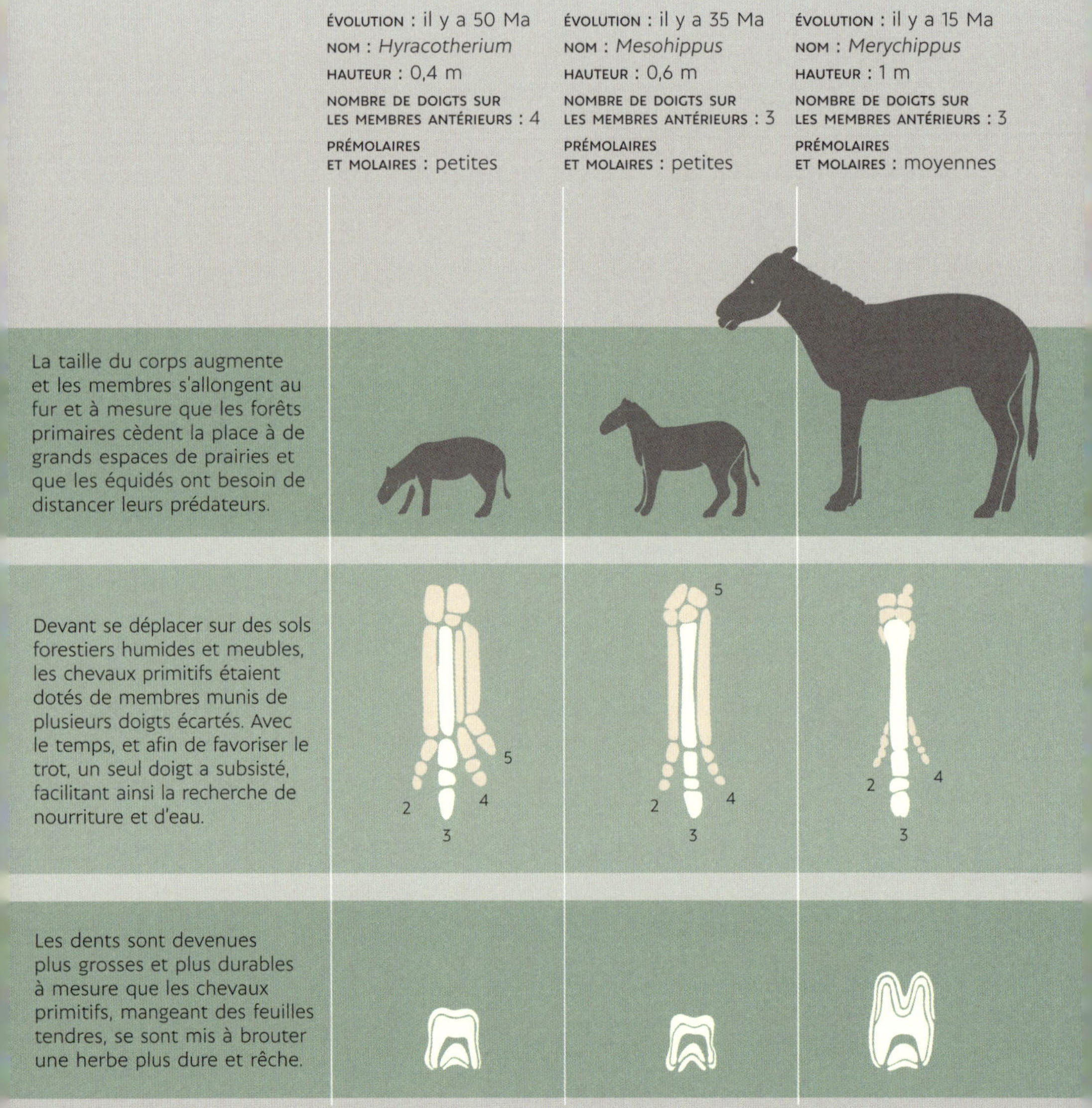

« voir » l'évolution n'était possible qu'à travers l'étude des fossiles, couvrant des intervalles de temps géologiques très vastes.

L'évolution du cheval en est un excellent exemple, car elle est très bien documentée par les archives fossiles. Son histoire commence il y a 50 millions d'années, avec un équidé de la taille d'un chien vivant dans les forêts. Au fil du temps, il a évolué pour devenir ce grand et majestueux animal que nous connaissons aujourd'hui.

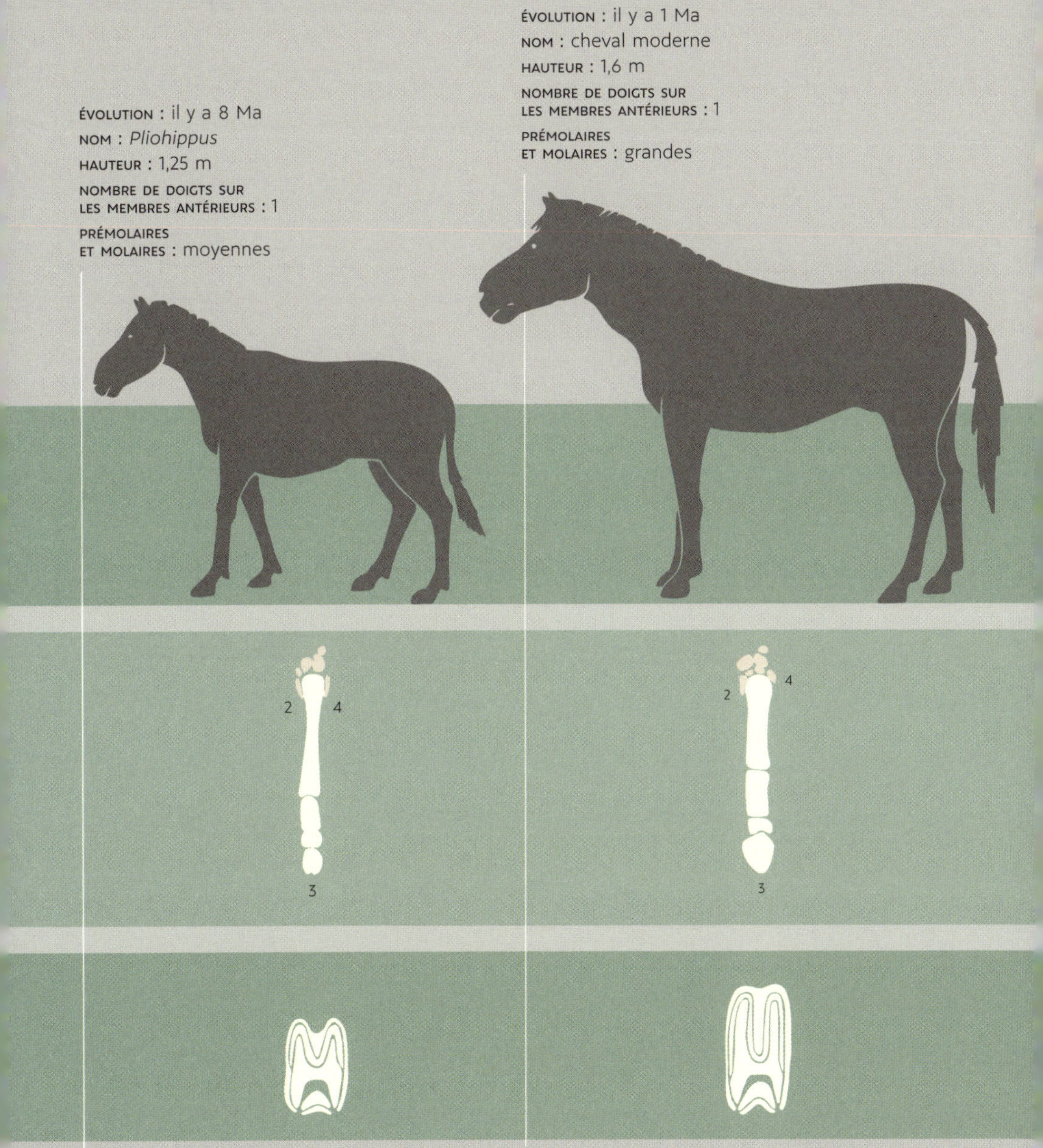

LES EXTINCTIONS DE MASSE

L'extinction fait partie de la vie. Environ 98 % des espèces qui ont vécu sur notre planète ont désormais disparu. De nouvelles se développent en permanence, et les plus anciennes s'éteignent lorsqu'elles sont supplantées par d'autres ou qu'elles ne sont plus capables de s'adapter aux changements. Il existe un taux naturel d'extinction que l'on estime entre 0,1 et 1 extinction sur 10 000 espèces tous les 100 ans.

Parfois, pourtant, les taux d'extinction atteignent des pics et les espèces disparaissent plus rapidement qu'elles ne sont remplacées. Ces périodes sont appelées « extinctions de masse » (ou « crises biologiques »). Elles ont lieu lorsque plus de 75 % des espèces s'éteignent au cours d'un laps de temps relativement bref à l'échelle du temps géologique, soit moins de trois millions d'années. Le rétablissement des écosystèmes est lent mais possible. On estime qu'environ deux millions d'années leur sont nécessaires pour redevenir fonctionnels et résilients après une extinction de masse.

ORDOVICIEN-SILURIEN

BILAN DES VICTIMES : 85 % de toutes les espèces

CAUSE : des températures glaciales et la chute du niveau de la mer, suivies d'un réchauffement rapide

DÉVONIEN

BILAN DES VICTIMES : 75 % de toutes les espèces (en majorité des invertébrés marins)

CAUSE : un changement climatique, la fluctuation du niveau de la mer et des modifications au niveau des gaz atmosphériques

PERMIEN « LA MÈRE DE TOUTES LES EXTINCTIONS »

BILAN DES VICTIMES : plus de 95 % de toutes les espèces, y compris la plupart de tous les vertébrés

CAUSE : un impact d'astéroïde ou une activité volcanique intense

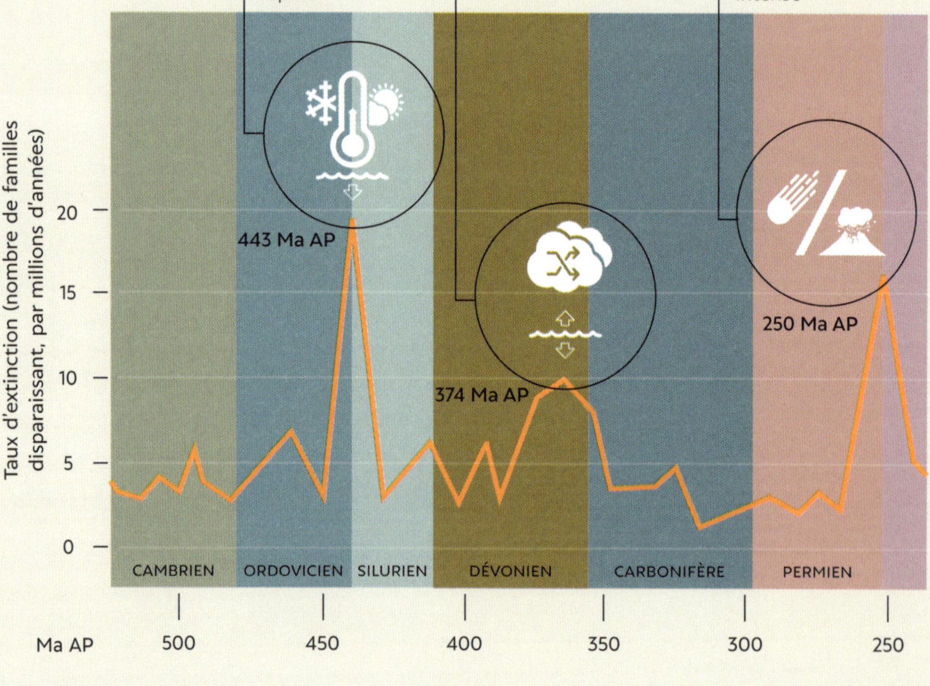

Jusque-là, la Terre a connu cinq extinctions de masse, toutes causées par des phénomènes naturels. Aujourd'hui, les scientifiques se demandent avec inquiétude si nous ne sommes pas en train de vivre la sixième extinction de masse, qui serait entièrement causée par les humains. Les taux d'extinction sont en effet en train de monter en flèche, du fait d'activités humaines responsables du changement climatique, comme la combustion de carburants fossiles ou l'utilisation non durable de l'énergie, de l'eau et des terres. Ils sont désormais jusqu'à 1000 fois supérieurs aux taux de l'époque qui a précédé l'apparition de l'humanité, et, selon les calculs, nous perdons entre 30 et 150 espèces par jour. Nous sommes donc en train de détruire les écosystèmes dont nous dépendons pour notre propre survie.

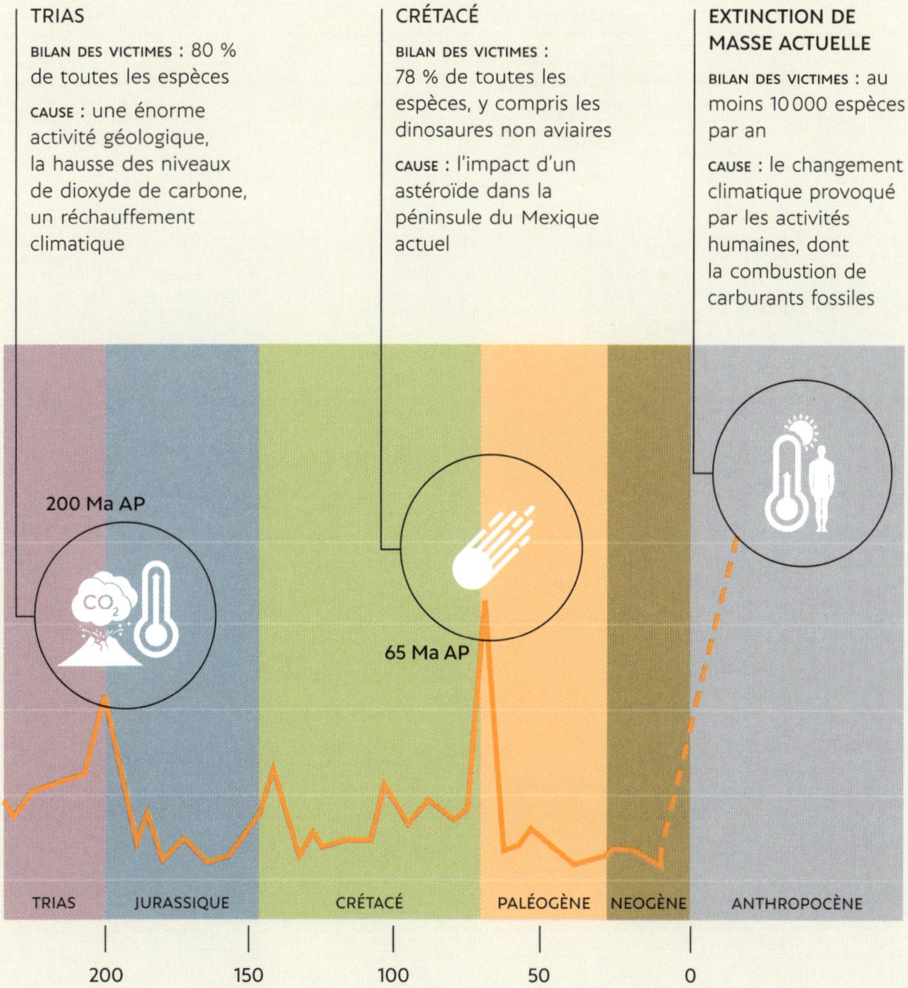

L'ESSOR ININTERROMPU DES VÉGÉTAUX

La plus grosse fleur du monde appartient à *Rafflesia arnoldii*, une plante rare que l'on trouve dans les forêts tropicales indonésiennes. Surnommée la « fleur cadavre », elle dégage une odeur de chair en décomposition. Pouvant atteindre jusqu'à un mètre de diamètre, elle appartient au groupe de végétaux terrestres le plus diversifié qui soit aujourd'hui : les plantes à fleurs ou angiospermes. Leur histoire est l'un des plus grands succès de l'évolution. Apparues seulement au cours des dernières 140 millions d'années, ces plantes sont de petites jeunes à l'échelle de l'histoire de la vie sur Terre. Pourtant, en si peu de temps, leur groupe s'est diversifié au point de rassembler plus de 300 000 espèces.

Tous les végétaux ont évolué à partir d'un ancêtre commun : une forme d'algue verte qui peuplait les océans il y a plus de 500 millions d'années. Lorsque la vie s'est déplacée

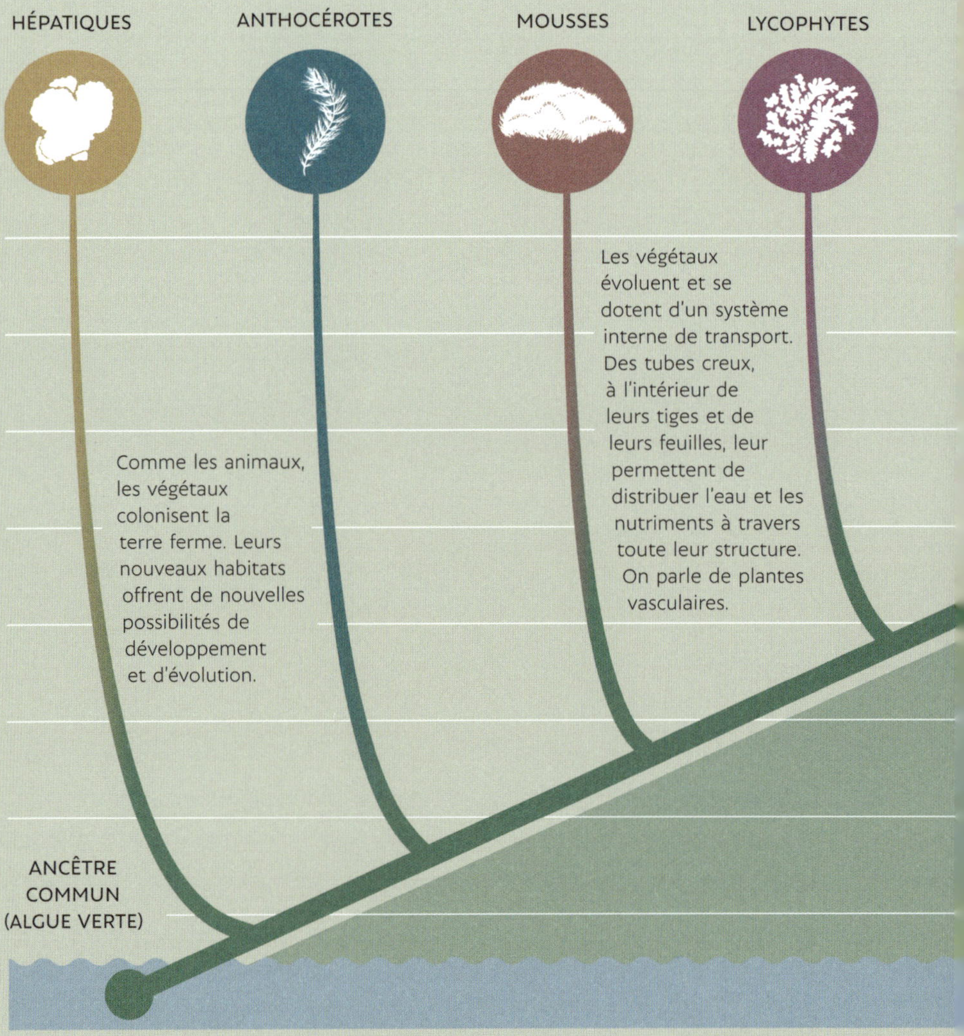

vers la terre ferme, cela a ouvert la voie à de nouvelles possibilités. Les toutes premières plantes terrestres étaient de petite taille et avaient une structure filamenteuse. Elles n'avaient ni fleurs, ni racines, et n'étaient pas en mesure de transporter l'eau à travers leurs organes. De ce fait, leur taille était limitée, et elles ne pouvaient vivre que dans des environnements humides, comme les hépatiques actuelles. Lorsque les végétaux ont évolué pour se doter de systèmes de canaux internes et de graines, voici environ 300 millions d'années, il est devenu plus facile pour certains d'atteindre une plus grande taille, et pour d'autres de coloniser de nouveaux habitats. De nos jours, il existe des fleurs qui poussent dans le désert, et l'arbre le plus imposant du monde, un séquoia géant surnommé « Général Sherman », mesure plus de 80 m de haut.

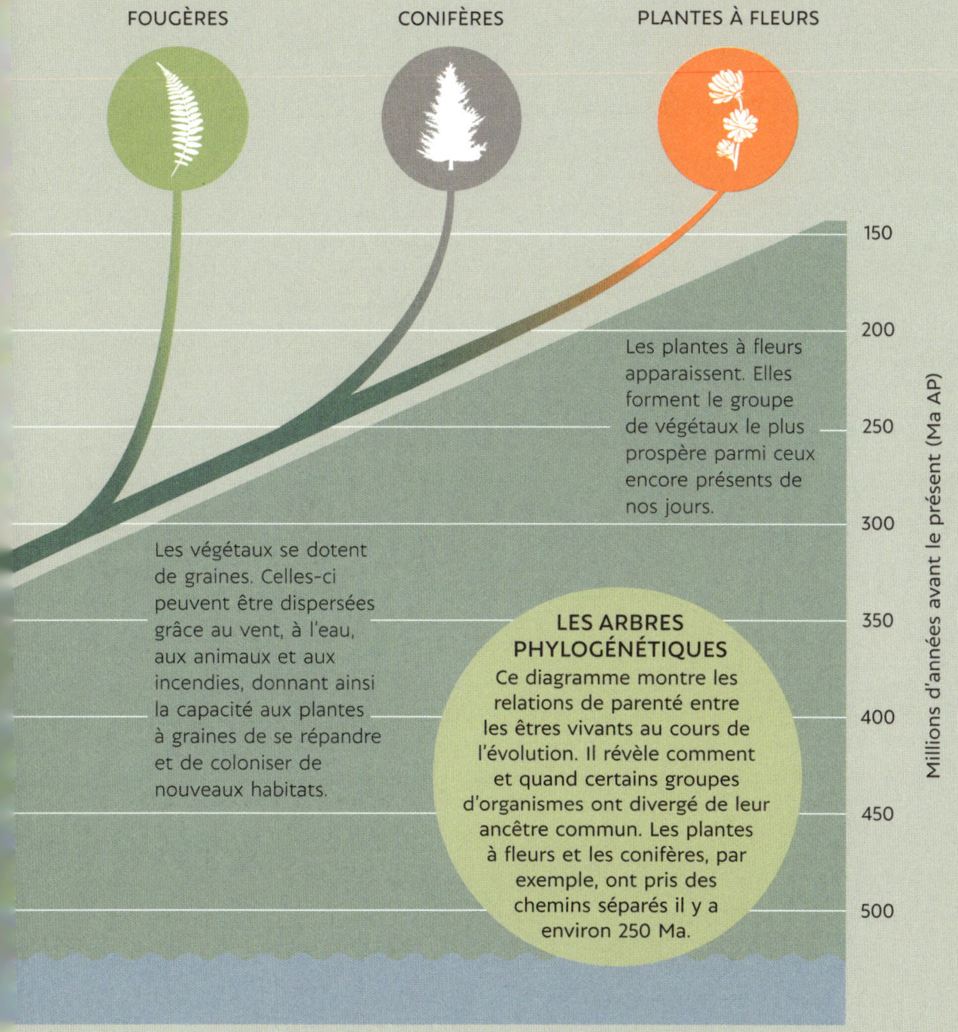

LES ARBRES PHYLOGÉNÉTIQUES

Ce diagramme montre les relations de parenté entre les êtres vivants au cours de l'évolution. Il révèle comment et quand certains groupes d'organismes ont divergé de leur ancêtre commun. Les plantes à fleurs et les conifères, par exemple, ont pris des chemins séparés il y a environ 250 Ma.

DE TERRIBLES LÉZARDS

Dominant la planète pendant plus de 170 millions d'années, les dinosaures ont été l'un des groupes d'animaux terrestres les plus prospères ayant jamais existé. Ils étaient présents durant l'ère du Mésozoïque, qui a commencé il y a environ 251 millions d'années pour se terminer il y a 66 millions d'années. Le Mésozoïque est divisé en trois périodes : le Trias, le Jurassique et le Crétacé. Ces périodes sont généralement subdivisées en trois époques : « inférieur », « moyen » et « supérieur », sauf le Crétacé qui ne compte désormais plus que deux époques. Ces époques sont, elles-mêmes, redécoupées en « étages ». Chaque étage dure environ cinq millions d'années. Certaines espèces de dinosaures sont spécifiques à différents étages. Les tyrannosaures (*Tyrannosaurus*) et les tricératops (*Triceratops*), par exemple, ont vécu au dernier étage du Crétacé supérieur appelé le Maastrichtien.

DINOSAURIA
C'est en 1842 que le naturaliste de l'époque victorienne Richard Owen, passionné par les fossiles, a inventé le terme *dinosauria* signifiant « terrible lézard ».

Les dinosaures de l'ère du Mésozoïque

251-201 Ma AP

LE TRIAS

Les continents sont alors regroupés en un unique supercontinent, appelé « Pangée », entouré d'un immense océan. Le climat est relativement chaud et sec, et la plupart des terres sont désertiques. Les dinosaures descendent d'un groupe de reptiles. Vieux de 243 millions d'années, *Nyasasaurus parringtoni* serait soit l'un des tout premiers dinosaures, soit une espèce très étroitement liée à eux. Il s'agissait d'une créature haute sur pattes avec un long cou, qui mesurait deux à trois mètres du haut de la tête jusqu'au bout de la queue. Parmi les autres dinosaures ayant vécu à cette période, on trouve le cœlophysis (*Coelophysis*), l'éoraptor (*Eoraptor*) et l'herrérasaure (*Herrerasaurus*).

NYASASAURUS PARRINGTONI

201-145 Ma AP

LE JURASSIQUE

La Pangée commence à se diviser en deux continents : la Laurasie, au nord, et le Gondwana, au sud. Les dinosaures évoluent progressivement, donnant naissance à des variantes nord et sud. Le climat est chaud et tropical, et la végétation luxuriante. Les populations de dinosaures augmentent et dominent la terre ferme. Certaines espèces sont gigantesques. L'apatosaure (*Apatosaurus*), par exemple, était un dinosaure herbivore à long cou qui a vécu au Jurassique supérieur. Il pouvait atteindre jusqu'à 23 m de long. D'autres dinosaures sont emblématiques de cette période comme le brachiosaure (*Brachiosaurus*), le diplodocus (*Diplodocus*) et le stégosaure (*Stegosaurus*).

145-66 Ma AP

LE CRÉTACÉ

Au cours de cette période, les continents continuent à se séparer et à s'éloigner. On peut reconnaître certains de nos continents actuels, mais ils ne sont pas dans les mêmes positions. Les dinosaures règnent encore en maîtres sur la terre ferme et évoluent vers de nouvelles formes. Les dinosaures les plus connus du Crétacé sont notamment le tyrannosaure (*Tyrannosaurus rex*), le tricératops (*Triceratops*), le spinosaure (*Spinosaurus*), l'ankylosaure (*Ankylosaurus*) et le vélociraptor (*Velociraptor*). Mais l'histoire finit mal pour eux : suite à la collision d'un astéroïde de 12 km de large avec la Terre, tous les dinosaures non aviaires disparaissent.

EN PLEINE CROISSANCE

L'évolution favorise toute stratégie qui permet à une espèce de survivre, de se reproduire et de transmettre ses gènes aux générations suivantes. Pour parvenir à cela, les tyrannosaures, dont *Tyrannosaurus rex* (*T. rex*), ont développé une stratégie singulière. En effet, de récentes recherches indiquent que les tyrannosaures, jeunes et adultes, avaient une apparence et un comportement assez distincts. Ils chassaient et mangeaient, notamment, des types de proies différents. Cela leur permettait de vivre côte à côte, dans le même environnement, en générant une concurrence minime entre les générations. Ainsi, une seule espèce de tyrannosaure occupait l'espace qui était habituellement revendiqué par deux espèces différentes de prédateurs. Cela a permis de créer des écosystèmes très peu semblables à ce que nous connaissons aujourd'hui.

DE NOUVELLES ESPÈCES

Près de 1500 espèces de dinosaures ont été décrites jusqu'ici, mais il y en aurait bien plus. La plupart des animaux qui meurent ne deviennent pas des fossiles, et une grande partie d'entre eux attendent d'être découverts. On trouve de nouveaux fossiles en permanence, et, en moyenne, les scientifiques décrivent une nouvelle espèce de dinosaure par semaine.

Modification de la forme du crâne du tyrannosaure au fil des années

STADE DE VIE : juvénile
ÂGE : de 0 à 11 ans
PUISSANCE DE MORSURE : relativement faible ; 5 à 13 % de la puissance d'un adulte
DENTS : minces, en forme de lames et cassantes
COMPORTEMENT : les juvéniles sont petits et agiles ; ils chassent des proies relativement petites.

STADE DE VIE : « adolescent »
ÂGE : de 11 à 19 ans
PUISSANCE DE MORSURE : intermédiaire ; 13 à 100 % de la puissance d'un adulte
DENTS : plus épaisses et plus robustes
COMPORTEMENT : les « adolescents » ont une croissance rapide et ils deviennent progressivement capables de chasser des proies de grande taille.

Longueur de la mâchoire

20-60 CM

60-85 CM

MODIFICATION DU RÉGIME ALIMENTA

Les juvéniles mangent de petites proies comme de minuscules dinosaures, des amphibiens et des lézards.

Y A-T-IL EU ERREUR SUR LE DINOSAURE?

Tyrannosaurus rex a beau être l'un des dinosaures les plus emblématiques et les plus connus, il vit pourtant actuellement une vraie crise d'identité. Une étude publiée en 2022 affirme que ce poids lourd du Crétacé, aux pattes antérieures de petite taille, pourrait ne pas être une seule espèce mais bien trois espèces différentes, renommées *T. rex*, *T. regina* et *T. imperator*. Cette théorie, qui s'appuie sur des analyses de fossiles d'os des pattes et de dents, indique que *T. rex* et *T. regina* cohabitaient au Crétacé supérieur, et qu'ils étaient tous les deux issus du *T. imperator*. De nombreux spécialistes des dinosaures ne sont, pour autant, pas convaincus par cette théorie et des recherches plus poussées sont nécessaires pour la valider.

STADE DE VIE : adulte
ÂGE : de 20 à 35 ans
PUISSANCE DE MORSURE : assez puissante pour écraser des os ; 100 % de la puissance d'un adulte
DENTS : à fuir absolument !
COMPORTEMENT : les adultes ont un gros crâne et une forte puissance de morsure ; ils peuvent terrasser des dinosaures herbivores de très grande taille, comme des tricératops.

Les adultes mangent de grands dinosaures herbivores comme les tricératops.

À LA CONQUÊTE DES CIEUX

La capacité à voler est tellement utile pour les animaux qu'elle s'est développée au moins à quatre occasions au cours de l'évolution : d'abord chez les insectes, puis chez les ptérosaures, ensuite chez les oiseaux et enfin, chez les chauves-souris. L'évolution de la capacité à voler s'est déroulée durant 400 millions d'années au minimum et, aujourd'hui encore, elle continue à progresser chez ces espèces.

L'évolution de la capacité à voler

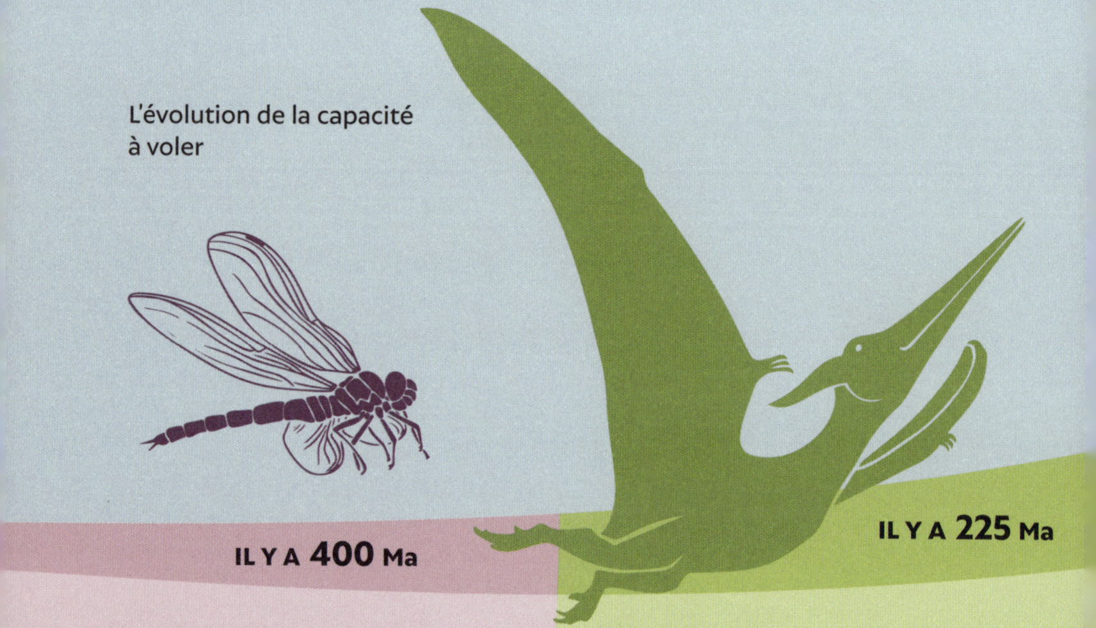

LES INSECTES
Les insectes volants se sont développés au cours du Carbonifère. Personne ne sait exactement comment les insectes ont acquis la capacité à voler. Une possibilité serait que des proto-ailes soient apparues chez les insectes vivant à la surface de l'eau pour leur permettre de mieux «capter le vent» et les aider à se propulser facilement. Une autre hypothèse avance que ces ailes primitives sont apparues chez les insectes vivant dans les arbres, ce qui leur aurait permis de redescendre en douceur sur le sol, à la façon d'un parachute. De nos jours, on estime qu'il existe 10 millions d'espèces d'insectes.

LES PTÉROSAURES
Les ptérosaures sont de proches cousins des dinosaures. Ces deux groupes de reptiles vivaient à la même époque, mais seuls les ptérosaures sont partis à la conquête de l'air. Ils ont été les premiers vertébrés à y parvenir, évoluant au cours du Trias. Leur groupe a dominé les cieux durant plus de 140 millions d'années, ce qui le rend incroyablement diversifié. Certaines espèces ont atteint des tailles énormes. *Quetzalcoatlus northropi*, par exemple, est réputé être le plus grand animal volant ayant jamais existé. Avec ses 11 m d'envergure, il devait effectuer un saut en l'air de près de 2,5 m pour pouvoir s'envoler.

LES OISEAUX

Les oiseaux sont apparus au Jurassique et ont évolué à partir d'un groupe de dinosaures appelés «théropodes». De ce fait, les premiers oiseaux partageaient un grand nombre de caractéristiques avec les dinosaures, comme des dents acérées et une longue queue osseuse. Leur apparence actuelle, avec un corps léger, des ailes et des plumes, a pris forme progressivement au cours des 10 millions d'années qui ont suivi. Ces créatures se sont, par la suite, diversifiées pour donner un grand nombre de variantes. Aujourd'hui, il existe plus de 10 000 espèces d'oiseaux différentes.

LES CHAUVES-SOURIS

Les chauves-souris sont les seuls mammifères à savoir réellement voler. Contrairement aux oiseaux, leur évolution n'est pas très bien documentée par les archives fossiles. Il est probable que des mammifères ressemblant aux chauves-souris se sont dotés d'ailes au cours de l'Éocène. Les scientifiques suggèrent qu'ils pourraient avoir acquis la capacité à voler en évoluant à partir d'un ancêtre vivant dans les arbres. Des membres ressemblant à des ailes leur auraient permis de redescendre au sol en voletant afin de chercher de la nourriture. Aujourd'hui, il existe plus de 900 espèces de chauves-souris.

LE FONCTIONNEMENT DU VOL

Les insectes, les ptérosaures, les oiseaux et les chauves-souris ne descendent pas d'un ancêtre volant commun. Ils ont tous acquis la capacité à voler grâce à une évolution de plusieurs millions d'années, à partir d'ancêtres différents qui ne savaient pas voler. C'est un exemple typique d'évolution convergente, lorsque plusieurs espèces acquièrent des caractéristiques similaires par des biais différents. Chaque groupe a conçu, indépendamment, ses propres solutions au problème que posait leur incapacité à voler.

Les insectes ont développé une stratégie qui a fonctionné avec quatre ailes séparées. Les oiseaux, les chauves-souris et les ptérosaures possèdent, eux, deux ailes, issues de membres antérieurs qui se sont progressivement transformés de façon unique chez chaque espèce.

SAVOIR VOLER

À partir du moment où les animaux ont su voler, cela s'est avéré extrêmement utile, notamment pour échapper à leurs prédateurs. Cet atout est considéré comme le principal facteur moteur dans l'évolution de la capacité à voler chez les oiseaux et les insectes. En revanche, ce serait la possibilité de se nourrir en vol qui aurait stimulé ce changement chez les ptérosaures et les chauves-souris.

Quatre solutions pour voler

LES INSECTES
Les insectes ont généralement deux paires d'ailes : les ailes antérieures et les ailes postérieures. Elles sont renforcées par des veines (ou nervures) interconnectées.

LES PTÉROSAURES
Les ailes sont constituées d'une membrane de peau souple. Les mouvements des ailes sont principalement contrôlés par l'extension du quatrième doigt très allongé.

L'ÉVOLUTION DE L'HIRONDELLE À FRONT BLANC

L'évolution ne s'arrête jamais. Ainsi, la capacité à voler continue, encore aujourd'hui, de subir des transformations. Dans le Nebraska, aux États-Unis, les hirondelles à front blanc construisent leurs nids au-dessous des ponts et des passerelles. En quelques décennies seulement, les ailes de ces oiseaux ont évolué et mesurent, désormais, quelques millimètres de moins qu'il y a 30 ans. Résultat : une envergure amoindrie leur permet une meilleure agilité et le nombre d'hirondelles tuées chaque année sur les routes a baissé. Il s'agit là d'un nouvel exemple d'évolution contemporaine qui s'est faite rapidement.

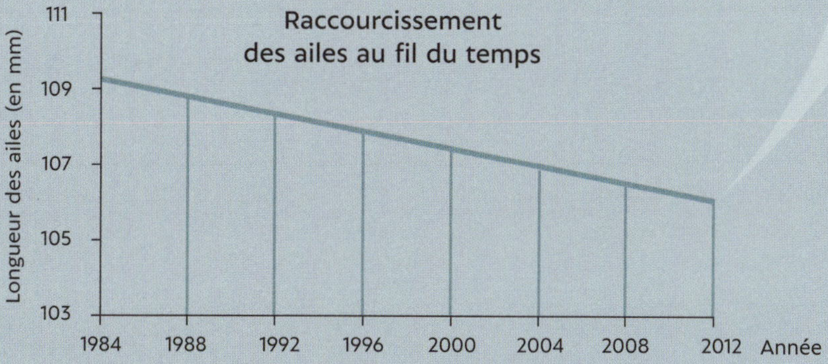

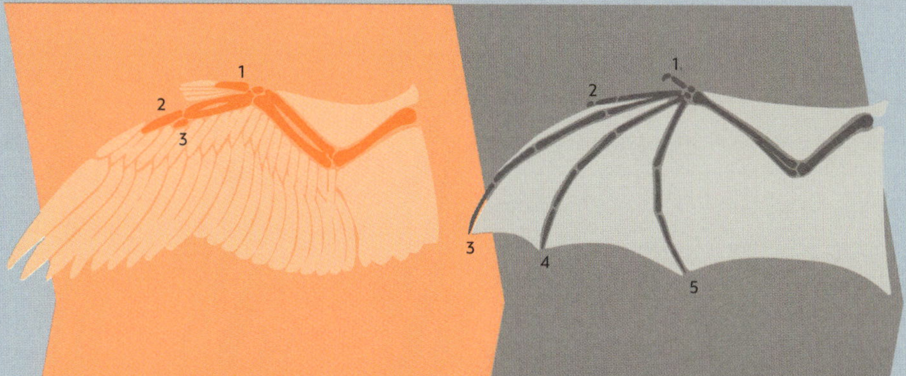

LES OISEAUX
Les plumes sont accrochées aux os des membres antérieurs et permettent de contrôler les mouvements des ailes.

LES CHAUVES-SOURIS
Les ailes sont constituées d'une membrane de peau souple.
Les mouvements des ailes sont principalement contrôlés par l'extension des doigts 2, 3, 4 et 5.

LES STARS DU ROC

La paléontologie est l'étude de l'histoire de la vie sur Terre à travers les fossiles. Cette pratique existait déjà il y a plus de 2500 ans. En effet, des savants de l'Antiquité, comme Xénophane, ont écrit des textes sur les fossiles d'organismes marins, émettant l'hypothèse que certaines terres étaient autrefois submergées par les océans. Cette discipline a pris une orientation plus scientifique au cours du XIXe siècle. De nos jours, au fil des découvertes de nouveaux fossiles ainsi que de nouvelles méthodes pour les étudier, notre soif d'en savoir plus sur le passé préhistorique des êtres vivants est toujours loin d'être étanchée.

Chronologie de la découverte des fossiles

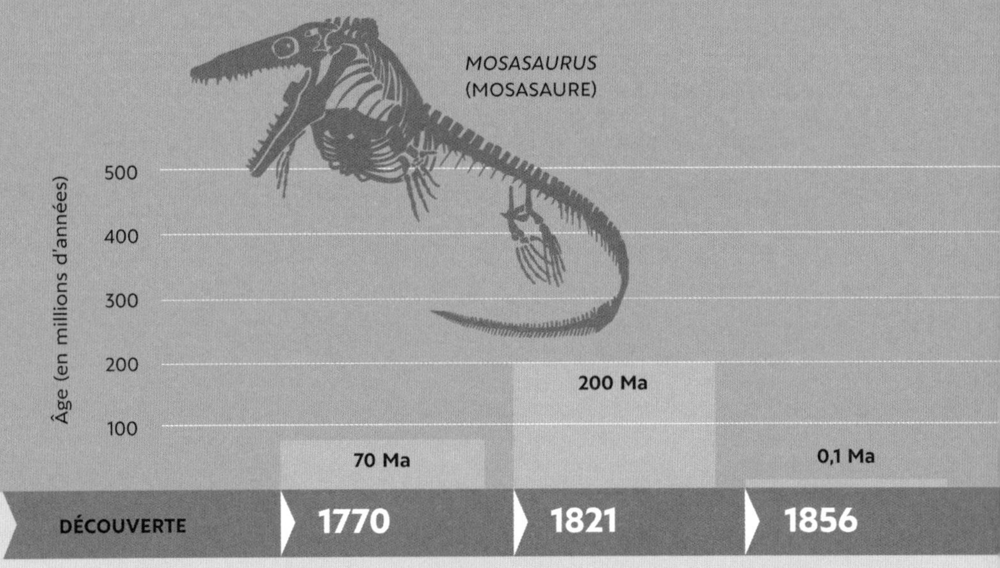

Le **mosasaure** (ci-dessus) était un énorme reptile marin. Les os fossilisés de cette créature ont été trouvés dans une carrière de craie aux Pays-Bas. Au départ, ils ont été pris pour les os d'un crocodile ou d'une baleine. Ce n'est que 50 ans plus tard que les scientifiques se sont rendu compte que ces os appartenaient à un reptile marin.

Le **plésiosaure** (*Plesiosaurus*) était un reptile marin au long cou, doté de quatre nageoires et d'une queue. La « chasseuse de fossiles » Mary Anning a découvert le premier squelette de ce reptile à Lyme Regis, dans le Dorset, en Angleterre. Les archives fossiles comptent désormais plus de 100 espèces différentes de plésiosaures.

Des restes fossilisés d'**homme de Néandertal** (*Homo neanderthalensis*) ont été découverts en Allemagne, dans la vallée de Neander, d'où l'hominidé tire son nom. Il s'agit d'une ancienne espèce d'humain et de l'un de nos plus proches parents.

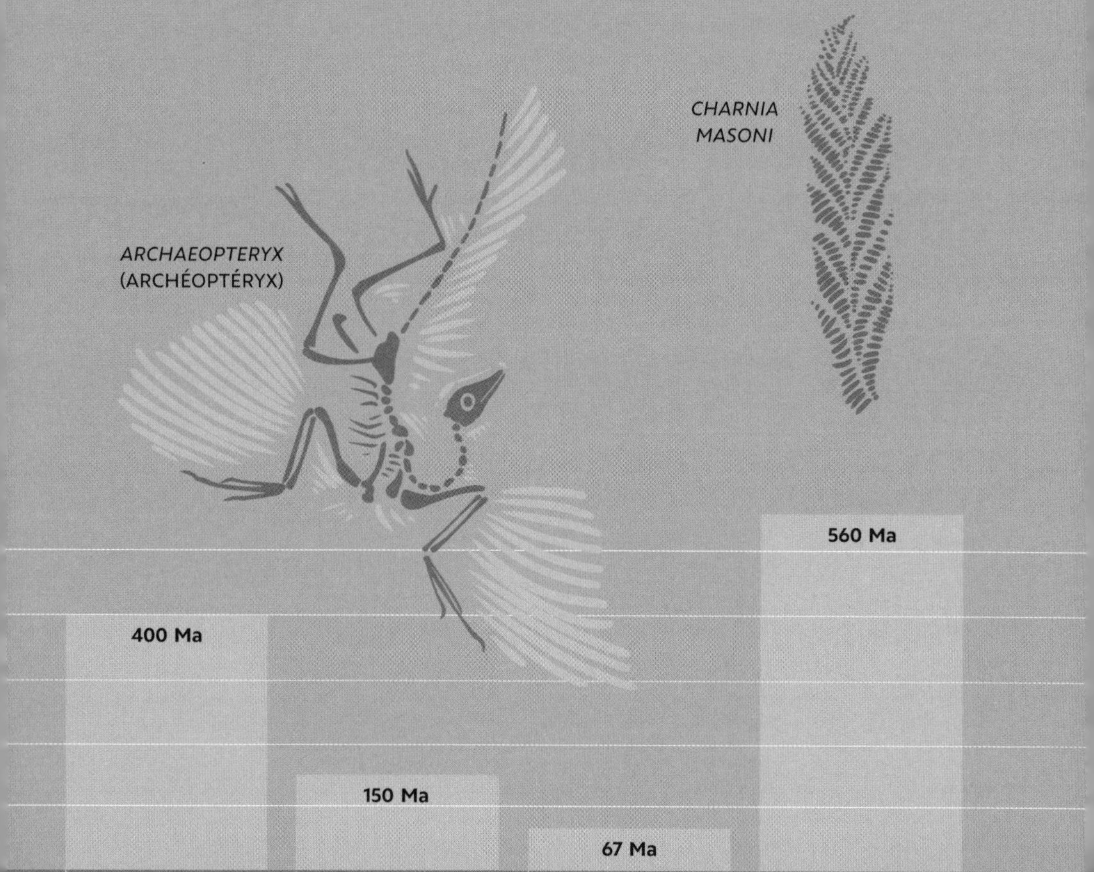

1843

Les **prototaxites** ont été découverts au Canada. Ces êtres vivants en forme de troncs auraient mesuré environ huit mètres de haut, dominant tous les autres organismes terrestres à leur apogée. Les scientifiques pensent qu'il s'agissait soit d'énormes champignons, soit de lichens.

1861

Le premier squelette de l'**archéoptéryx** (ci-dessus) a été découvert en Bavière (Allemagne). Ce fossile possédait un mélange de caractéristiques typiques d'un dinosaure et d'un oiseau, notamment des dents, des plumes et une queue osseuse. Il s'agit d'un maillon important dans l'histoire de l'évolution entre les dinosaures non aviaires et les oiseaux.

1905

Le **tyrannosaure** (*Tyrannosaurus rex*) a été décrit et nommé par Henry Fairfield Osborn. Son nom latin est composé de *tyrannos* qui signifie « tyran », *sauros* qui veut dire « lézard » et *rex* qui signifie « roi ». Avec ses petites pattes antérieures, le *T. rex* est devenu le plus célèbre dinosaure au monde.

1956

Charnia masoni (ci-dessus), un fossile en forme de fronde, a été découvert par Tina Negus dans la forêt de Charnwood, dans le Leicestershire, en Angleterre. Il fait partie du biote ayant vécu durant l'Édiacarien, un groupe d'organismes bizarres qui comptent parmi les plus anciens exemples de vie pluricellulaire complexe

Chronologie de la découverte des fossiles

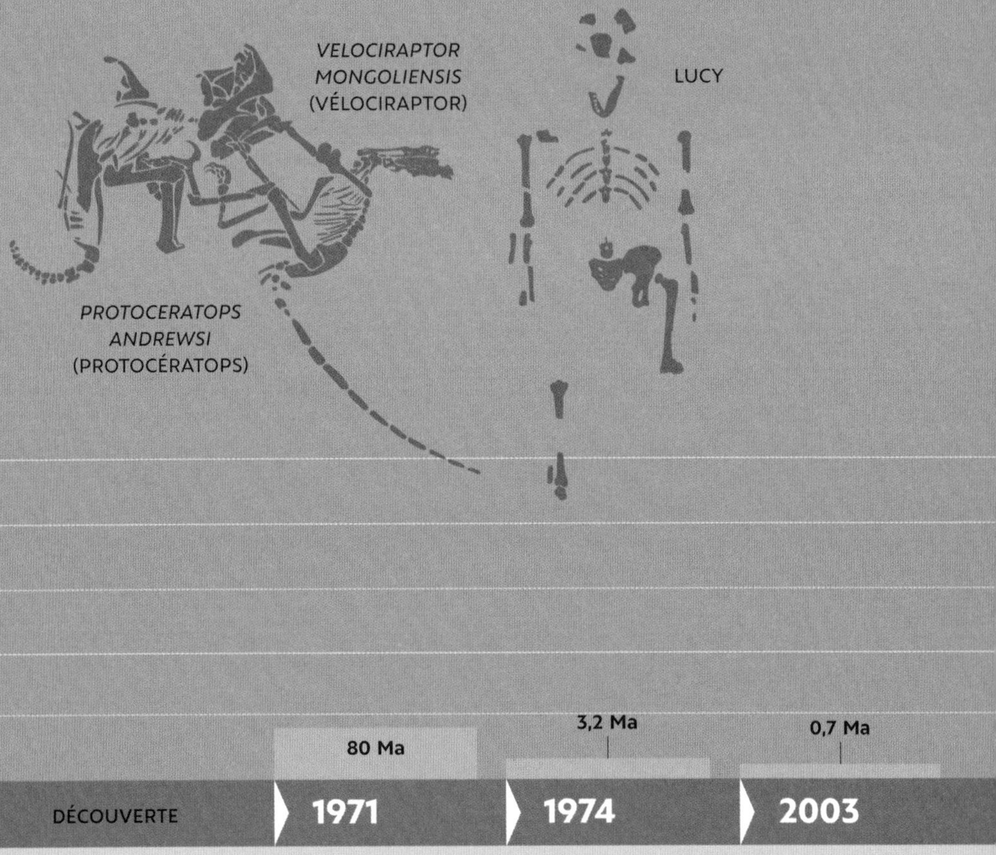

Le **protocératops** et le **vélociraptor** (ci-dessus) ont été découverts dans le désert de Gobi. Les restes de ces deux dinosaures étaient imbriqués en position de combat, démontrant de façon probante que les vélociraptors chassaient ces grands dinosaures herbivores.

Lucy (ci-dessus) est un spécimen de l'espèce *Australopithecus afarensis*, qui a été mis au jour à Hadar, en Éthiopie. De très nombreux fragments osseux (52 os sur les 206 de son squelette) appartenant à ce sujet féminin du genre hominidé ont été découverts. Son espèce est la première, parmi les homininés, à s'être tenue debout et à avoir quitté la forêt pour parcourir la savane.

Un fragment d'os de la patte d'un cheval, dépassant d'une couche de terre gelée dans le Yukon (Canada), a été trouvé par Eske Willerslev. Par la suite, il est parvenu de façon remarquable à extraire l'ADN de ce spécimen. Il s'agit de l'un des plus anciens ADN jamais analysés.

TIKTAALIK

ICHTHYOSAURUS
(ICHTYOSAURE)

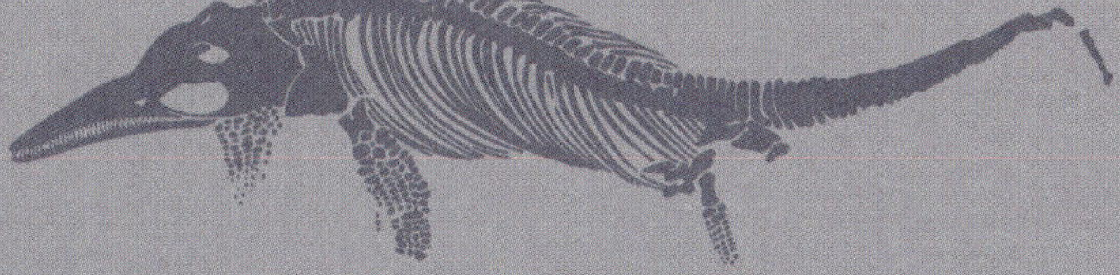

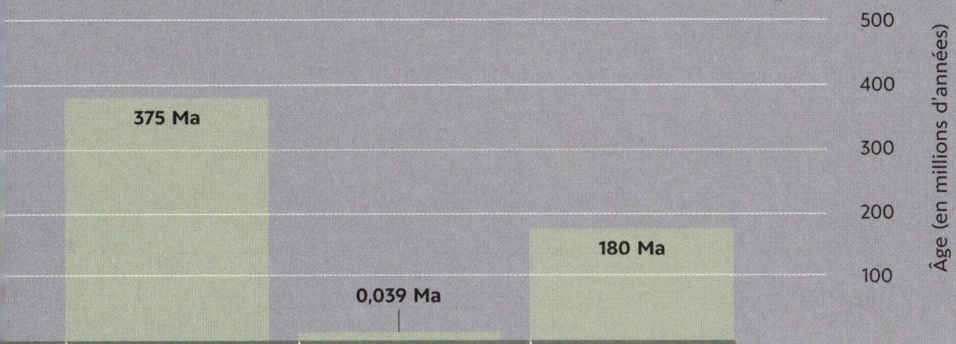

2004

Découverte de ***Tiktaalik*** (ci-dessus). Il possédait des branchies, des écailles, une forme primitive de poumons, des poignets aux os rudimentaires pour se hisser sur ses pattes antérieures, ainsi qu'une cage thoracique robuste lui permettant de se déplacer, avec lourdeur, sur la rive. Il s'agit d'une forme transitionnelle entre les poissons et les vertébrés à quatre pattes.

2010

Yuka est le mammouth laineux le mieux conservé jamais trouvé. Le corps momifié de cette jeune femelle a été découvert par des chasseurs d'ivoire en Sibérie. Elle avait encore ses muscles, sa peau et sa fourrure. Les analyses de ses dents ont montré qu'elle avait environ 8 ans au moment de son décès.

2021

L'**ichtyosaure** (ci-dessus) est le squelette de reptile marin le plus grand et le plus complet jamais découvert en Grande-Bretagne. C'est Joe Davis qui a trouvé les restes de ce prédateur des océans de 10 m de long. Son crâne à lui seul pèse plus d'une tonne.

LES FOSSILES

Les fossiles ne sont pas toujours en pierre. Il peut s'agir de restes, d'empreintes ou de traces préservées de n'importe quelle forme de vie datant d'une période géologique passée. Les corps momifiés, par exemple, sont des fossiles, tout comme certains organismes conservés dans de l'ambre ou des roches bitumineuses.

MONOTRÈMES, MARSUPIAUX ET AUTRES MAMMIFÈRES

Nous connaissons tous les mammifères, cette famille d'animaux à sang chaud (dont nous faisons partie), poilus et nourrissant leurs petits avec du lait. Mais certaines espèces de ce groupe sont plus étranges que d'autres. Les marsupiaux, comme les wallabies et les opossums, donnent naissance à des petits qui terminent leur développement dans la poche de leur mère. De leur côté, les monotrèmes, comme les ornithorynques et les échidnés, pondent des œufs au lieu de mettre bas. En remontant suffisamment loin dans le temps, on découvre que les mammifères sont tous liés. Ils sont le fruit d'une véritable aventure évolutive de plus de 200 millions d'années, au cours de laquelle leurs chemins ont progressivement divergé.

L'évolution des monotrèmes, des marsupiaux et des mammifères

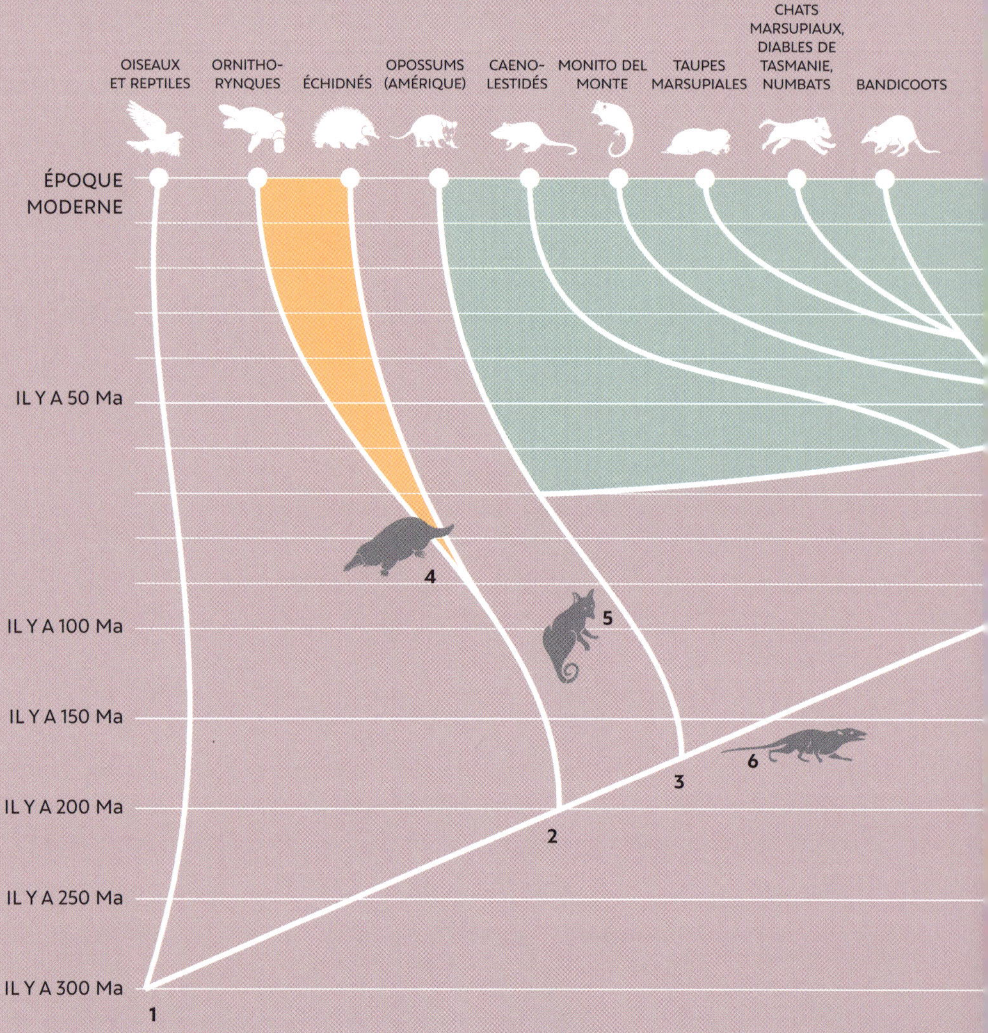

Les marsupiaux sont apparus en Amérique du Nord voici environ 170 millions d'années. Ils ont ensuite migré, il y a près de 66 millions d'années, vers l'Amérique du Sud, alors rattachée à l'Australie. Dix millions d'années plus tard, les marsupiaux étaient installés en Australie. Les fossiles de marsupiaux australiens les plus anciens, vieux de 55 millions d'années, affichent une ressemblance frappante avec des fossiles de marsupiaux datant de la même époque, trouvés en Amérique du Sud. Désormais, le continent australien abrite près de 70 % de toutes les espèces de marsupiaux encore présentes sur Terre.

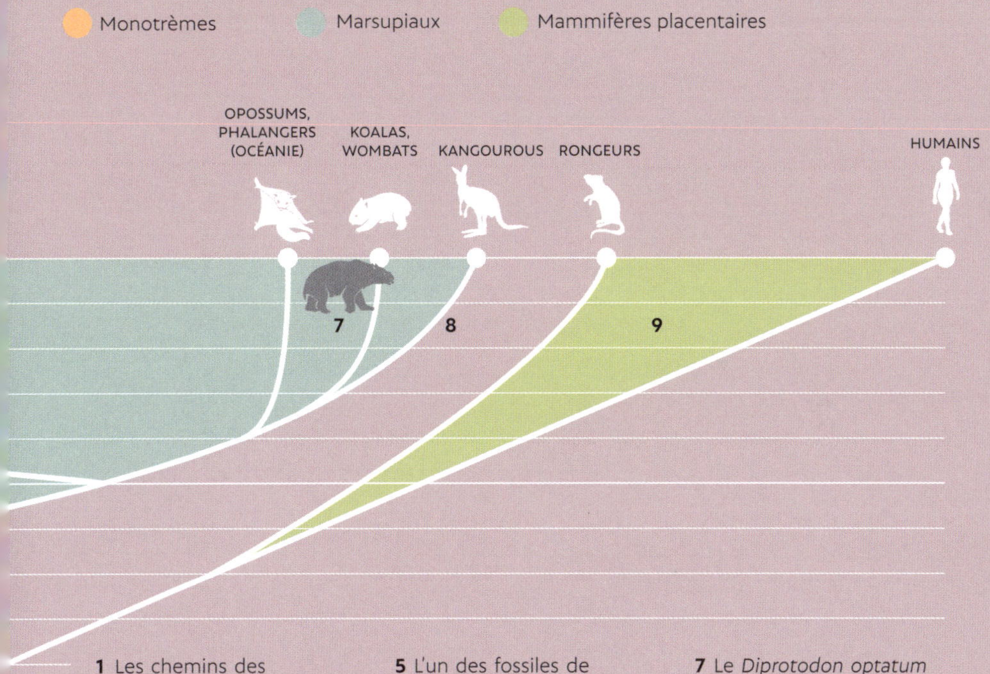

1 Les chemins des mammifères et des reptiles se séparent.

2 Les monotrèmes se séparent des mammifères placentaires.

3 Les marsupiaux se séparent des mammifères placentaires.

4 *Teinolophos* était une créature de petite taille ressemblant à un ornithorynque. Il est connu grâce à seulement quatre morceaux de mâchoires inférieures trouvés en Australie.

5 L'un des fossiles de marsupiaux les plus anciens connus à ce jour appartient à un animal de la taille d'une souris qui grimpait aux arbres et mangeait des insectes. Appelé *Sinodelphys* (opposum chinois), il a été trouvé en Chine.

6 L'un des mammifères placentaires les plus anciens connus est une créature ressemblant à une musaraigne nommée *Juramaia sinensis* et également originaire de Chine.

7 Le *Diprotodon optatum* (wombat géant) est le plus grand marsupial ayant jamais existé. De la taille d'un hippopotame, il s'est éteint il y a environ 25 000 ans.

8 L'Australie abrite des kangourous depuis au moins 20 millions d'années. Les balbarinés, des lointains cousins des kangourous qui savaient sauter et grimper, se sont éteints voici environ 12 millions d'années.

9 Les mammifères placentaires se diversifient.

LES JOIES DE LA DOMESTICATION

La domestication est l'une des plus grandes inventions de notre espèce. La faculté de domestiquer des animaux et des plantes a conduit nos ancêtres à abandonner leur mode de vie de chasseurs-cueilleurs et à se sédentariser. Cela a permis l'émergence des villages et l'approvisionnement régulier en nourriture. Le commerce, les techniques agricoles (comme l'irrigation) et l'urbanisation (constructions pérennes et premières cités) se sont développés : en bref, l'essor de la civilisation telle que nous la connaissons aujourd'hui. La domestication n'est pas le fait d'apprivoiser un animal sauvage. Il s'agit d'un processus, perfectionné au fil des générations, au cours duquel les humains parviennent à contrôler de façon graduelle les fonctions biologiques et les comportements d'une autre espèce. Elle s'appuie sur des modifications génétiques, puis est affinée par le biais de la sélection animale, au cours de laquelle des individus clés, possédant certaines caractéristiques de choix, sont délibérément sélectionnés pour se reproduire ensemble.

LES BOVINS

Les races de bovins actuelles descendent des aurochs, des bovidés à grandes cornes réputés agressifs, qui mesuraient jusqu'à 1,80 m au garrot. Ils ont connu leur apogée lors de la dernière glaciation, époque à laquelle ils ont été représentés sur les murs de grottes. La disparition de leur habitat et la chasse sont les causes de leur extinction. Le dernier spécimen est mort en 1627.

MOUTON
(Proche-Orient)

CHÈVRE
(Moyen-Orient)

VACHE
EUROPÉENNE
(Proche-Orient)

Chronologie de la domestication et région où elle a eu lieu

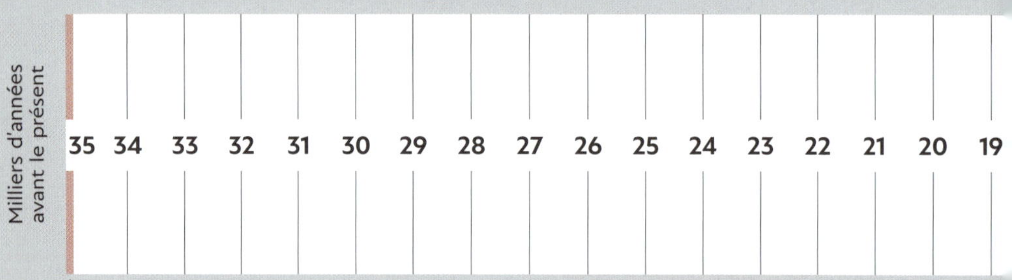

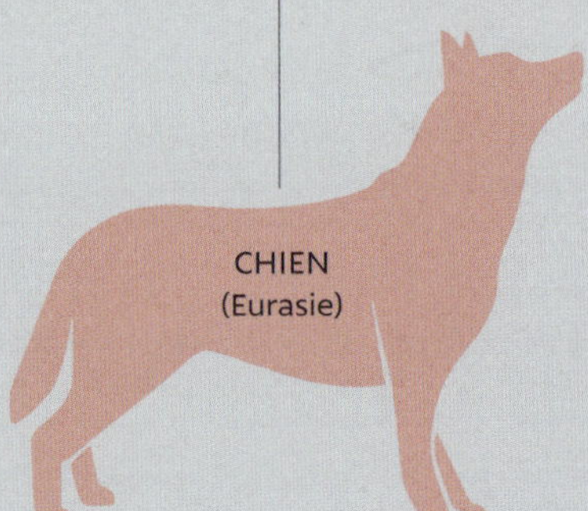

LES CHIENS

Les chiens ont été les premiers animaux domestiqués. Toutes les races de chiens actuelles, du minuscule chihuahua au gigantesque dogue allemand, descendent d'un même ancêtre : le loup gris. Les chiens et les loups d'aujourd'hui ont plus de 99,5 % d'ADN en commun, mais cette petite différence est suffisante pour qu'ils affichent des caractéristiques profondément distinctes.

LE HAMSTER DORÉ

Le 12 avril 1930, le zoologiste Israel Aharoni a découvert un nid de hamsters dans un champ, en Syrie. Il a ramené ces hamsters dorés (ou syriens) dans son laboratoire, à Jérusalem. Cinq se sont échappés, et certains ont mangé les autres. Mais, au cours des 18 années qui ont suivi, les hamsters qui avaient survécu ont fait l'objet d'une reproduction sélective, et leur population a augmenté. À partir de 1948, les rongeurs étaient domestiqués.

LES OIES

Les oies pourraient être les premiers oiseaux à avoir été domestiqués, selon une étude de 2022. Des restes fossilisés découverts en Chine laissent à penser que les oies étaient partiellement, voire totalement, domestiquées il y a 7 000 ans.

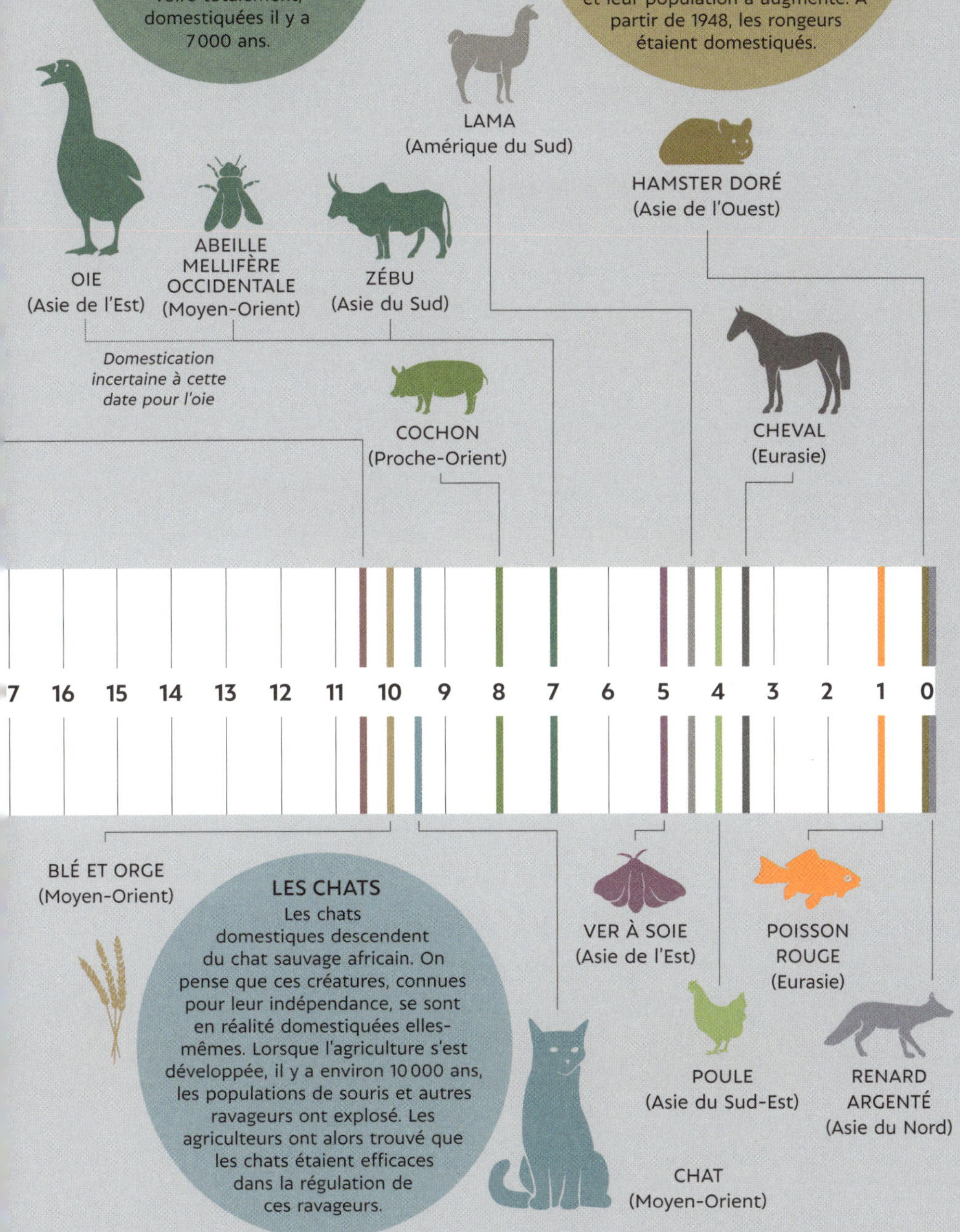

LES CHATS

Les chats domestiques descendent du chat sauvage africain. On pense que ces créatures, connues pour leur indépendance, se sont en réalité domestiquées elles-mêmes. Lorsque l'agriculture s'est développée, il y a environ 10 000 ans, les populations de souris et autres ravageurs ont explosé. Les agriculteurs ont alors trouvé que les chats étaient efficaces dans la régulation de ces ravageurs.

LE RENARD ARGENTÉ

La domestication ne nécessite pas systématiquement plusieurs milliers d'années pour aboutir. En 1959, un biologiste russe, Dmitri Beliaïev, a lancé une expérience qui montrait la rapidité avec laquelle elle peut s'effectuer. Il s'est procuré 130 renards qu'il a maintenus en captivité. La plupart étaient assez féroces, mais certains étaient légèrement moins agressifs. Il a fait se reproduire les bêtes plus « amicales » entre elles, puis il a répété ce même processus. À chaque nouvelle génération, les renards les plus dociles étaient mis ensemble pour s'accoupler.

Chronologie de la domestication du renard argenté

Avec le temps, les renards ont changé. Leur apparence et leur comportement sont devenus différents, davantage similaires à ceux d'un chien. Ce qui est intéressant, c'est que Beliaïev n'a pas cherché à obtenir une créature qui ressemble à un chien. Au lieu de cela, les caractéristiques typiques du chien sont apparues par une sélection de critères uniquement liés au caractère amical des bêtes. Il a fallu moins d'une vie humaine pour que les chercheurs russes « domestiquent » des renards argentés par sélection. L'illustration ci-dessous est une estimation des changements survenus au fil des générations.

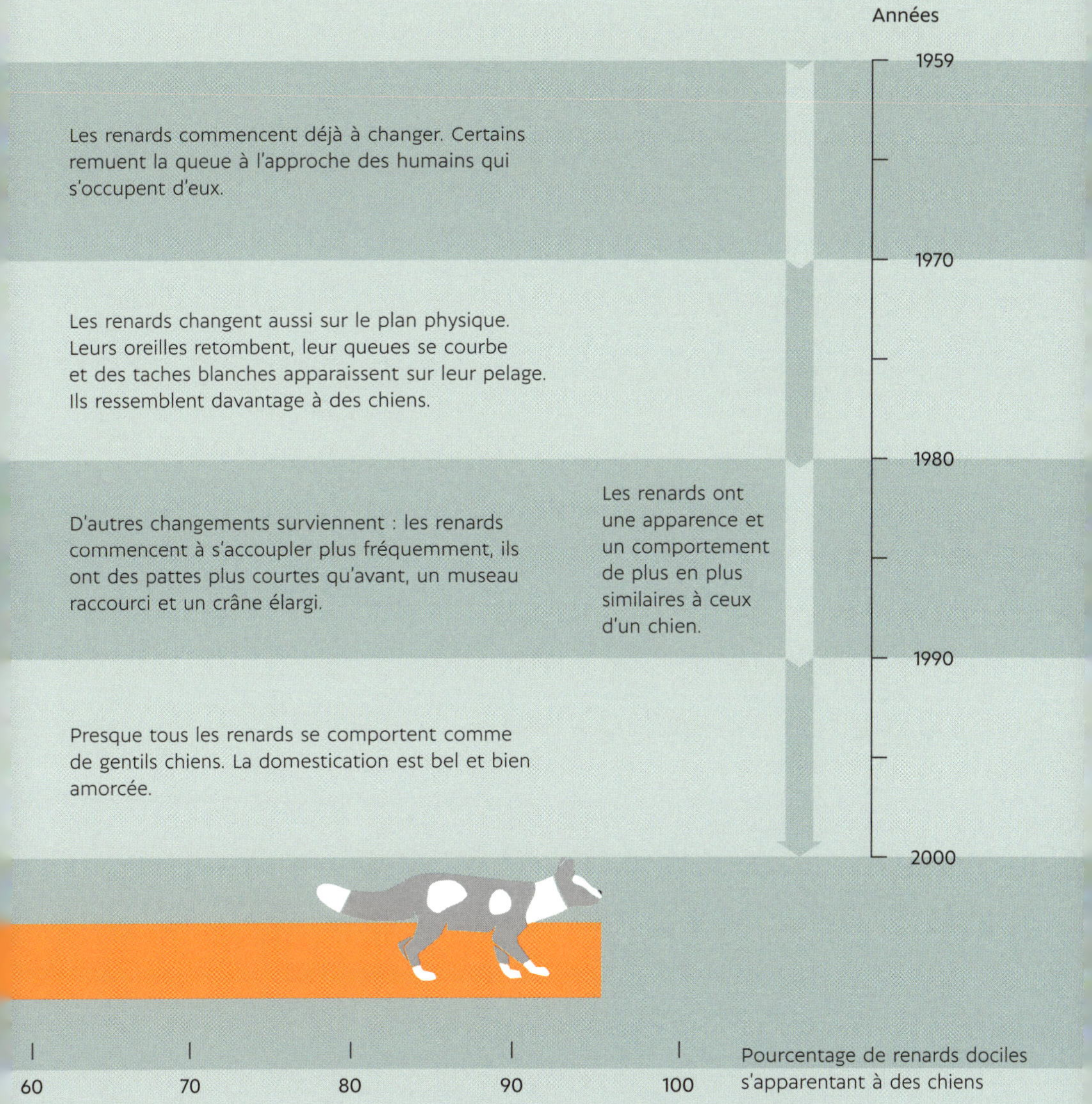

2

LE TEMPS ET L'ÉCOLOGIE

INTRODUCTION

Tout organisme, quel qu'il soit, fait partie d'un écosystème, c'est-à-dire d'une communauté biologique d'êtres vivants interagissant entre eux et avec l'environnement physique dans lequel ils se trouvent. Parfois, ces écosystèmes sont de petite taille, comme un bassin dans un jardin ou une flaque d'eau de mer entre les rochers. Mais ils peuvent également être très grands, comme la gigantesque toundra, dans le nord du cercle polaire arctique ou encore les luxuriantes et verdoyantes forêts tropicales humides, de part et d'autre de l'équateur.

Au premier coup d'œil, ces écosystèmes peuvent sembler statiques. Nous les imaginons figés dans le temps, comme des photos, alors qu'ils sont en réalité des entités dynamiques en état de fluctuation permanente. Les organismes vivent et meurent. Les populations augmentent, puis diminuent. Les espèces évoluent et disparaissent. Les saisons changent et, au fur et à mesure que la Terre tourne sur elle-même, la nuit succède au jour, puis le jour succède à la nuit. La mer monte, puis redescend. Les profils climatiques varient, tout comme l'environnement physique. Le vent, l'eau et la glace façonnent le paysage par le biais de l'érosion.

C'est pour cela que les échelles de temps sur le plan écologique sont aussi diverses. Ainsi, la vie dans une flaque d'eau de mer, entre deux marées montantes, connaît des changements extrêmes au cours d'une seule journée. L'écologie nous enseigne que toutes les formes de vie sur Terre sont interconnectées. Nous dépendons des écosystèmes riches de notre planète pour l'air que nous respirons, l'eau que nous buvons, la nourriture que nous mangeons et bien d'autres choses encore. Ces écosystèmes ne sont pas là juste pour faire joli. Ils sont essentiels à la vie telle que nous la connaissons, et le déclin des espèces ainsi que la destruction des écosystèmes causée par les comportements humains sont des problèmes mondiaux.

La bonne nouvelle, c'est que, à condition qu'ils ne soient pas complètement réduits à néant, les écosystèmes peuvent se remettre rapidement. Les études sur la régénération du vivant après des feux de forêts en sont la preuve, tout comme le travail précurseur de conservationnistes qui, au Brésil, œuvrent au reboisement de la forêt atlantique, à la suite de sa destruction partielle. Grâce à la mise en place de programmes de protection, les populations d'espèces menacées peuvent augmenter, et des espèces autrefois en péril prospèrent de nouveau dans leur environnement naturel. Il s'agit là des échelles de temps parmi les plus gratifiantes à observer.

Les castors sont de véritables ingénieurs des écosystèmes. Ils les construisent et en assurent la maintenance, permettant ainsi à d'autres espèces de prospérer.

LA DÉCOMPOSITION D'UNE BALEINE

LE CORPS GONFLE : en quelques heures ou quelques jours. Lorsque la décomposition commence, le corps gonfle sous l'effet des gaz dégagés. Il peut flotter quelque temps. Les requins et les oiseaux de mer se servent.

LE CORPS COULE : après plusieurs jours ou plusieurs semaines, le cétacé se met à couler. Les charognards mobiles, comme les myxines ou les requins dormeurs, prélèvent des morceaux de graisse à mesure que le corps descend. Le corps termine sa chute au fond de l'océan. On parle alors d'une « carcasse de baleine ».

LA CARCASSE DE BALEINE
Il y a quatre étapes dans la décomposition de cette carcasse. Ces étapes sont d'une durée variable et, souvent, se chevauchent. Elles sont représentées ci-dessous depuis la tête (étape 1) jusqu'à la queue (étape 4).

ÉTAPE 1 : plusieurs mois à 5 ans

LES CHAROGNARDS MOBILES
Les charognards des profondeurs, comme les grenadiers, les homards et les pieuvres, viennent prendre leur part du festin. Ils viennent parfois de loin.

ÉTAPE 2 : plusieurs mois à 2 ans

LES OPPORTUNISTES
Tous les tissus mous qui restent sont mangés. Les crustacés et les vers colonisent les os et les sédiments, chargés en nutriments qui entourent la carcasse.

QUE DEVIENT UNE BALEINE QUAND ELLE MEURT?

Pouvant dépasser parfois les 30 m de long, la baleine bleue est, selon nos connaissances actuelles, le plus grand animal ayant jamais existé sur notre planète. Une baleine peut vivre jusqu'à 90 ans. Quand elle meurt, son cadavre permet de nourrir d'autres formes de vie à proximité durant une période équivalente. Le corps de la baleine offre une quantité énorme de nutriments aux créatures des océans, et tout un écosystème se crée autour de cette carcasse.

Les scientifiques estiment qu'environ 700 000 carcasses des neuf plus grandes espèces de baleines du monde se décomposent en un même temps donné. Chacune peut nourrir jusqu'à 400 espèces différentes. Il n'est pas facile de trouver des carcasses de baleines et de les examiner. Afin de mieux les étudier, les scientifiques font couler des corps de baleines mortes, échouées sur le rivage.

ÉTAPE 3 : jusqu'à 100 ans

LES BRISEURS D'OS

Les bactéries, les vers annélides nécrophages et les palourdes décomposent la graisse contenue dans les os. Des substances sulfureuses sont dégagées et sont consommées par d'autres organismes.

ÉTAPE 4 : durée indéterminée

À L'ÉTAT DE RÉCIF

Les fragments d'os restants, qui ne possèdent plus de matières organiques mais qui contiennent toujours des minéraux, sont colonisés par des organismes suspensivores (se nourrissant de particules en suspension), comme les mollusques.

LES ATOUTS D'UN REPOS ÉTERNEL EN MER

Avant que la chasse à la baleine à grande échelle ne commence au XIe siècle, on estime que les populations de baleines emportaient avec elles en coulant entre 190 000 et 1,9 million de tonnes de carbone au fond des océans. C'est comme si l'on retirait entre 40 000 et 410 000 voitures de la circulation chaque année. En revanche, lorsque les baleines sont tuées et transformées, au lieu de mourir et de couler naturellement, le carbone est relâché dans l'atmosphère. On estime ainsi que la chasse à la baleine, au cours du XXe siècle, a généré l'émission de 70 millions de tonnes de dioxyde de carbone supplémentaires. En d'autres termes, les baleines pourraient jouer un rôle dans la lutte contre le changement climatique si les humains les laissaient vivre et mourir de façon naturelle.

Les grands fonds marins sont froids, sombres et en grande partie déserts. Les créatures qui y vivent parviennent à survivre principalement en se nourrissant de détritus et autres organismes en décomposition qui tombent depuis la surface, notamment des animaux et des végétaux morts, du sable, des particules de suie et des matières fécales, riches en carbone et en azote. Cette pluie de débris organiques, ressemblant à des flocons de neige, est appelée « neige marine ». Lorsque ces débris atteignent le fond, ils se mêlent au sol boueux des profondeurs. Près des trois quarts des grands fonds marins sont couverts de ce dépôt de boue.

Dans un environnement de ce type, où la nourriture est rare, une carcasse de baleine est un peu comme un buffet à volonté. Un seul cadavre en décomposition fournit autant de carbone que l'équivalent de 2 000 ans de neige marine tombée sur une surface de $50\ m^2$ de fond marin.

LES VERS ANNÉLIDES NÉCROPHAGES

Les vers annélides nécrophages ont été découverts en 2002, sur une carcasse de baleine située à trois kilomètres de profondeur dans la baie de Monterey, en Californie. Contrairement à des vers classiques, ils ne possèdent ni bouche, ni système digestif. Leur survie est rendue possible grâce à la production de tissus ramifiés spécialisés semblables à des racines qui s'infiltrent dans les os. Il existe pas moins de 26 espèces connues de ce ver, incluant *Osedax mucofloris*, dont le nom signifie littéralement « fleur de morve mangeuse d'os ». La « fleur » fait référence aux tissus en forme de panaches plumeux qui flottent dans l'eau et absorbent l'oxygène. Une larve qui vient de naître peut survivre 10 jours sans manger, ce qui lui laisse le temps de dériver afin de coloniser d'autres carcasses de baleines.

Les vers annélides nécrophages ont été découverts en 2002.

ESPÈCES PIONNIÈRES

0-1 AN

UNE TERRE DÉSOLÉE
Dans les premiers temps, juste après un incendie, le paysage semble désolé, mais le sol abrite en lui les graines de la vie.

1-2 ANS

LES ANNUELLES
Les premières plantes à repousser sont des annuelles, à courte durée de vie. Certaines disséminent leurs graines pour perpétuer leur espèce.

3-4 ANS

LES HERBACÉES ET VIVACES
Des espèces plus résistantes prennent racines. Elles peuvent être présentes tout au long de l'année ou disparaître en hiver pour réapparaître au printemps.

RENAÎTRE DE SES CENDRES

Même après avoir subi une perturbation majeure, comme un incendie dévastateur ou une inondation, il est rare qu'un espace naturel soit complètement dénué de vie. Le phénomène aura peut-être détruit les arbres et les végétaux, fait fuir la faune sauvage et fait revenir le lieu à un stade antérieur de la succession écologique, mais le sol aura, malgré tout, conservé ses nutriments et les graines qui y étaient enfouies.

Un processus appelé « succession secondaire » se met alors en place au fur et à mesure que l'espace naturel se régénère et qu'une nouvelle flore ainsi qu'une nouvelle faune apparaissent. Des espèces végétales, comme le pin gris d'Amérique du Nord, ont déjà un temps d'avance, car elles ont évolué pour s'adapter aux incendies. En effet, se distinguant d'autres pins qui ont développé une écorce plus épaisse pour résister aux incendies, cet arbre possède des cônes qui ne s'ouvrent et ne disséminent leurs graines qu'à la chaleur intense d'un feu de forêt. Dans les trouées qui se sont formées là où les arbres sont tombés, de nouveaux écosystèmes se créent. Les végétaux qui n'arrivaient pas à croître à l'ombre de la canopée peuvent désormais tirer parti de la luminosité et

L'ÉCOLOGIE DU FEU

Dans la nature, le feu peut être une formidable force bienfaitrice. Des feux de forêts modérés et saisonniers permettent de revitaliser les écosystèmes des forêts de conifères, des zones arbustives et des prairies. Le feu engendre un renouveau en faisant disparaître les matières organiques mortes, en restituant les nutriments au sol et en stimulant de nouvelles pousses. Il favorise la biodiversité par la recolonisation de végétaux et d'animaux dans les trouées. Certains arbres ont besoin de cette chaleur pour disséminer leurs graines. Si des feux contrôlés peuvent permettre ces processus et limiter les incendies démesurés, le fait de réprimer tout feu de forêt peut faire chuter la biodiversité. Les scientifiques s'accordent à dire que, dans de nombreuses zones, le feu est une « perturbation naturelle » indispensable à l'émergence de nouvelles vies.

LES PERTES DE L'AUSTRALIE

Alimentés par une chaleur extrême, une grande sécheresse et des vents violents, des feux de brousse ont ravagé de gigantesques portions de terres australiennes en 2019. Au moins un milliard de créatures ont péri, dont la plupart étaient des espèces vivant uniquement sur l'île-continent, comme le rat-kangourou à longs pieds, la souris-opossum des montagnes et la perruche à ventre doré. Les arbres endémiques étaient davantage équipés pour survivre. L'eucalyptus nécessite une chaleur intense pour que les capsules de ses graines s'ouvrent, et d'autres espèces stockent leurs graines dans le sol ou bien en hauteur, dans leur couronne. D'autres encore repoussent grâce à des bourgeons situés sous leur écorce, appelés « bourgeons épicormiques ».

ESPÈCES POSTPIONNIÈRES

5-150 ANS

HERBACÉES, ARBUSTES, PINS, JEUNES CHÊNES ET FRÊNES

Ces espèces vivaces forment une végétation basse et dense. Au fil des années, elles gagnent en hauteur, attirant de nombreux oiseaux et fournissant un abri conséquent à toute une faune sauvage forestière.

COMMUNAUTÉ CLIMACIQUE

150 ANS ET +

FORÊT DE CHÊNES ET DE FRÊNES À MATURITÉ

Les plus grands et les plus vieux arbres forment ce que l'on appelle la « communauté climacique » car le développement de la forêt a atteint son dernier stade, le climax. Ces arbres perdurent tant qu'ils ne sont pas coupés ou détruits par un incendie.

LE CASTOR, INGÉNIEUR DES ÉCOSYSTÈMES

Les castors, dotés d'incisives coupantes comme des ciseaux à bois, de pattes postérieures palmées et d'une queue plate écailleuse, sont des animaux remarquables. Ils transforment en profondeur leur environnement et favorisent la biodiversité locale grâce à la construction de barrages et de huttes. Leur rôle est essentiel pour permettre à d'autres espèces de prospérer. Il a même été suggéré que les castors pourraient être utilisés pour régénérer certaines terres agricoles dégradées et certains habitats appauvris.

En 2002, au Royaume-Uni, des scientifiques travaillant en partenariat avec le Scottish National Heritage, l'organisme public écossais de protection du patrimoine naturel (aujourd'hui nommé NatureScot), ont lancé une expérience pour savoir ce qui se passerait si l'on relâchait des castors sur une parcelle de terre agricole abandonnée de cinq kilomètres carrés. Cette zone avait été asséchée dans les années 1800. Deux cents ans plus tard, elle était composée de prairies et de petits bosquets d'arbres à feuilles caduques, comme des saules et des aulnes. Un fossé de drainage le parcourait également, alimenté par une source locale.

Comment les castors transforment le paysage

2002

Un couple de castors a été relâché et s'est mis à couper des arbres pour construire son premier barrage. Il faisait 3 m de long et a permis d'élever le niveau du cours d'eau de 70 cm.

2006

Les castors ont commencé à se reproduire. Le nombre moyen de castors présents durant l'expérience était de quatre.

Le paysage a été transformé par les castors. Ils ont construit plus de 195 m de barrages, 500 m de canaux et un demi-hectare de mares. Progressivement, cela a généré une grande diversité de nouveaux espaces naturels, comme des étangs et des marais.

En parallèle, le nombre total d'espèces a augmenté d'environ 150 %, favorisant l'apparition d'un mélange hétérogène de végétaux et d'animaux.

Ponctué de barrages, cet espace ainsi transformé a procuré de nouveaux habitats pour les plantes, les invertébrés, les amphibiens, les poissons, les oiseaux et d'autres mammifères.

D'autres études ont, depuis, démontré comment les castors et leurs barrages peuvent également aider à améliorer la qualité de l'eau, empêcher l'érosion des sols et réduire les risques d'inondation.

2016

Les castors ont lancé le processus de régénération en offrant des abris et la possibilité à la faune et à la flore de se réimplanter.

UN BÂTISSEUR HORS PAIR

Les castors sont incontestablement les meilleurs bûcherons du règne animal. Leur capacité à créer de nouveaux habitats avec les arbres qu'ils abattent est tellement impressionnante qu'ils sont surnommés les « ingénieurs des écosystèmes ».

Comment les castors construisent-ils leurs barrages ?

5 MINUTES

Avec ses dents acérées et ses mâchoires puissantes, un castor adulte peut abattre un petit arbre relativement jeune en seulement cinq minutes.

1 NUIT

En une seule nuit, un castor adulte peut abattre un peuplier de 20 m, le couper en une douzaine de tronçons, puis tracter ces tronçons jusqu'à l'eau. Un castor adulte est capable de transporter l'équivalent de son propre poids en bois.

< 1 JOUR

Les castors peuvent construire un barrage étanche en moins d'un jour. Ils commencent par enfoncer des branches et des morceaux de bois dans la boue au fond d'un ruisseau. Rameaux, écorces, cailloux, boue et morceaux de plantes sont, ensuite, utilisés pour créer la structure principale. Le niveau de l'eau en amont commence à monter et un étang se forme. Lorsque le niveau de l'eau atteint environ 80 cm, c'est assez profond pour accueillir la hutte des castors.

FORT COMME UN CASTOR

Il existe deux espèces de castors : le castor d'Amérique (ou du Canada) et le castor européen. La chasse excessive, au XIXe siècle et au début du XXe siècle, a failli faire disparaître le castor. Mais, de nos jours, les deux espèces se portent bien, et les castors continuent à être réintroduits dans de nombreuses régions d'Europe.

≈ 2 NUITS

En deux nuits, un couple de castors peut se construire une hutte rudimentaire suffisamment solide pour résister à l'hiver.

≈ 2 SEMAINES

En deux semaines, cette même hutte peut être perfectionnée pour devenir un véritable chef-d'œuvre architectural. Les huttes de castors peuvent mesurer 12 m de large et plus de 3 m de haut. Elles sont confectionnées à partir de branches, de morceaux de bois et de végétaux soigneusement sélectionnés. La boue sert à faire tenir les murs ensemble et à isoler l'habitation du froid, mais une aération est laissée au sommet. La hutte se compose de trois espaces séparés : une chambre pour élever les petits, une pièce principale et une salle à manger. Elle possède également plusieurs entrées camouflées sous l'eau.
Au gré des décennies, une seule hutte peut accueillir de multiples générations de castors, et, régulièrement, plusieurs générations d'une même famille cohabitent sous le même toit.

LES POUMONS DE LA TERRE

Les forêts tropicales humides sont souvent surnommées les « poumons de la Terre », car elles absorbent du dioxyde de carbone et rejettent de l'oxygène. Mais le rôle qu'elles jouent va bien plus loin. Elles permettent de stabiliser le climat mondial, de préserver le cycle de l'eau et elles abritent une quantité phénoménale de biodiversité.

La déforestation en Amérique du Sud, des origines à nos jours

LA FORÊT AMAZONIENNE

La forêt amazonienne est la forêt tropicale humide la plus grande et la plus connue. La vie y abonde depuis plus de 55 millions d'années, et elle abrite actuellement une espèce sur 10 parmi toutes les espèces connues. Environ 17 % de la forêt a été détruite au cours des 50 dernières années et les scientifiques craignent qu'elle n'ait atteint aujourd'hui un point de bascule pouvant entraîner la mort en masse des arbres restants.

LA HARPIE FÉROCE

La harpie féroce, un énorme oiseau de proie, se fait de plus en plus rare dans la forêt amazonienne et elle a quasiment disparu de la forêt atlantique. Ce déclin s'explique principalement par la destruction de son habitat. En effet, ce superprédateur a du mal à chasser à découvert, et les zones boisées restantes sont trop petites pour lui permettre de s'alimenter. Son statut de conservation actuel est défini comme « vulnérable ».

Quelque 30 millions d'espèces végétales et animales ont fait de la forêt tropicale humide leur habitat et pourtant, cet écosystème est en danger. Les forêts tropicales sont abattues pour pouvoir implanter des fermes d'élevage, des cultures agricoles et des mines. Plus de 10 000 km² sont détruits chaque année.

Forêt d'origine

Zones victimes de déforestation

Couvert forestier actuel

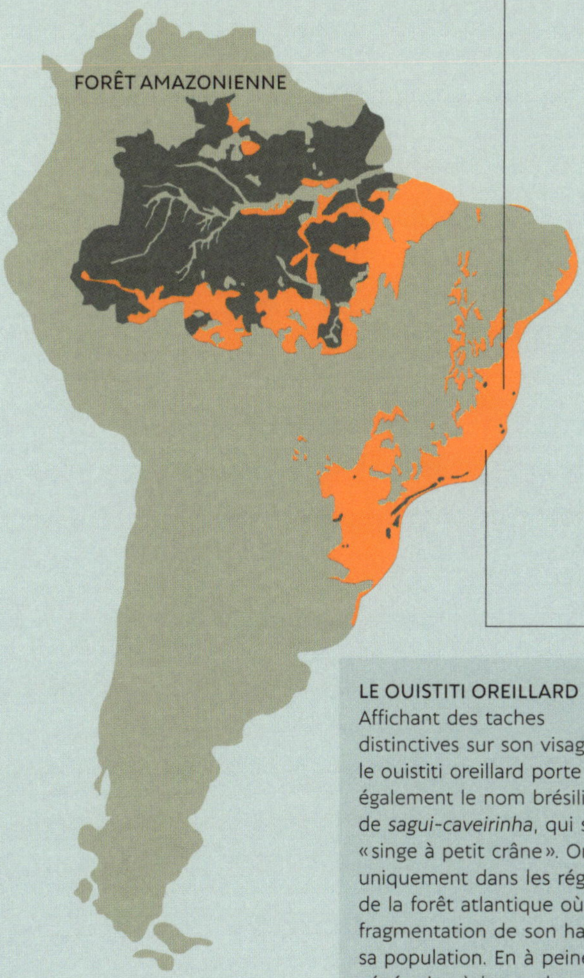

LA FORÊT ATLANTIQUE
La forêt atlantique a beau être moins célèbre que la forêt amazonienne, elle n'en est pas moins importante. Près d'une espèce sur 50, parmi toutes les espèces de plantes et d'animaux vertébrés terrestres qui existent, vit dans cette forêt et nulle part ailleurs. C'est un patchwork de différents écosystèmes comprenant notamment de la forêt tropicale humide, de la forêt humide de montagne et des prairies. Plus de 80 % de cette forêt a été détruite au cours des 500 dernières années et la majorité des zones boisées restantes ne sont plus que de petits bosquets déconnectés les uns des autres. Les scientifiques pensent que plusieurs écosystèmes de la forêt atlantique pourraient disparaître au cours des 50 prochaines années.

LE OUISTITI OREILLARD
Affichant des taches distinctives sur son visage, le ouistiti oreillard porte également le nom brésilien de *sagui-caveirinha*, qui signifie « singe à petit crâne ». On le trouve uniquement dans les régions montagneuses de la forêt atlantique où la disparition et la fragmentation de son habitat font chuter sa population. En à peine 18 ans (soit trois générations), le nombre d'individus a été divisé par deux. Son statut de conservation est désormais « en danger ».

COMMENT RÉGÉNÉRER UNE FORÊT TROPICALE HUMIDE ?

Même si les forêts tropicales humides continuent d'être détruites, tout espoir n'est pas perdu. Lorsque des zones victimes de déforestation sont laissées tranquilles, la forêt peut repousser. Les forêts régénérées ainsi sont appelées des « forêts secondaires ».

Près d'un tiers des forêts tropicales humides du Brésil qui ont été dévastées sont en cours de régénération naturelle. Cela compense d'environ 12 % le total des émissions de dioxyde de carbone imputées à la déforestation. Ce n'est, cependant, pas une excuse valable pour raser les forêts primaires.

Le processus de déforestation peut être inversé avec le temps

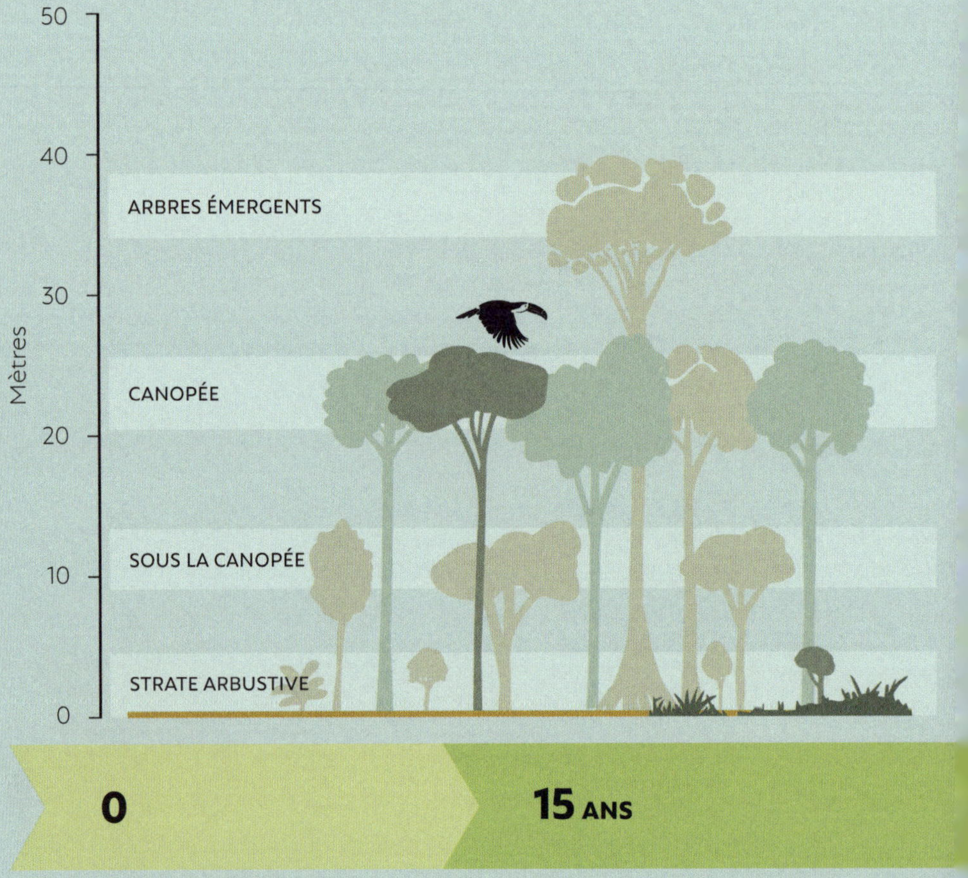

La repousse commence immédiatement, mais elle met 1 ou 2 ans avant de réellement progresser.

Il faut 15 ans pour que cette repousse ressemble à une forêt.

L'INSTITUTO TERRA AU BRÉSIL

Avec un peu d'aide, la repousse des forêts secondaires peut être accélérée. À l'Instituto Terra, sur une ancienne ferme d'élevage brésilienne, les habitants ont replanté, en 15 ans, plus de 2,5 millions de jeunes plants de 297 espèces végétales caractéristiques de la forêt atlantique. Aujourd'hui, cette forêt tropicale est régénérée et elle est continuellement repeuplée par des espèces animales emblématiques comme le loup à crinière, le jaguar ou l'amazone à joues vertes, un petit perroquet local.

40 ANS

Il faut 40 ans à ces forêts secondaires pour retrouver 85 % de leur biodiversité d'origine. Cependant, cela n'est possible que s'il y a encore des animaux et des végétaux aux alentours pour repeupler les forêts, continuer de s'y reproduire et s'y développer.

LES GRENOUILLES EN GALÈRE

Les grenouilles et les crapauds jouent un rôle phare dans de nombreux écosystèmes. À la fois prédateurs et proies, ils participent à maintenir l'équilibre de chaînes alimentaires fragiles. Aujourd'hui, pourtant, ces amphibiens se retrouvent plongés au beau milieu d'une véritable apocalypse. Un champignon parasite meurtrier se répand aux quatre coins du globe et provoque une maladie, appelée la « chytridiomycose », responsable de la plus grande perte de biodiversité contemporaine causée par une maladie.

Ce champignon pathogène, le chytride, se décline en deux espèces. Une fois infecté par l'une ou par l'autre, l'amphibien développe des problèmes de peau, qui l'empêchent de respirer et de réguler son hydratation. Cela peut entraîner un arrêt cardiaque. Si les conditions sont favorables, le champignon peut survivre en dehors de son hôte.

Chronologie du champignon tueur de grenouilles

LE CHYTRIDE
Asie

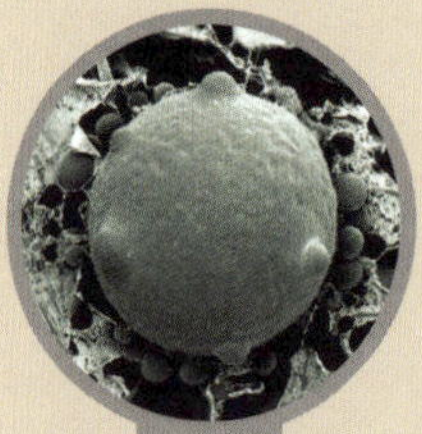

IL Y A DES MILLIERS D'ANNÉES

Ce champignon existait déjà il y a plusieurs milliers d'années, mais il ne provoquait de maladie qu'à une échelle locale. Il est probablement apparu en Asie.

LA GRENOUILLE GÉANTE DU LAC TITICACA
Amérique du Sud

Le cas le plus ancien a été découvert lorsque des chercheurs modernes ont analysé l'ADN d'un spécimen conservé dans un musée.

1863

DÉBUT DES ANNÉES 1900

Des analyses modernes sur des grenouilles de musée montrent que le chytride était présent dans le sud de l'Afrique et en Asie au début des années 1900, où il a probablement causé plusieurs épidémies à petite échelle.

LE XÉNOPE LISSE
Afrique

1938

ANNÉES 1930

C'est le début du commerce international des amphibiens. Les grenouilles étaient expédiées dans le monde entier pour être utilisées dans la recherche médicale et comme animaux de compagnie. La maladie s'est propagée avec les exportations.

LA GRENOUILLE VERTE
Amérique du Nord

1961

LA PROPAGATION INTERCONTINENTALE DU CHYTRIDE

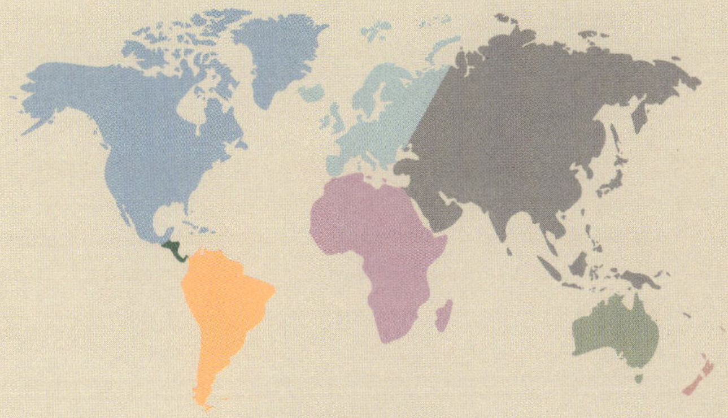

DRYOSOPHUS GRACILENTUS
Australie

1978

ATELOPUS CRUCIGER
(LA GRENOUILLE ARLEQUIN)
Amérique du Sud

1986

LITHOBATES TARAHUMARAE
Amérique centrale

1983

LE CRAPAUD ACCOUCHEUR
Europe

1997

DRYOSOPHUS RANIFORMIS
Nouvelle-Zélande

1999

ANNÉES 1970

Les scientifiques ont remarqué que les grenouilles mourraient en nombre. Le chytride a décimé des centaines de populations de grenouilles en Australie et sur tout le continent américain.

ANNÉES 1980

Le champignon s'est propagé dans le monde entier. Les populations de grenouilles ont chuté et le nombre de victimes a atteint des sommets. Mais les grenouilles d'Asie ont été épargnées. Elles possédaient une forme de résistance à la maladie.

ANNÉES 1990

Des scientifiques en Australie ont identifié le champignon chytride, mais il avait déjà provoqué l'extinction d'au moins quatre espèces de grenouilles.

AUJOURD'HUI

Le chytride a provoqué le déclin d'au moins 500 espèces d'amphibiens, dont 90 extinctions probables. Seulement 12 % des espèces touchées montrent des signes de rétablissement. Le champignon reste une menace majeure dans le monde entier.

ENTRE DEUX MARÉES

La mer descend et monte deux fois par jour. Ce cycle, qui correspond au temps de rotation de la Lune sur son propre axe, dure 24 heures et 50 minutes, soit un peu plus qu'une journée de 24 heures, le temps pour la Terre de faire une rotation sur elle-même.

Au gré des marées, l'environnement passe d'une zone marine aux eaux tourbillonnantes à une zone de rochers asséchés. Ces zones intertidales (estrans), ou zones de balancement des marais, se trouvent partout où la mer rencontre la terre, des falaises rocheuses aux récifs coralliens, en passant par les mangroves et les bancs de vase. Les organismes qui y vivent sont adaptés à la rigueur de ces extrêmes.

La faune des différents étages d'une zone intertidale

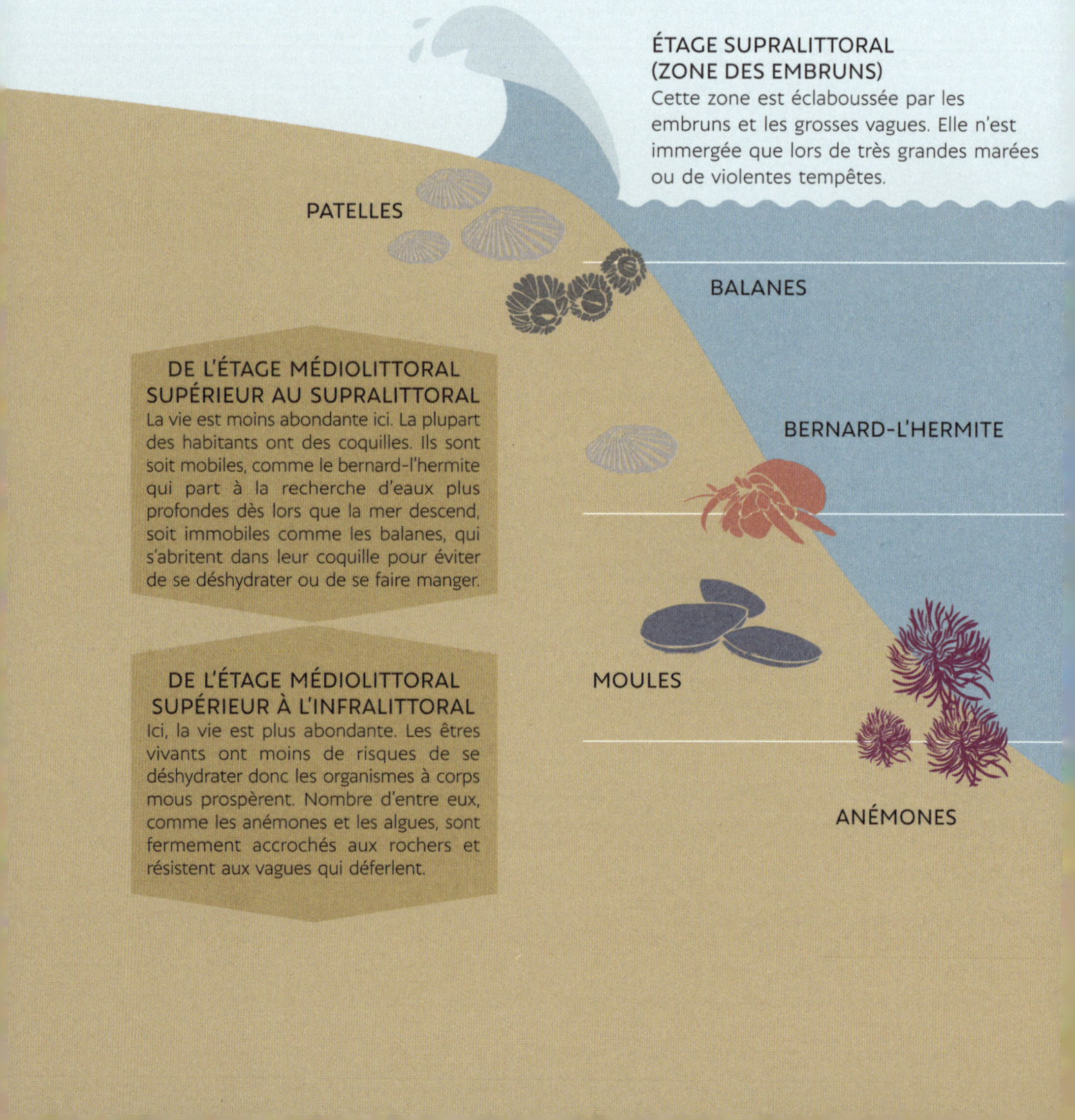

ÉTAGE SUPRALITTORAL (ZONE DES EMBRUNS)

Cette zone est éclaboussée par les embruns et les grosses vagues. Elle n'est immergée que lors de très grandes marées ou de violentes tempêtes.

DE L'ÉTAGE MÉDIOLITTORAL SUPÉRIEUR AU SUPRALITTORAL

La vie est moins abondante ici. La plupart des habitants ont des coquilles. Ils sont soit mobiles, comme le bernard-l'hermite qui part à la recherche d'eaux plus profondes dès lors que la mer descend, soit immobiles comme les balanes, qui s'abritent dans leur coquille pour éviter de se déshydrater ou de se faire manger.

DE L'ÉTAGE MÉDIOLITTORAL SUPÉRIEUR À L'INFRALITTORAL

Ici, la vie est plus abondante. Les êtres vivants ont moins de risques de se déshydrater donc les organismes à corps mous prospèrent. Nombre d'entre eux, comme les anémones et les algues, sont fermement accrochés aux rochers et résistent aux vagues qui déferlent.

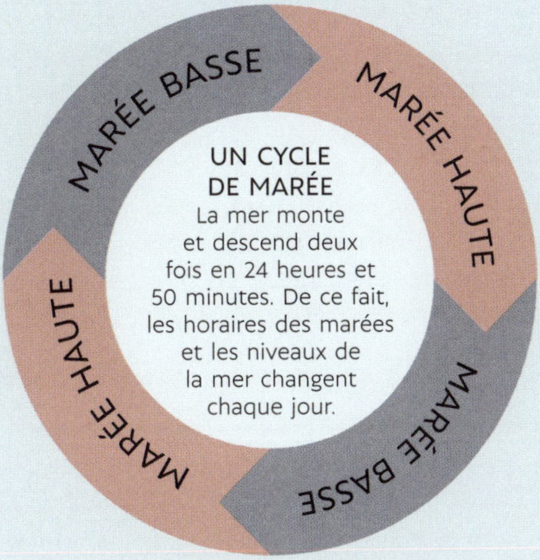

ÉTAGE MÉDIOLITTORAL SUPÉRIEUR

Cette zone est uniquement recouverte par les plus grandes marées hautes et elle reste asséchée durant de longues périodes.

ÉTAGE MÉDIOLITTORAL INFÉRIEUR

Cette zone est exposée et immergée, deux fois par jour, au rythme des marées.

ÉTAGE INFRALITTORAL

Cette zone est presque tout le temps sous l'eau, sauf durant les marées les plus basses.

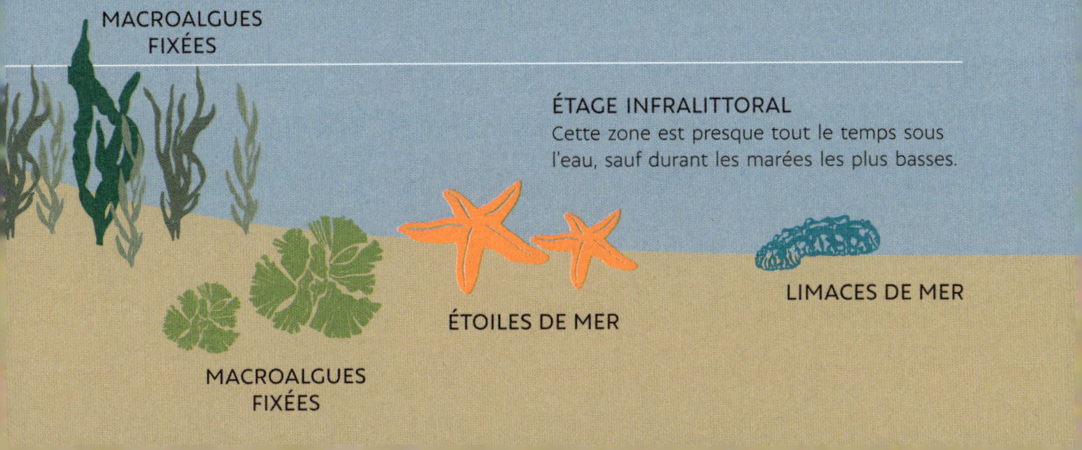

COMMENT TE DIRE ADIEU

L'extinction d'une espèce met en danger la stabilité de tout l'écosystème dans lequel elle vivait. Imaginez que l'on construise une grande tour en blocs de bois. Si l'on retire deux blocs, la tour va peut-être commencer à chanceler. Mais si l'on enlève trop de blocs, la tour va finir par s'effondrer. Il existe un taux d'extinction naturel habituel (voir ci-dessous). Au cours des siècles derniers, ce taux a augmenté, et on pense désormais que près d'un million d'espèces animales et végétales pourraient s'éteindre durant les prochaines décennies. Les scien-

LE THYLACINE

Il n'a fallu que 200 ans pour que la population de thylacines chute, passant de 5 000 individus à un seul. Appelé également « tigre de Tasmanie », il s'agissait d'un marsupial carnivore superprédateur qui vivait en Australie, en Tasmanie et en Nouvelle-Guinée. Le dernier représentant connu de cette espèce, Benjamin, est mort au zoo de Beaumaris, à Hobart, en Tasmanie, le 7 septembre 1936.

Les taux d'extinction

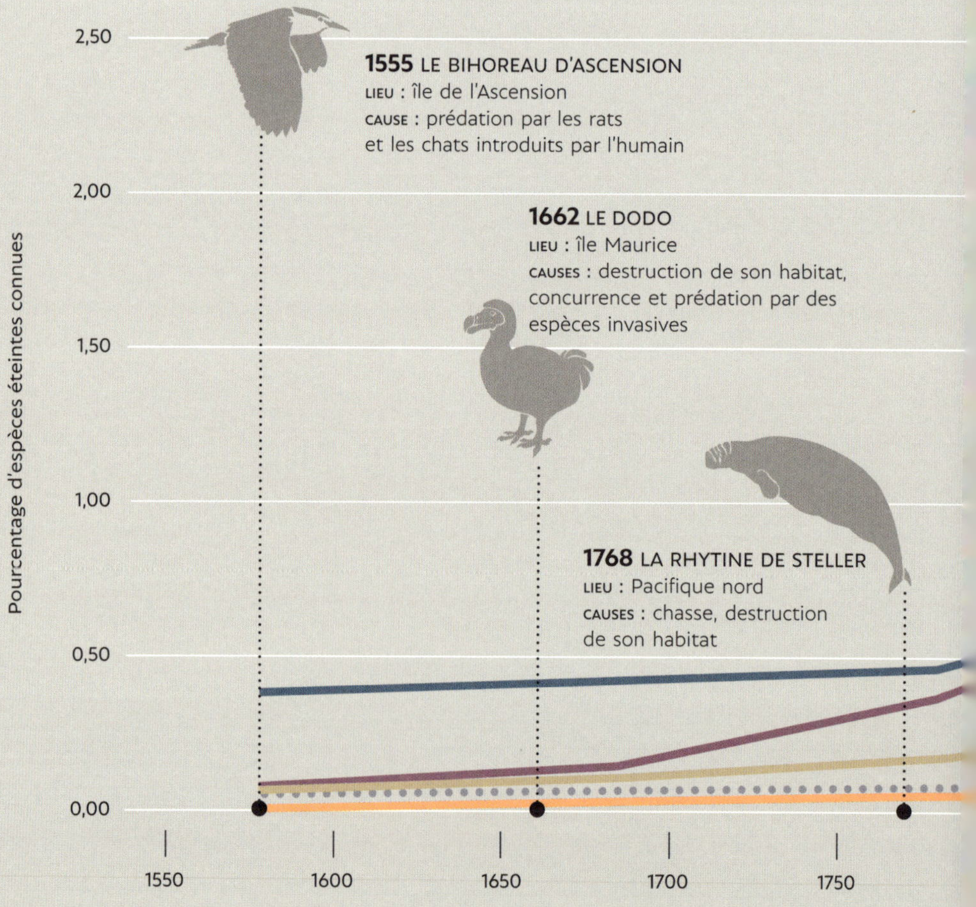

tifiques craignent que cela ne mette certains écosystèmes, et les services qu'ils fournissent, en péril.

Aujourd'hui, plus de 40 % des espèces d'amphibiens, près de 33 % des coraux formant des récifs et plus d'un tiers de tous les mammifères marins sont en danger d'extinction.

LE PIGEON MIGRATEUR

En seulement 200 ans, le nombre de pigeons migrateurs est passé de plusieurs milliards à un seul. C'était, autrefois, l'oiseau le plus présent en Amérique du Nord, affluant par millions. La dernière femelle pigeon migrateur, Martha, est morte au zoo de Cincinnati, aux États-Unis, le 1er septembre 1914.

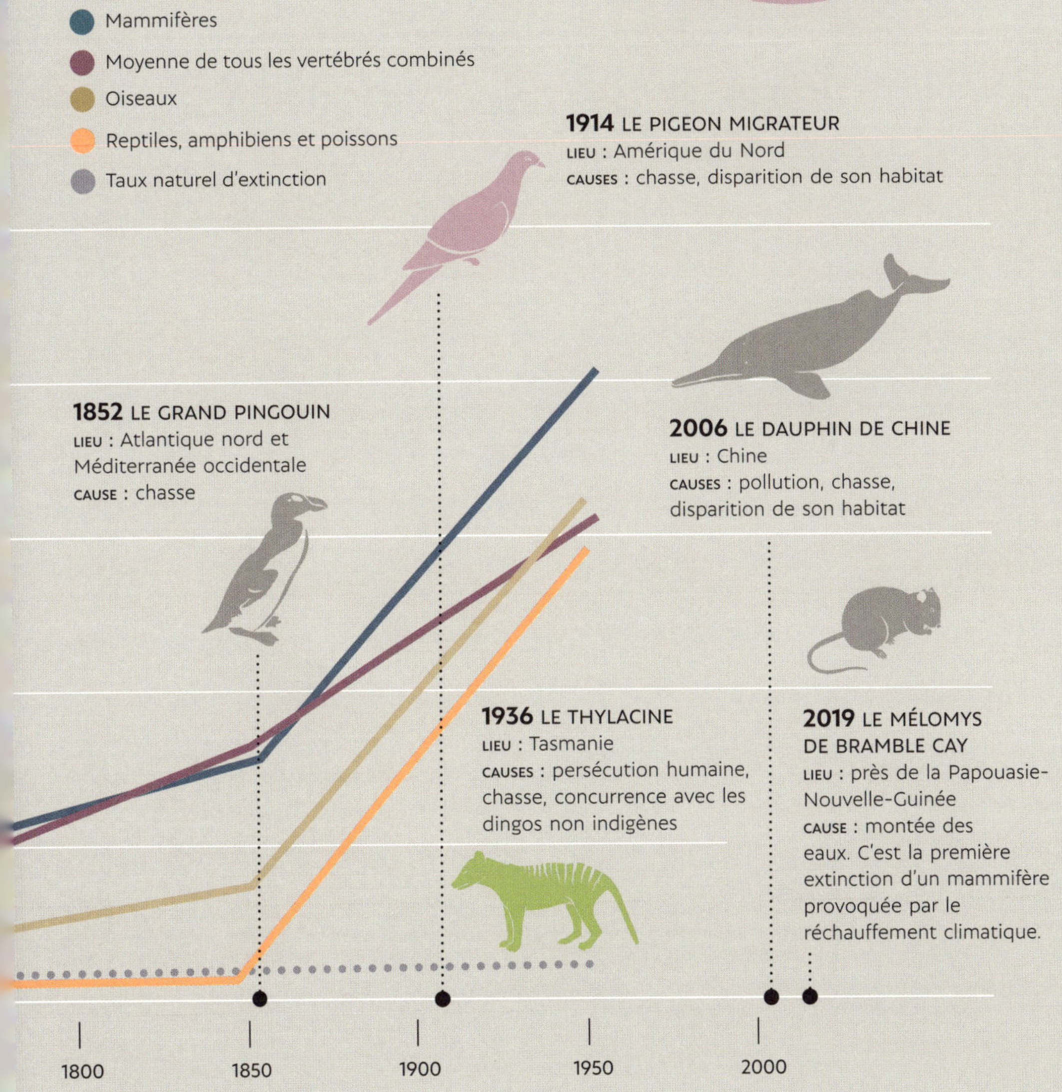

LA DISPARITION DE LA RHYTINE DE STELLER

Tous les êtres vivants font partie intégrante de réseaux alimentaires complexes appelés « réseaux trophiques ». De ce fait, la disparition d'une seule espèce peut avoir un impact sur le bien-être et l'état de santé d'un grand nombre d'autres espèces. Cet effet ricochet est connu sous le nom de « cascade trophique ». Cela signifie qu'une extinction peut en générer d'autres en chaîne. Et cela peut se produire dans un intervalle de temps étonnamment très court, comme en témoigne la triste histoire de la rhytine de Steller.

Chronologie de l'extinction

1741 La rhytine de Steller est découverte par Georg Wilhelm Steller lorsque son expédition se retrouve immobilisée à terre sur les îles du Commandeur. Son équipage et lui chassent l'animal pour se nourrir.

Au cours des 27 années suivantes, d'autres marins en route pour l'Alaska font escale dans la zone et se nourrissent de ces « vaches de mer ». Cela engendre un véritable déclin de la population des rhytines.

Des loutres de mer vivent également dans la même zone. Elles sont chassées pour leur fourrure. Leur nombre commence à chuter.

Les loutres de mer se nourrissent d'oursins et des crampons qui permettent au varech de s'ancrer dans les fonds marins.

La rhytine de Steller, parfois surnommée « vache de mer », était un mammifère marin herbivore qui vivait dans les forêts de varech, des zones sous-marines densément peuplées par cette algue dont les rhytines se nourrissaient. Elle mesurait jusqu'à neuf mètres de long et faisait partie de la famille des dugongs et des lamantins. Mais son destin, au final, a été étroitement lié à celui des espèces avec lesquelles elle cohabitait : les loutres de mer, les oursins et le varech.

1748 Les populations de loutres de mer déclinent à cause de la chasse intensive, ce qui entraîne une surabondance d'oursins, eux-mêmes dévoreurs de varech. La forêt de varech commence à disparaître.

1753 Les loutres de mer disparaissent de cette région. La forêt de varech s'appauvrit davantage.

Les rhytines de Steller se nourrissant principalement de varech, leur nombre diminue progressivement par manque de nourriture.

1768 La disparition des loutres de mer locales déclenche une cascade trophique fatale. La rhytine de Steller s'éteint à son tour.

LES VICTOIRES DE LA CONSERVATION

Les populations d'un grand nombre d'espèces sont en déclin et les taux d'extinction progressent. Heureusement, d'excellentes nouvelles peuvent survenir. Le mouvement moderne de la conservation des espèces a été fondé à la fin du XIXe siècle, et il a vécu un tournant, en 1973, lorsque les États-Unis ont promulgué la loi sur les espèces menacées d'extinction. Elle liste les espèces menacées pour pouvoir les protéger et permettre à leurs populations de se régénérer. Ces espèces sont retirées de la liste lorsque leur situation s'améliore. En France, c'est l'Union internationale pour la conservation de la nature (UICN) qui dresse la « liste rouge des espèces menacées ».

Espèces phares répertoriées puis retirées de la liste aux États-Unis

Listée

Retirée

POTENTILLA ROBBINSIAN

LE PUTOIS À PIEDS NOIRS

Sa population a chuté lorsque ce mustélidé nord-américain a contracté la peste sylvatique. L'espèce a été déclarée éteinte en 1979, mais un petit groupe a été retrouvé par la suite et a été utilisé pour mettre en place un programme de reproduction en captivité. Aujourd'hui, plus de 4 000 individus ont été réintroduits à l'état sauvage, et le programme de reproduction est toujours en cours.

LA BALEINE À BOSSE

Ce géant pacifique a longtemps été la cible favorite des chasseurs de baleines. Dans les années 1960, sa population a fortement diminué et ne comptait plus que 5 000 spécimens. L'interdiction en 1986 de sa chasse commerciale a permis à cette espèce de se rétablir. On compte désormais plus de 100 000 individus à travers le monde, même si la baleine à bosse continue à être impactée par les collisions avec des bateaux, la destruction de son habitat et d'autres problèmes liés à l'activité humaine.

LE CROCODILE DE MORELET

LE CONDOR DE CALIFORNIE

1970 1975 1980 1985 19

POTENTILLA ROBBINSIANA

Potentilla robbinsiana est une variété de potentille, une plante vivace aux minuscules fleurs jaunes, que l'on trouve dans les montagnes Blanches du New Hampshire aux États-Unis, uniquement au-delà de la zone arborée. Elle a commencé à être menacée par les randonneurs, qui la piétinaient. Il ne restait plus que 4000 plants au moment où elle a été listée parmi les espèces menacées, mais, depuis, ce nombre a plus que triplé. La prise de conscience concernant la situation critique de cette plante a été telle que certains sentiers de randonnées ont été modifiés.

LEPTONYCTERIS YERBABUENAE (CHAUVE-SOURIS)

L'ESCARGOT GALUCHAT

LA COULEUVRE D'EAU DU LAC ÉRIÉ

L'OTARIE DE STELLER

C'est la pêche excessive du lieu noir et du hareng, principales sources de nourriture de ce mammifère marin, qui a contribué à son déclin dans les eaux de l'Alaska. Les populations d'otaries (ou lions de mer) de Steller ont chuté de 75 % depuis les années 1970. La situation s'est améliorée à partir du moment où les stocks de poissons ont fait l'objet d'une gestion et que les chalutiers ont évité de pêcher autour des sites de reproduction des otaries.

LE RENARD GRIS INSULAIRE DE SANTA CRUZ

1995 2000 2005 2010 2015 2020

L'ENVOLÉE VERS LE RÉTABLISSEMENT

Le condor de Californie est un vautour complètement chauve, au bec crochu. C'est le plus grand oiseau terrestre d'Amérique du Nord. Il n'y a pas si longtemps, sa population était en fort déclin jusqu'à s'éteindre à l'état sauvage. Malgré tout, les conservationnistes ont réussi à sauver cette espèce.

LES OBSTACLES AU RÉTABLISSEMENT

De nos jours, les condors sauvages souffrent toujours d'empoisonnement au plomb. Ils sont capturés temporairement et soignés à l'aide d'un médicament qui purge le plomb contenu dans leur sang. Près de 10 % de la population de condors sauvages est constamment, par roulement, sous surveillance et soins vétérinaires.

Le grand retour du condor de Californie

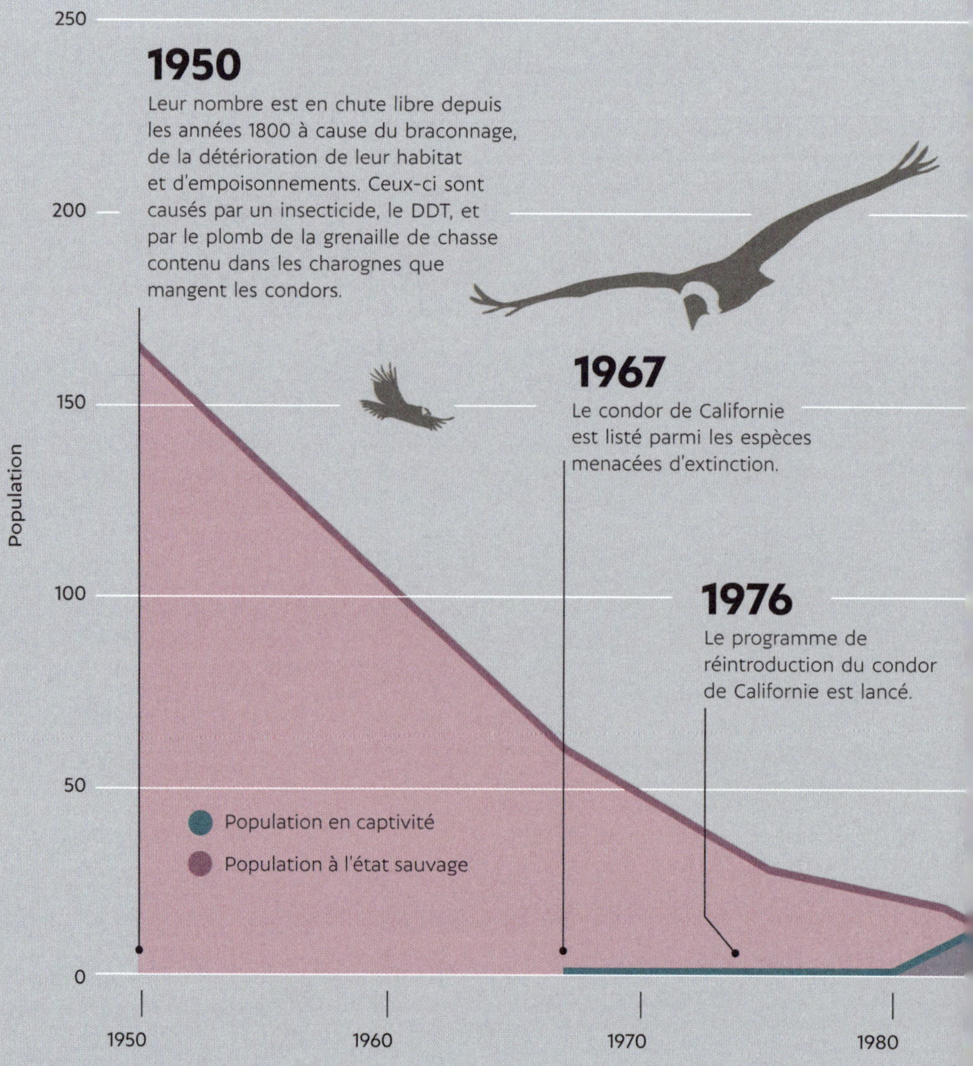

1987

L'espèce est éteinte à l'état sauvage au moment où les conservationnistes capturent les derniers individus en liberté afin de former une colonie de reproduction en captivité. Lorsqu'une femelle pond, son premier œuf lui est retiré et mis en couveuse, ce qui l'incite à pondre un second œuf dont elle va s'occuper elle-même.

1988

Le premier poussin condor né en captivité émerge de son œuf au zoo de San Diego.

1991

Le premier condor élevé en captivité est relâché dans la nature dans le sud de la Californie.

2020

Le retour du condor de Californie est amorcé. On compte désormais plus de 200 condors qui profitent des courants d'air chauds pour sillonner la Californie, l'Arizona et le Mexique. De plus, une grande population de réserve est élevée en captivité.

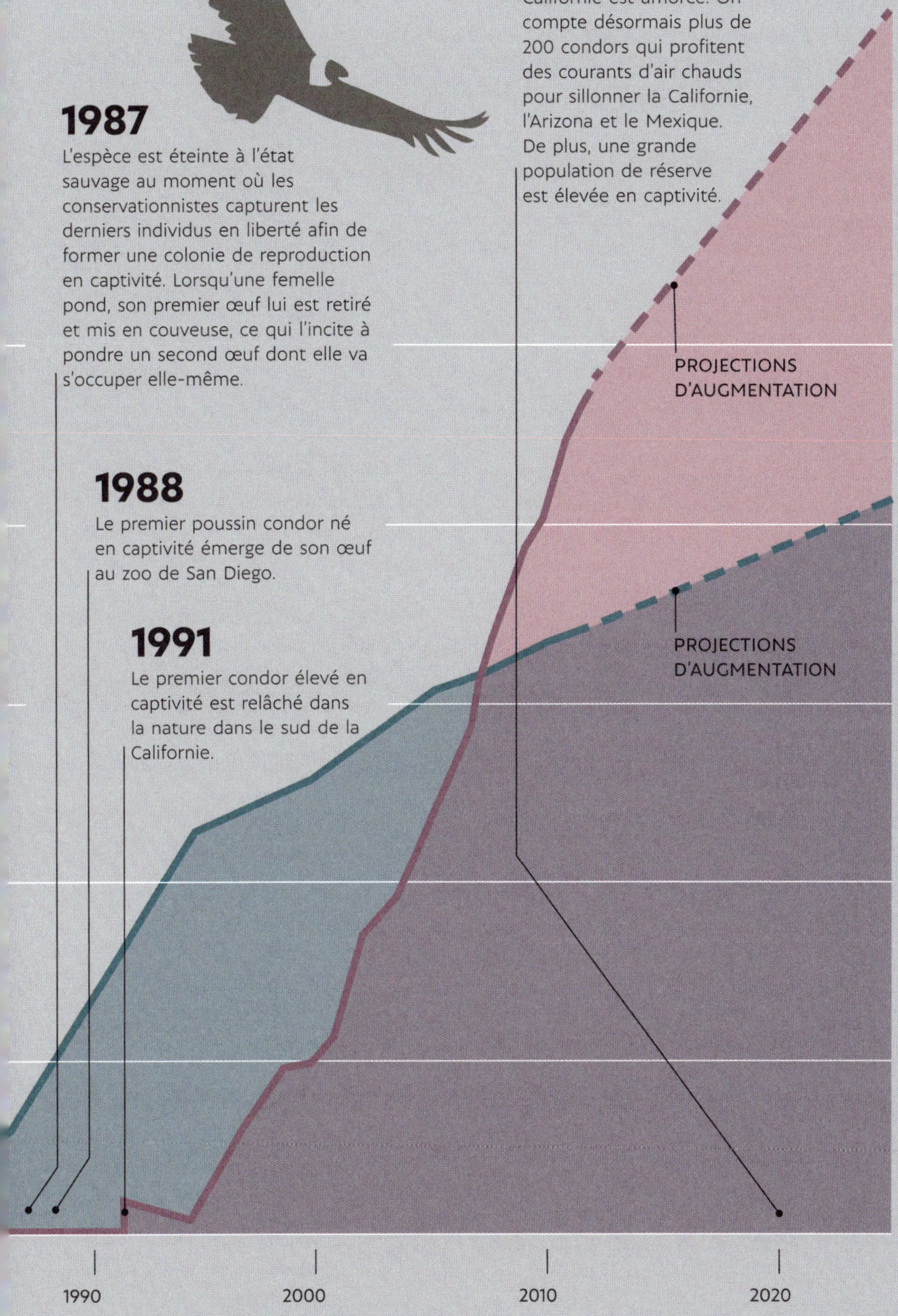

3
LE TEMPS ET LA VIE

INTRODUCTION

Nous gagnerions tous à prendre exemple sur Creme Puff, la chatte domestique ayant appartenu à Jake Perry, un habitant d'Austin, au Texas. Elle a vécu une vie active bien remplie, avec un régime alimentaire varié incluant des croquettes, du brocoli, des œufs, du bacon et des cafés crème. De temps à autre, son propriétaire lui octroyait l'équivalent d'une pipette de vin rouge qui, selon lui, en passant dans ses artères, a contribué à sa longévité. Creme Puff est morte à l'âge de 38 ans, ce qui est assez impressionnant pour un chat. Pourtant, il arrive souvent que des êtres excèdent l'espérance de vie de leur espèce. Personne ne sait vraiment comment cela est possible, mais c'est sans doute le fruit d'une combinaison de gènes, de contexte environnemental et de mode de vie.

Un des plus vieux spécimens d'arbres connus est un pin de Bristlecone âgé de près de 4850 ans et la plus ancienne colonie clonale de peupliers faux-trembles mâles, des arbres issus de la même racine, existe depuis plusieurs dizaines de milliers d'années. L'être humain ayant vécu le plus vieux, à ce jour, est Jeanne Calment, une Française décédée à 122 ans, tandis que les baleines boréales, elles, atteignent souvent un siècle de vie, voire plus.

Si l'on regarde du côté de l'autre extrême, un éphémère adulte dispose d'à peine une journée avant de mourir. Le rat géant de Müller, une espèce endémique d'Asie du Sud-Est, est réputé être l'un des mammifères à la durée de vie la plus courte qui soit sur Terre, avec une espérance de vie comprise entre 6 et 12 mois. Il est coutumier de dire que la mort nous rattrape toutes et tous à un moment donné. Cependant, certains organismes ont développé des stratégies leur permettant de retarder la venue de la Grande Faucheuse.

La dormance, pratiquée par certains végétaux, animaux et microbes, est une façon de laisser passer les périodes difficiles avant de revenir à la vie. Si le fait d'attendre n'est pas un problème, cela peut augmenter leur durée de vie de quelques milliers d'années. Certaines graines, ainsi, se sont mises à germer au bout de plusieurs dizaines de milliers d'années. De son côté, le permafrost de la région arctique continue de nous donner des exemples d'organismes pluricellulaires ayant été congelés jusqu'à un état proche de la mort et qui ont survécu après avoir été dégelés.

Un des plus vieux arbres connus au monde est un pin de Bristlecone du Grand Bassin, aux États-Unis. Surnommé Mathusalem, il vit dans les montagnes Blanches de Californie. En 2023, un arbre vieux de 5000 ans a été découvert dans le sud du Chili et reconnu comme le plus ancien du monde. L'arbre, un cyprès de Patagonie situé dans le parc national d'Alerce Costero, est sur le point d'officiellement détrôner Mathusalem (ici en photo).

JUSQU'À QUEL ÂGE ?

L'espérance de vie moyenne d'un être humain est de 73 ans, même si un grand nombre d'entre nous vivront bien plus longtemps. Mais ce n'est rien comparé à certains organismes qui vivent des centaines, voire des milliers d'années.

La durée de vie d'un être vivant est déterminée par de multiples facteurs. La génétique joue un rôle, tout comme l'environnement. Certains animaux parmi ceux ayant la plus grande longévité, comme les éponges de verre ou les vers tubicoles, vivent dans des eaux profondes et froides. Ils sont immobiles et ont un métabolisme très lent. Le fait de ralentir son métabolisme pourrait également ralentir le processus de vieillissement et allonger la durée de vie. La taille est également importante. Les éléphants, par exemple, vivent généralement plus longtemps que les souris, qui vivent elles-mêmes souvent plus longtemps que les mouches. Si on les compare aux animaux de grande taille, les petits animaux sont davantage menacés par des prédateurs et, de ce fait, ils évoluent souvent en animaux qui se développent, se reproduisent et meurent plus rapidement. Les animaux de grande taille arrivent mieux à se défendre contre les prédateurs. Ils mettent donc du temps à atteindre leur taille adulte et ils se reproduisent plusieurs fois au cours de leur vie.

Les espérances de vie de différents êtres vivants

2 450 ans

507 ans

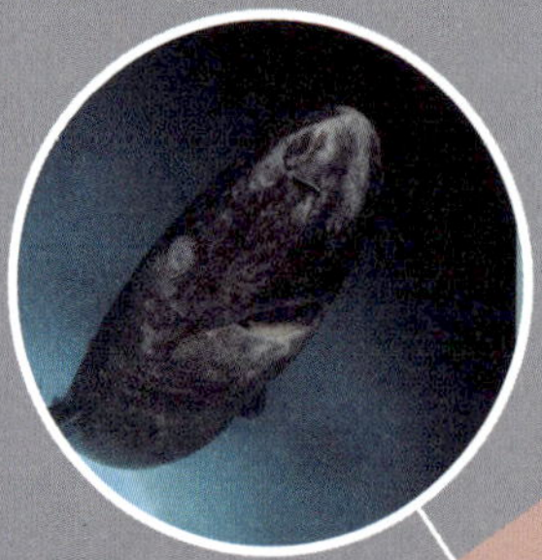

392 ans

LE REQUIN DU GROENLAND
Le vertébré ayant la plus grande longévité. Il a été capturé brièvement, le temps de calculer son âge en fonction de sa longueur et de sa vitesse de croissance. Il a été relâché ensuite.

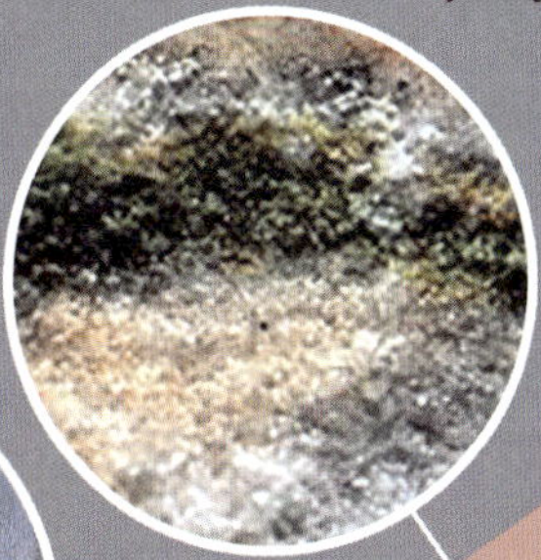

Des **MILLIERS** d'années

15 000 ans

Des **MILLIONS** d'années

DURÉE DE VIE MAXIMALE

LE BAOBAB PANKE

Le baobab Panke, au Zimbabwe, était le plus ancien spécimen de la famille des plantes à fleurs. Il est mort en 2011.

LA PRAIRE D'ISLANDE

La plus vieille praire d'Islande connue, surnommée Ming, a été pêchée en 2006 au large des côtes de l'île nordique d'où elle tire son nom. L'âge de ce coquillage a été estimé en comptant les stries de croissance annuelle sur sa coquille.

LES VERS TUBICOLES

Les vers tubicoles de l'espèce *Escarpia laminata* vivent dans des suintements froids en eaux profondes. Ces vers atteignent régulièrement plusieurs centaines d'années, mais on pense que certains individus vivent jusqu'à 1000 ans.

L'ÉPONGE DE VERRE

Habitantes immobiles des fonds marins, les éponges de verre sont les animaux pluricellulaires ayant la plus grande longévité sur Terre.

LES ENDOLITHES

Il s'agit d'organismes microscopiques, comme des bactéries, des champignons et des algues, qui vivent à l'intérieur des roches. De nombreux endolithes sont autotrophes, se nourrissant de produits chimiques inorganiques. Cela leur donne la capacité de vivre dans des conditions extrêmes, comme dans les roches des profondeurs océaniques ou dans le désert de Gobi. Ces créatures unicellulaires ne s'engagent dans la division cellulaire qu'au bout de plusieurs centaines à plusieurs milliers d'années. Certains endolithes pourraient même être âgés de millions d'années.

DURÉE DE VIE MAXIMALE

211 ans

200 ans

140 ans

122 ans

LA BALEINE BORÉALE
Le mammifère à la plus grande longévité connue à ce jour.

L'OURSIN ROUGE GÉANT
Cet invertébré épineux, qui vit dans les eaux côtières peu profondes, peut vivre jusqu'à 200 ans. Il affiche très peu de signes de vieillissement et continue de se reproduire tout au long de sa vie.

LE HOMARD
George, le plus vieil homard connu, a été pêché au large des côtes de Terre-Neuve, au Canada, en 2008. Il a vécu brièvement dans l'aquarium d'un restaurant de fruits de mer à New-York, jusqu'à ce qu'une association de défense des animaux réussisse à obtenir sa mise en liberté. Il a été relâché dans une région du Maine où la pêche au homard est interdite. Son âge a été estimé par rapport à son poids de 9,1 kg.

L'HUMAIN
Jeanne Calment, une Française, fait partie des êtres humains ayant vécu, à ce jour, le plus longtemps. Elle est née en 1875 et est décédée en 1997 à l'âge de 122 ans.

LE PROTÉE ANGUILLARD
Aussi appelé la « salamandre des grottes » ou l'« olm », il s'agit de l'amphibien qui vit le plus longtemps au monde. Petit, fragile et dépourvu d'yeux, il vit dans l'obscurité des grottes des Alpes dinariques, dans les Balkans. Les scientifiques expliquent sa longévité par son métabolisme inhabituellement lent et son environnement pratiquement dénué de prédateurs.

L'ÉLÉPHANT D'ASIE
Dakshayani est l'éléphante ayant vécu le plus longtemps. Cette femelle a atteint l'âge canonique de 89 ans. À l'état sauvage, les éléphants d'Asie vivent généralement jusqu'à environ 50 ans, mais leur durée de vie peut être vraiment allongée en captivité, comme cela a été le cas pour Dakshayani qui vivait dans un temple indien.

Les espérances de vie
de différents êtres vivants

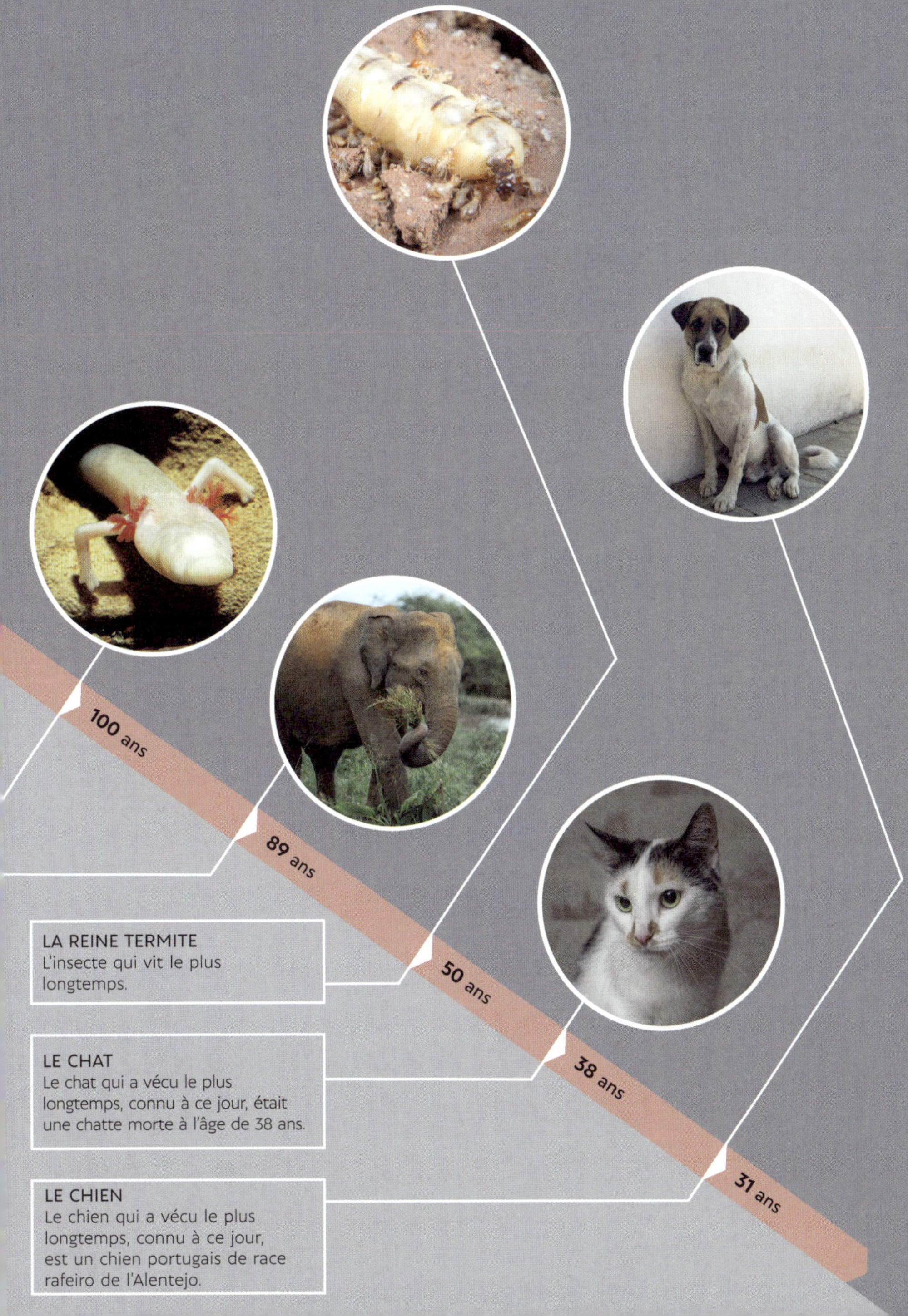

LES COLONIES CLONALES

Certaines espèces peuvent se reproduire de façon asexuée, c'est-à-dire sans qu'il y ait de rapports avec des congénères du sexe opposé. De ce fait, leurs progénitures sont génétiquement identiques, à la fois aux organismes parents, mais également entre elles. Ces clones peuvent parfois former de gigantesques colonies, composées de millions d'individus densément regroupés dans une même zone géographique.

Certaines espèces végétales forment des colonies clonales. Un individu au sein de cette colonie est appelé un « ramet ». Lorsque des champignons forment une colonie clonale, ils sont connectés par le biais d'une structure racinaire commune appelée « mycélium ». Bien que chacun des champignons ait une durée de vie relativement courte, les colonies auxquelles ils appartiennent peuvent vivre très longtemps. En effet, elles comptent parmi les plus anciens organismes connus sur Terre.

Répartition des plus anciennes colonies clonales du monde

De 2000 à 8500 ans
Armillaria ostoyae (armillaire d'Ostoya) situé dans la forêt nationale de Malheur, dans l'Oregon, aux États-Unis. Il forme une colonie de champignons de 9 km² et est surnommé le « champignon géant ».

De 10000 à 80000 ans
Un peuplier faux-tremble situé dans la forêt nationale de Fishlake, dans l'Utah, aux États-Unis. Cette forêt de clones appelée *Pando* (qui signifie « je m'étends » en latin) se compose de 47000 arbres mâles qui se partagent un seul et même système racinaire. Les scientifiques qui ont étudié plus de 200 individus ont confirmé que la colonie était clonale. Elle s'étend sur plus de 0,5 km² et on estime son poids à 6000 tonnes.

13000 ans
Le chêne de Jurupa est un chêne de Palmer, situé sur la colline de Jurupa, en Californie, aux États-Unis. La forêt qu'il forme a besoin d'un incendie pour croître. Ses branches ne font de nouvelles pousses qu'après avoir été brûlées.

De 12 000 à 100 000 ans
La posidonie de Méditerranée, dans la mer Méditerranée près d'Ibiza. Découverte en 2006, cette prairie sous-marine de 8 km de large est considérée comme étant l'une des plus anciennes colonies clonales sur Terre. Il s'agit d'un écosystème important, notamment parce que cette étendue peut absorber jusqu'à 15 fois plus de dioxyde de carbone qu'une surface similaire de forêt amazonienne.

9 550 ans
Un épicéa commun, situé dans le parc national de Fulufjället, en Suède. Old Tjikko est un unique arbre clonal qui s'est régénéré en produisant de nouveaux troncs, de nouvelles branches et racines au fil des millénaires. Son tronc actuel est âgé de quelques centaines d'années. L'arbre mesure 5 m de haut.

De 3 000 à 13 000 ans
Eucalyptus recurva, un arbuste extrêmement menacé situé dans la Nouvelle-Galles du Sud, en Australie. Cette espèce d'eucalyptus arbustif à l'écorce lisse donne des fleurs blanches et un fruit hémisphérique.

De 43 600 à 135 000 ans
Lomatia tasmanica (houx royal de Tasmanie) est un arbrisseau extrêmement menacé situé dans le parc national Southwest, en Tasmanie. Une seule colonie est connue à l'état sauvage. Elle se compose de 600 individus.

LE TOURBILLON DE LA VIE

On dit souvent que la vie est courte. Pour certaines espèces, ce n'est pas peu dire. Leur « liste des choses à faire avant de mourir » a tout intérêt à être concise, car, chez de nombreux animaux, le cycle de vie se résume à quelques petits mois, voire quelques semaines. Sans surprise, ce sont les insectes qui ont, généralement, les vies les plus courtes, mais certains vertébrés ont également peu de temps devant eux. Le rat géant de Müller, par exemple, originaire d'Asie du Sud-Est, fait partie des mammifères qui vivent le moins longtemps, avec une durée de vie de seulement 6 à 12 mois.

On s'imagine souvent que, chez certains animaux dont les insectes et les poissons, la vie est plus courte que ce qu'elle est en réalité. Prenons l'éphémère, cet insecte connu pour avoir une vie extrêmement brève de 24 heures. En fait, il s'agit uniquement de sa durée de vie à l'état adulte car, le cycle de vie complet de l'éphémère est composé de différents stades de développement et dure au moins un an.

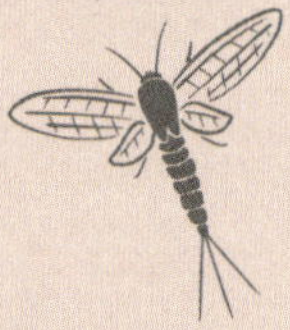

Le cycle de vie d'un éphémère

DURÉE DE VIE COMPLÈTE : 1 à 3 ans
RÉPARTITION : plus de 3000 espèces à travers le monde

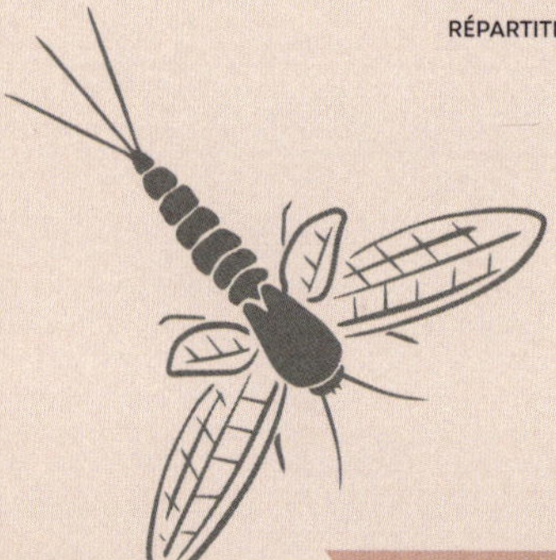

DURÉE : **plusieurs minutes jusqu'à deux jours**
La transformation est terminée. Tous les éphémères d'une même population arrivent à maturité en même temps, formant d'énormes nuages d'insectes. Les éphémères adultes sont dotés d'une longue queue ainsi que d'ailes délicates et nervurées. Ils ne s'alimentent pas. Au lieu de cela, toute leur attention est focalisée sur la reproduction. Les mâles effectuent une danse nuptiale consistant en un vol pendulaire vertical rapide. Ils se servent ensuite de leurs longues pattes avant pour attraper une partenaire. L'accouplement s'effectue en vol et ne dure que quelques secondes. Puis, les femelles pondent leurs œufs, et, au bout d'un jour ou deux seulement, tous les adultes sont morts. *Dolania americana* est l'espèce d'éphémère qui possède la vie adulte la plus courte au monde. Les femelles ne vivent, en effet, pas plus de cinq minutes.

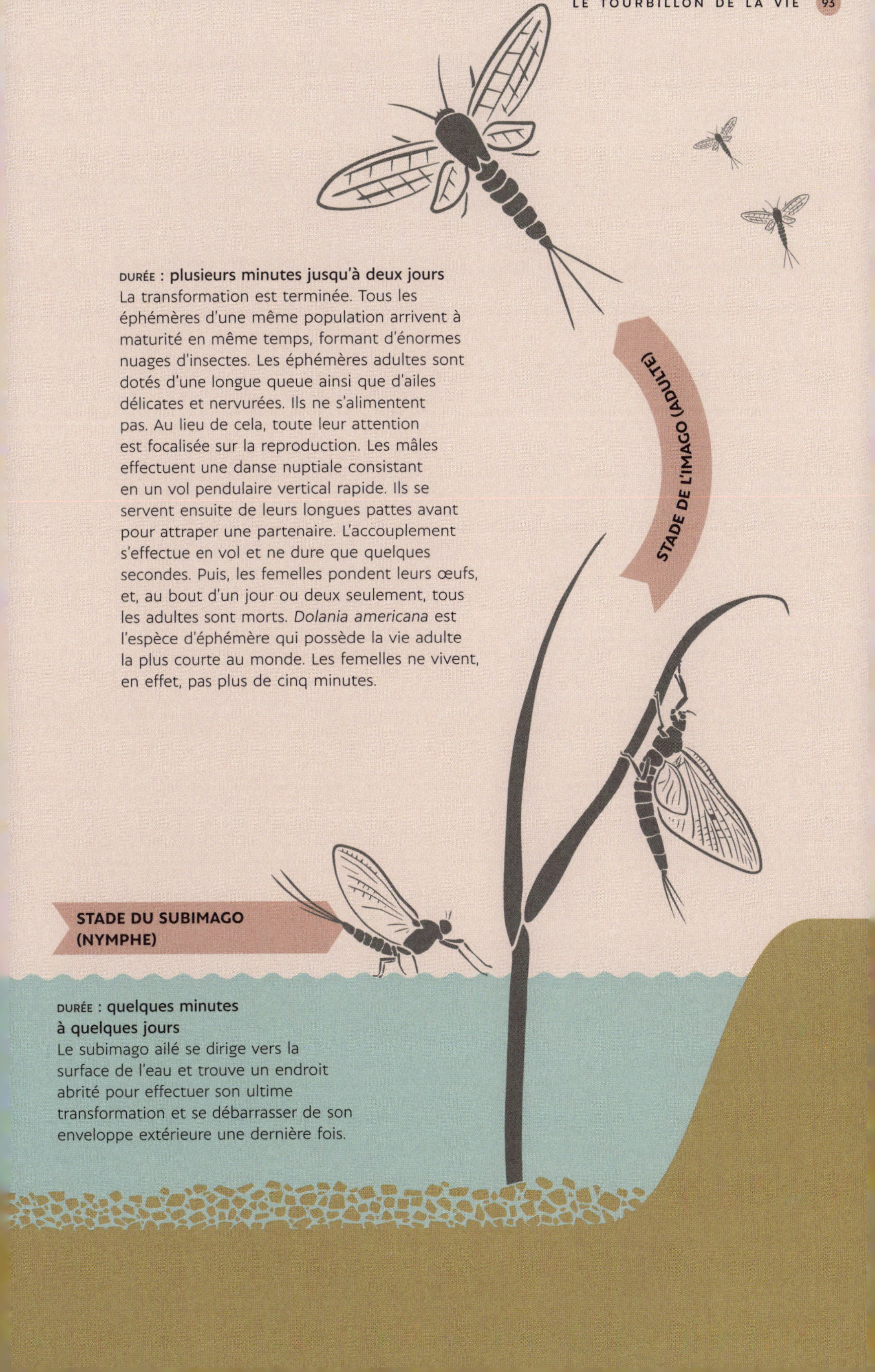

DURÉE : **quelques minutes à quelques jours**
Le subimago ailé se dirige vers la surface de l'eau et trouve un endroit abrité pour effectuer son ultime transformation et se débarrasser de son enveloppe extérieure une dernière fois.

Le cycle de vie de l'abeille mellifère

DURÉE DE VIE COMPLÈTE : **6 semaines à 2 ans**

RÉPARTITION : **11 espèces à travers l'Eurasie**

L'abeille mellifère (ou domestique) passe par quatre stades de développement différents : l'œuf, la larve, la pupe (ou nymphe) et l'adulte. La durée de ces stades et celle de leur vie complète sont variables. Elles dépendent du rôle des abeilles dans la ruche et de l'époque de l'année à laquelle elles sortent de leurs œufs. Les reines, par exemple, mettent 15 à 16 jours pour devenir adultes. Les ouvrières, 21 jours et les faux-bourdons, 24.
Les reines adultes vivent généralement de un à deux ans. Les ouvrières adultes vivent de 15 à 38 jours en été, de 30 à 60 jours en automne et de 150 à 200 jours en hiver. On pense que ces différences saisonnières sont le reflet à la fois de leur charge de travail et de la quantité de nourriture disponible. Les faux-bourdons adultes, de leur côté, vivent entre 21 et 32 jours au printemps et en été, les deux seules saisons auxquelles ils sont engendrés.

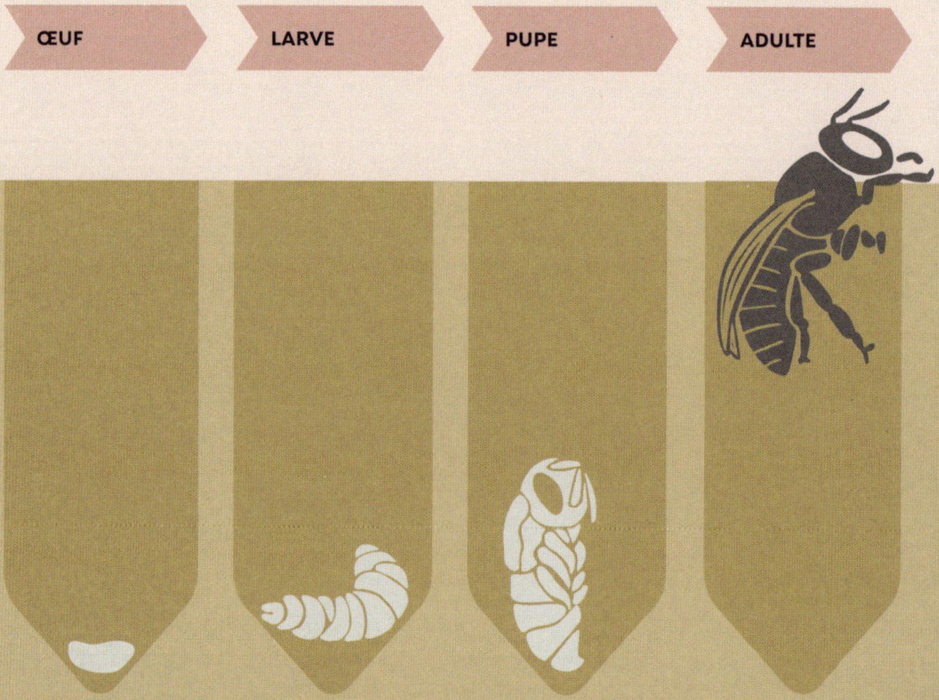

Le cycle de vie du caméléon de Laborde

DURÉE DE VIE COMPLÈTE : 1 an
RÉPARTITION : Madagascar

Cet animal surprenant passe la majeure partie de son année de vie à l'intérieur de son œuf, soit huit mois, contre seulement quatre mois en dehors. Les œufs traversent la saison sèche sans éclore, et ce n'est qu'à l'arrivée des pluies qu'ils éclosent. Au moment où les caméléons de la nouvelle génération sortent de leur coquille, en parfaite synchronicité, la génération de leurs parents a disparu depuis longtemps. Les jeunes atteignent leur maturité sexuelle en moins de deux mois.

Le cycle de vie du gobie nain à sept formes

DURÉE DE VIE COMPLÈTE : 8 semaines
RÉPARTITION : bassin Indo-Pacifique

Eviota sigillata (gobie nain à sept formes) est, à ce jour, le vertébré ayant la durée de vie la plus courte. Il passe trois semaines en pleine mer sous la forme d'une minuscule larve, avant de s'installer sur un récif et de s'y développer jusqu'à atteindre sa maturité au bout d'une à deux semaines. Les adultes vivent, ensuite, trois à quatre semaines. Durant ce laps de temps, les femelles peuvent effectuer jusqu'à trois pontes de plusieurs centaines d'œufs chacune.

TROMPE LA MORT

La longévité ultime serait de vivre indéfiniment, sans jamais vieillir. Il semblerait, d'ailleurs, qu'une petite méduse appelée *Turritopsis dohrnii* ait atteint ce Graal. Surnommé la « méduse immortelle », ce petit prédateur de la taille d'un ongle vit dans les eaux chaudes du globe. Lorsqu'elle a atteint sa forme adulte de méduse (stade libre) et qu'elle devient vieille, qu'elle est blessée ou stressée, elle retourne à un stade antérieur de son cycle de vie et reprend son développement. C'est un peu comme si l'on pouvait rembobiner le film de notre vie, encore et encore. Cela signifie que les *Turritopsis dohrnii* peuvent, en théorie, vivre éternellement. En réalité, elles se font souvent manger. Mais cette espèce n'est pas la seule à pouvoir tromper la mort.

Le cycle de vie de *Turritopsis dohrnii*, la méduse immortelle

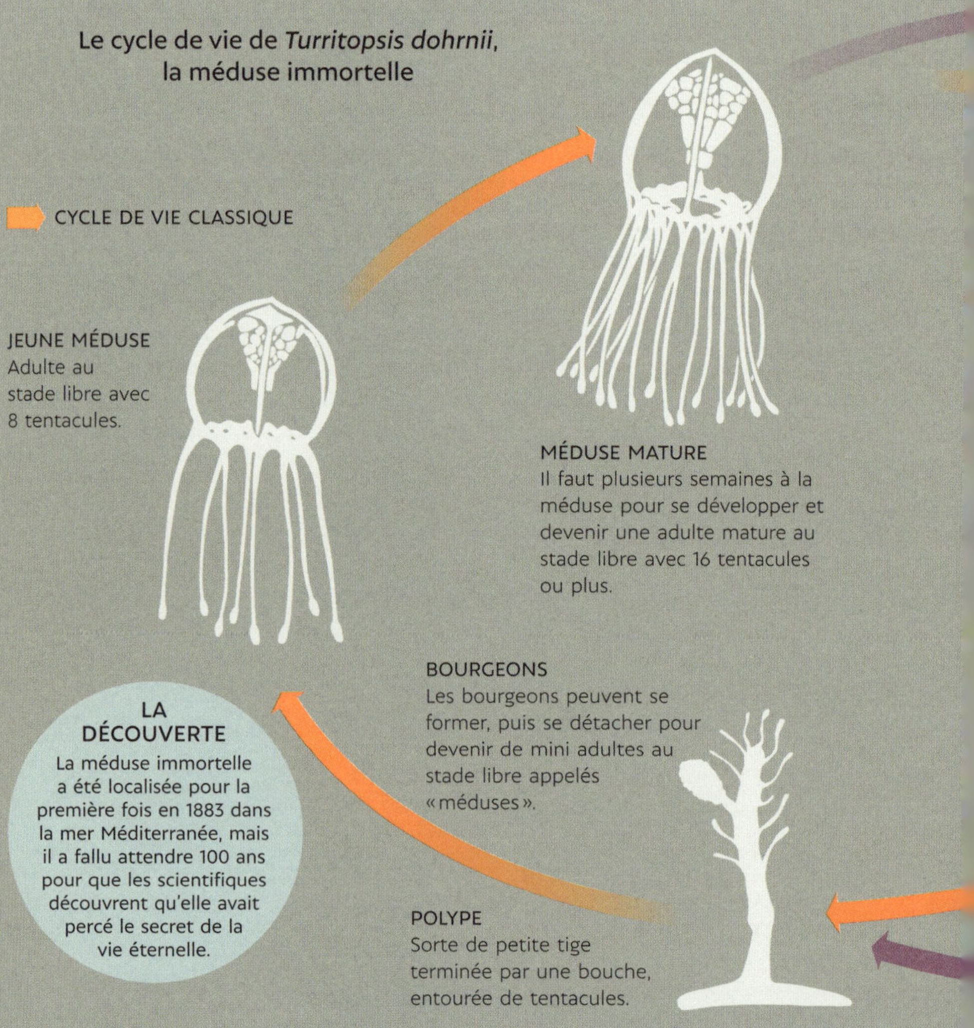

LA DÉCOUVERTE

La méduse immortelle a été localisée pour la première fois en 1883 dans la mer Méditerranée, mais il a fallu attendre 100 ans pour que les scientifiques découvrent qu'elle avait percé le secret de la vie éternelle.

Au moins cinq autres espèces de méduses sont connues pour leurs capacités à se régénérer. La méduse commune, que l'on trouve dans tous les océans du monde, est aussi une championne de la régénération. Non seulement elle peut se reconstituer lorsqu'une partie de son corps est blessée ou coupée, mais elle a aussi la capacité, même en train de mourir, de produire des polypes bien vivants, qui pourront voir un autre jour se lever.

LA REPRODUCTION

Les méduses se reproduisent de façon sexuée et asexuée. Les polypes se reproduisent de façon asexuée, par bourgeonnement, tandis que les méduses au stade libre libèrent des œufs et des spermatozoïdes pour se reproduire de façon sexuée.

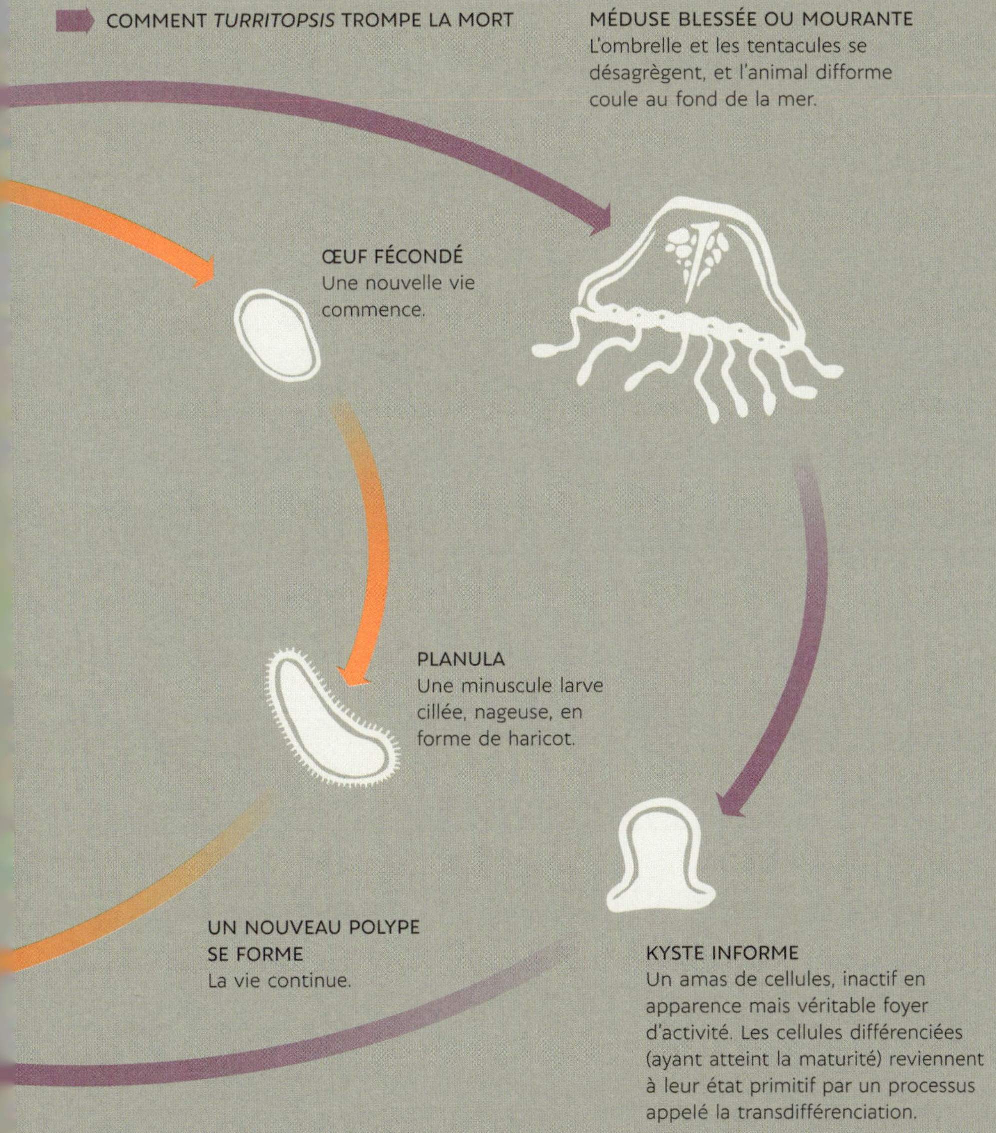

UNE VIE MOINS ORDINAIRE

Certains cycles de vie sont remarquables, non pas par leur longévité ou leur brièveté, mais par les péripéties et les étapes dont ils sont jalonnés. Nous savons tous comment de petits œufs translucides deviennent des têtards, avant de se transformer en grenouilles. Nous sommes familiers avec les stades de développement des papillons de jour et de nuit. Mais il existe dans le règne animal certains cycles de vie vraiment étranges. De l'acarien qui naît avec ses progénitures déjà en lui à la chenille qui a son propre garde du corps, parfois les cycles de vie du monde sauvage regorgent de surprises.

Le cycle de vie d'une moule perlière d'eau douce

DURÉE DE VIE COMPLÈTE : **150 ans**
RÉPARTITION : **hémisphère Nord**

La moule perlière d'eau douce est une espèce en voie de disparition. Son cycle de vie est inhabituel, car il connaît une alternance entre un stade normal et un stade parasitaire, où le bébé moule se fait « prendre en stop » par un poisson juvénile.

FRAI
Les mâles libèrent leurs spermatozoïdes dans l'eau. Les femelles parviennent à en récupérer une partie, et la fécondation s'effectue à l'intérieur d'elles. Les œufs se transforment en de minuscules larves appelées « glochidies ». Elles ressemblent à des moules miniatures.

LARGAGE
Les moules femelles larguent des millions de glochidies d'un seul coup, au moment opportun. Cela se produit généralement en juillet et en septembre.

STADE PARASITAIRE
La plupart des glochidies sont entraînées par le courant, mais quelques-unes sont inhalées par de jeunes truites ou saumons, et se fixent sur leurs branchies. Le poisson fournit à la moule en pleine croissance de l'eau fraîche, de la nourriture et un aller simple gratuit vers un nouvel habitat, en amont de la rivière.

DES AS DE L'ÉCOLOGIE

Les moules d'eau douce sont des as de l'écologie. Grâce à leur système de filtration qui leur permet de se nourrir, elles purifient l'eau autour d'elles et participent ainsi à maintenir nos ruisseaux et nos rivières propres. Malheureusement, elles ont aussi leurs limites et lorsque la qualité de l'eau baisse, elles ont du mal à survivre. Sur ces 100 dernières années, on a observé un déclin de 90 % de leur population en Europe.

5 ans

IMPLANTATION

En mai ou en juin de l'année suivante, les petites moules se détachent de leur poisson hôte et se laissent tomber au fond de la rivière, où elles s'enterrent dans le sable ou le gravier. Elles restent ainsi cachées pendant des années et continuent à croître à l'abri des regards.

15-150 ans

MATURATION

L'extrémité des moules apparaît à la surface de leur lit. Les adultes grandissent extrêmement lentement. Elles se nourrissent par filtration, en aspirant les petites particules organiques, comme des bactéries ou des algues, présentes dans l'eau. Elles deviennent matures sexuellement à l'âge de 15 ans et, si rien ne vient les perturber, elles peuvent vivre pendant plus d'un siècle.

Le cycle de vie de l'argus bleu-nacré

DURÉE DE VIE COMPLÈTE : 1 an

RÉPARTITION : certaines régions de l'hémisphère Nord

L'œuf devient chenille, et la chenille devient chrysalide avant de se transformer en un superbe papillon. Nous connaissons par cœur ce grand classique de la métamorphose, mais ce qui est remarquable dans le cycle de vie de l'argus bleu-nacré, c'est que ce papillon est bien entouré. En effet, cet insecte passe près d'un tiers de sa vie sous la protection de fourmis gardes du corps.

Le cycle de vie de l'*Adactylidium*

DURÉE DE VIE COMPLÈTE : quelques heures à quelques jours
RÉPARTITION : Europe, Afrique, Amérique du Nord et du Sud

Ce minuscule acarien fonctionne un peu à la manière d'une poupée russe : quand il naît, la génération suivante est déjà à l'intérieur de son corps. En d'autres termes, les futurs petits sont déjà en gestation quand ils viennent au monde. Chaque individu est porteur de cinq à huit larves femelles, et d'une larve mâle. Ce mâle s'accouple avec les femelles alors qu'ils sont encore à l'intérieur de leur mère. Puis, les larves dévorent la mère de l'intérieur avant de voir le jour, elles-mêmes déjà prêtes à poursuivre cet étrange cycle de vie. Les femelles qui viennent de naître partent à la recherche de nourriture et meurent quatre jours plus tard, lorsque les larves qu'elles abritent les mangent. Les mâles qui viennent de naître meurent au bout de quelques heures.

Le cycle de vie de la grenouille *Raorchestes chalazodes*

DURÉE DE VIE COMPLÈTE : incertaine
RÉPARTITION : sud de l'Inde

Habituellement, les grenouilles sont issues de têtards qui sont, eux-mêmes, sortis de leurs œufs… mais pas toujours. Rare et discrète, la grenouille *Raorchestes chalazodes* a été découverte dans l'état du Kerala, dans le sud de l'Inde, en 1874. Elle a ensuite disparu pendant plus de 100 ans, avant d'être redécouverte à l'aube du nouveau millénaire. Les femelles et les mâles de cette espèce d'amphibien, en danger critique d'extinction, s'accouplent loin des rivières et des étangs, à l'intérieur des tiges de bambous. La femelle pond cinq à huit œufs et s'en va, laissant au mâle le soin de s'occuper d'eux. Lorsque les œufs éclosent, ce sont des grenouilles complètement formées qui en sortent et non des têtards.

DE PREMIER CHOIX

Il n'est pas rare que les insectes aient des cycles de vie annuels. Certains, cependant, ont des cycles de vie plus longs. Les cigales périodiques, présentes en Amérique du Nord, ont un cycle assez inhabituel puisque leur durée est équivalente à un nombre premier (qui ne peut être divisé que par un ou par lui-même, comme 2, 3, 5, 7, 11, 13 et 17). Les cigales périodiques émergent de terre tous les 13 ans, ou 17 ans, selon l'espèce.

Comment ce phénomène peut-il exister? Une hypothèse affirme qu'en partant sur des cycles de 13 ans, pour l'une, et de 17 ans, pour l'autre, ces deux types de cigales périodiques n'émergeront en même temps qu'une fois tous les 221 ans. Cela signifie qu'il y aura moins de risques de concurrence en matière de ressources alimentaires. Une autre hypothèse s'appuie sur les prédateurs. Imaginons que la cigale émerge tous les 12 ans, et qu'il y ait des prédateurs, comme les guêpes du genre *Sphecius*, qui tuent les cigales et les mangent. Les prédateurs dont l'émergence aurait lieu tous les deux ans, pourraient les tuer, tout comme ceux qui émergeraient au bout de trois, quatre ou six ans. Le fait de sortir de terre au bout de 13 ans donnerait aux cigales davantage de chances de survivre.

Le cycle de vie de la cigale périodique

DURÉE DE VIE COMPLÈTE : 13 ou 17 ans
RÉPARTITION : Amérique du Nord

STADE ADULTE : 4 À 6 SEMAINES
Une quantité phénoménale de cigales émerge entre avril et juin. L'accouplement se déroule ensuite sur une période de 10 jours, après quoi les femelles pondent des centaines d'œufs dans les tiges de plantes ligneuses.

UNE VIE SOUS TERRE
Les cigales périodiques passent plus de 99 % de leur vie sous terre. Il existe plus de 3000 espèces de cigales, mais seulement sept sont périodiques.

STADE DE LARVE : 2 À 6 SEMAINES
Les œufs éclosent à l'intérieur de la tige et se transforment en larves de forme cylindrique. Elles se dirigent ensuite vers le sol, en se laissant tomber ou en rampant, et creusent la terre pour s'y enfouir.

STADE DE NYMPHE : 13 OU 17 ANS
Les larves se transforment en nymphes et s'alimentent de sève prélevée sur les racines des végétaux. Au fur et à mesure de leur croissance, elles muent et s'enterrent de plus en plus profondément. L'année de leur émergence, les nymphes creusent des galeries vers la surface. Elles forment parfois, au dehors, un petit tube de boue séchée, comme une cheminée. Puis, finalement, elles sortent de terre.

L'HIBERNATION

Si le fait de passer tout l'hiver à dormir vous paraît tentant, sachez que vous n'êtes pas seuls ! De nombreux animaux ralentissent leur rythme cardiaque ainsi que leur métabolisme et hibernent durant une vague de froid. L'hibernation est une façon d'économiser de l'énergie à un moment où la nourriture se fait rare. En fonction de l'espèce et de l'environnement, cette période peut durer quelques jours, quelques semaines ou même quelques mois.

Durées d'hibernation

LA SÉROTINE BRUNE

RÉPARTITION : Amérique du Nord, Caraïbes

La sérotine brune est une chauve-souris qui vit en Amérique du Nord et dans les Caraïbes. Elle hiberne seule ou en petits groupes dans des grottes, des mines ou d'autres structures construites par l'homme, où il fait chaud. À l'état sauvage, les sérotines brunes hibernent durant deux mois, mais une sérotine en captivité a hiberné pendant 344 jours, soit presque une année entière !

L'OURS BRUN

RÉPARTITION : Eurasie et Amérique du Nord

Après avoir absorbé beaucoup de nourriture pour prendre du poids, les ours bruns passent l'hiver dans leur tanière. On parle d'ailleurs d'hivernation, car il s'agit d'une somnolence entrecoupée d'éveils. Pendant cette période, leurs protéines et leurs urines sont recyclées, ce qui leur permet d'éviter de perdre de la masse musculaire et de trop perturber leur sommeil. Les femelles adultes donnent souvent naissance à leurs petits durant cette hivernation, dans la tanière, et elles passent ensuite le reste de l'hiver à s'occuper d'eux.

Jusqu'à 1 an | **8 mois** | **5-7 mois**

LA MARMOTTE DES ALPES

RÉPARTITION : Europe

À l'approche de l'hiver, ces gros rongeurs camouflent l'entrée de leur terrier et bouchent celui-ci avec un mélange de pierres et de terre. Au cours de l'hibernation, leur rythme cardiaque tombe à cinq battements par minute et leur respiration à deux inspirations par minute.

L'hibernation varie selon les espèces : d'un état d'inconscience profond à de simples moments d'inactivité plus courts, entrecoupés d'éveils. L'hibernation donne l'impression d'être un moment douillet et confortable, mais elle présente aussi un certain danger. Les animaux qui hibernent sont vulnérables aux prédateurs. Ils risquent également de mourir par manque de graisse corporelle, si les conditions météorologiques sont trop difficiles ou s'ils se réveillent trop tôt, avant que l'hiver ne soit terminé.

LA *TERRAPENE CAROLINA*

RÉPARTITION : États-Unis et Mexique

Les tortues de cette espèce, surnommée « tortue boîte », qui vivent dans le nord-est des États-Unis, hibernent souvent tout l'hiver. Elles s'installent confortablement dans un sol meuble, dans la boue du fond des ruisseaux et des étangs, ou encore elles s'endorment dans des terriers inutilisés.

L'ENGOULEVENT DE NUTTALL

RÉPARTITION : Amérique du Nord

De nombreux oiseaux effectuent une migration pour échapper au froid, mais cet engoulevent nocturne reste tapi sous des piles de cailloux, où il dort durant tout l'hiver. C'est le seul oiseau connu à ce jour qui hiberne.

5 mois

Des semaines à des mois

3 jours

LE LORIS PARESSEUX PYGMÉE

RÉPARTITION : Asie du Sud-Est

Originaire du Vietnam, du Cambodge, du Laos et de Chine, ce primate entre aussi en hibernation pour économiser de l'énergie.

L'HIBERNATION EN SAISON CHAUDE

Les animaux peuvent aussi parfois « hiberner » en saison chaude. On parle alors d'estivation. Tout comme les animaux qui hibernent, ceux qui sont en estivation ralentissent leur métabolisme et ont une activité physique réduite. Certains animaux estivent pour se protéger des chaleurs extrêmes ou de la sécheresse. Cette pratique est fréquente dans les régions chaudes du monde. De nombreux animaux terrestres et aquatiques entrent en estivation, parmi lesquels les crocodiles, les lémuriens et les escargots.

La léthargie (ou torpeur) est une autre forme d'hibernation. Dans un état de léthargie, le métabolisme ralentit, la température corporelle baisse et l'activité physique est réduite. Cela permet à certains animaux de survivre durant de courtes périodes où les conditions de vie sont difficiles. Généralement, cet état ne dure pas plus de 24 heures. Les colibris, par exemple, se mettent en état léthargique lorsque les nuits sont froides. Près de 40 % des mammifères terrestres endémiques d'Australie, comme les chats marsupiaux, les phalangers volants et les kookaburras, se servent de la léthargie à un moment de leur vie.

Durées d'estivation

LE CHIROGALE MOYEN
RÉPARTITION : Madagascar

L'hibernation est, en règle générale, rare chez les primates. Le petit chirogale est un lémurien nain de Madagascar qui entre en estivation durant la saison sèche. Surnommé le « chirogale à queue grasse », il se sert de la graisse contenue dans sa queue comme source d'énergie durant cette période.

7 mois

5 mois

LE POISSON-SALAMANDRE
RÉPARTITION : ouest de l'Australie

Ce petit poisson vivant dans la partie occidentale de l'Australie s'enfouit dans la boue pour survivre durant la période de sécheresse.

LES ESCARGOTS DÉTESTENT AVOIR CHAUD

Vu leur corps mou et fragile, les escargots pourraient facilement s'assécher. C'est pourquoi ils vivent à l'intérieur d'une coquille. Quand il fait chaud, certains escargots terrestres entrent en estivation de façon à économiser leur énergie et à réduire les risques de dessèchement. Certains se cachent sous des amas de déchets ou s'enterrent, tandis que d'autres grimpent dans les arbres, sur les tiges de plantes et les poteaux pour être plus au frais. Ils sécrètent une membrane faite de mucus séché, que l'on appelle « épiphragme ». Cet opercule temporaire leur permet de boucher l'entrée de leur coquille. Certaines espèces renforcent cet opercule par une couche solide de carbonate de calcium.

LE CROCODILE DU NIL

RÉPARTITION : Afrique

Les crocodiles passent la saison chaude à l'intérieur de terriers creusés pour l'occasion.

3-4 mois

3 semaines

LE VER DE TERRE

RÉPARTITION : partout dans le monde

Les vers de terre évitent de se dessécher en s'enfermant, dans les profondeurs du sol, à l'intérieur de petites cavités (appelées « logettes ») recouvertes de leur propre mucus. Ils s'enroulent sur eux-mêmes de façon à réduire la surface de peau en contact avec le sol.

RETOUR À LA VIE ?

Certains organismes peuvent revenir à la vie après de très grandes périodes d'inactivité ou de dormance. Des animaux minuscules, comme les vers de type nématodes, se sont réveillés après des dizaines de milliers d'années d'inactivité. Les graines, quant à elles, peuvent parfois survivre plusieurs milliers d'années. Certains microbes restent également viables au moment où ils

Durées de dormance chez les animaux

TEMPS DE CONGÉLATION

32 000 ans

30 000 ans

24 000 ans

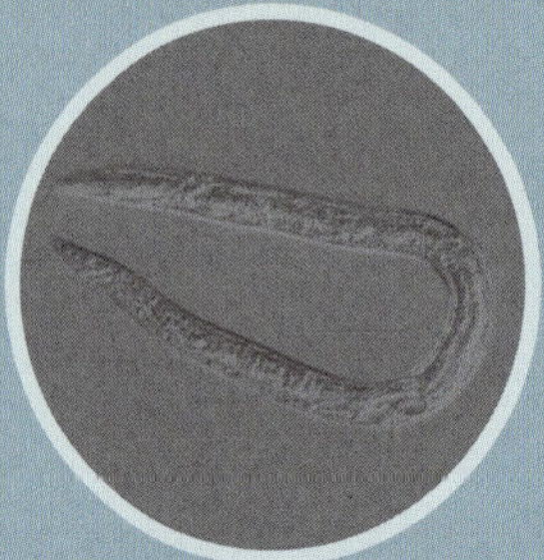

LE NÉMATODE
Deux minuscules vers nématodes, qui étaient congelés dans le permafrost depuis des dizaines de milliers d'années, ont été ramenés à la vie par des scientifiques qui les ont dégelés et mis en culture. Durant leur courte vie, ils ont été les plus anciennes formes de vie pluricellulaire connues sur Terre.

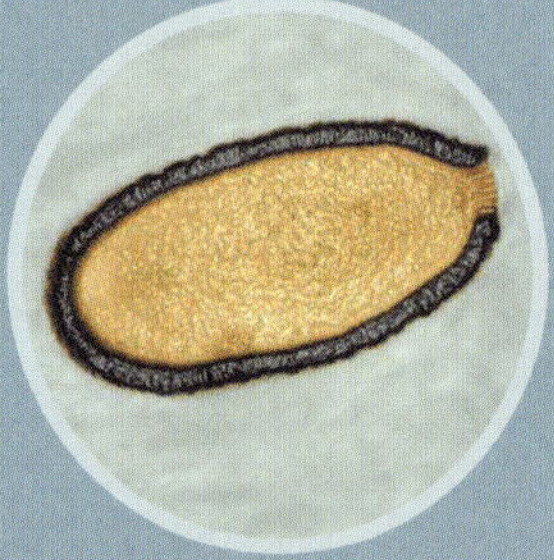

UN VIRUS
En 2014, des chercheurs du laboratoire IGS (Information génomique et structurale) ont ressuscité un ancien virus trouvé dans le permafrost sibérien en le dégelant et en lui donnant quelque chose à infecter. Ce virus, appelé *Pithovirus sibericum*, infecte un genre d'amibe.

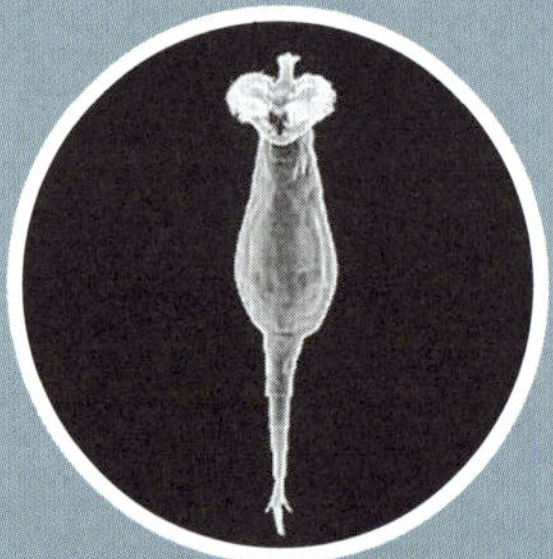

LE ROTIFÈRE BDELLOÏDE
Cet animal microscopique a été ramené à la vie après être resté congelé dans le permafrost arctique.

se retrouvent piégés dans de l'ambre ou déshydratés dans des cristaux de sel et peuvent être ranimés après des millions d'années. D'autres animaux peuvent survivre à l'état congelé durant des périodes de temps remarquablement longues. L'astuce, semble-t-il, est de produire son antigel. Le weta *Hemideina maori*, par exemple, est un gros insecte qui fabrique une substance cryoprotectrice riche en acides aminés permettant à ses cellules de rester intactes alors que 80 % de son corps est congelé, puis dégelé.

10
mois

LA PYRALE LAINEUSE DE L'ARCTIQUE (*GYNAEPHORA GROENLANDICA*)
Ce papillon de nuit des régions arctiques passe sept ans sous la forme d'une chenille, la plupart du temps congelée. Celle-ci peut ainsi survivre à des températures allant jusqu'à -70 °C. Elle ne dégèle que deux mois par an, période durant laquelle elle se nourrit, croît et mue.

8
mois

LA GRENOUILLE DES BOIS
Cette petite grenouille nord-américaine (*Lithobates sylvaticus*) tolère la congélation de son corps et reste ainsi en dormance chaque hiver pendant huit mois, jusqu'à son dégel au printemps.

17
jours

LE WETA (*HEMIDEINA MAORI*)
Cet insecte géant de la taille d'une souris, endémique du sud de la Nouvelle-Zélande, peut survivre à des températures allant jusqu'à -10 °C pendant au moins 15 jours grâce à une technique qui consiste à laisser la majeure partie de son corps geler.

LES BACTÉRIES
Certaines bactéries peuvent rester en dormance pendant 250 millions d'années. Des scientifiques ont recueilli, isolé et pu cultiver des échantillons d'anciennes bactéries trouvées dans des mines de sel au Nouveau-Mexique.

L'EXPÉRIENCE BOTANIQUE DE BEAL

En 1879, le botaniste américain William James Beal a commencé une expérience afin de déterminer combien de temps des graines peuvent rester viables. Il a enterré 20 flacons en verre remplis de sable et contenant des graines de 21 plantes communes. À intervalles réguliers, il a déterré les bouteilles, une par une, et a semé les graines. Au bout de 10 ans, la majorité des graines étaient encore viables, mais, au fil du temps, elles germaient de moins en moins. Après sa mort, en 1924, d'autres scientifiques ont pris le relais, et cette expérience continue encore aujourd'hui. La bouteille la plus récente a été déterrée le 15 avril 2021. Des 50 graines d'origine présentes dans la bouteille, 13 ont germé. Toutes étaient de la même espèce : une plante à fleurs appelée « molène blattaire » ou « herbe aux mites ». Cette expérience montre que certaines graines peuvent, au moins, rester viables pendant 142 ans. Mais il a été démontré que d'autres graines peuvent germer encore bien des années après.

LE BUNKER DE L'APOCALYPSE

La réserve mondiale de semences de Svalbard, surnommée le « bunker de l'apocalypse » et située dans le Grand Nord, abrite 642 millions de graines. La plupart sont des graines de plantes alimentaires, comme celles de céréales, de fruits et de légumes. Étant donné le nombre important d'espèces végétales mises en péril, entre autres, par le changement climatique, ce lieu est une réserve botanique au rôle crucial.

Durée de dormance des végétaux

142 ans

LA MOLÈNE BLATTAIRE
La molène blattaire est une plante à fleurs originaire d'Eurasie et d'Afrique du Nord. Ses graines peuvent rester viables pendant plus de 100 ans.

620 ans

LE BALISIER
C'est une graine déposée dans une coquille de noix, faisant partie d'un collier retrouvé dans un ancien tombeau, en Argentine, qui est la graine viable la plus ancienne connue à ce jour.

1200 ans

LE LOTUS SACRÉ
Des graines de lotus vieilles de 200 à 1200 ans ont été prélevées dans le lit d'un lac asséché en Chine. Nombre d'entre elles ont germé et ont poursuivi leur croissance en produisant de jeunes pousses.

2000 ans

LE PALMIER DATTIER DE JUDÉE
Des graines de cette espèce végétale disparue ont été retrouvées dans une jarre antique au cœur du palais de Hérode Ier le Grand, à Massada, en Israël. Elles ont été semées. L'un des palmiers issus de ces graines, appelé Mathusalem, mesure maintenant 3,5 m de haut et a commencé à produire du pollen.

32 000 ans

SILENE STYNOPHYLLA
En 2007, 600 000 graines congelées dans le permafrost sibérien ont été découvertes dans d'anciens terriers d'écureuils. La plupart des graines étaient abîmées, mais les scientifiques ont pu isoler les tissus reproducteurs de trois graines immatures et s'en servir pour faire pousser de nouvelles plantes. Ces plantes ont fleuri et ont produit leurs propres graines viables.

4

LE TEMPS ET LA CROISSANCE

INTRODUCTION

La croissance est une caractéristique fondamentale de la vie, soutenue par des cellules qui se divisent pour créer davantage de cellules et, ainsi, former les tissus, les organes et les systèmes qui composent tous les êtres vivants.

Classiquement, la croissance a tendance à être plus rapide dans les premiers stades de la vie. Les jeunes pousses, par exemple, grandissent très rapidement pour leur petite taille. Les animaux sous forme embryonnaire connaissent, également, une explosion de divisions cellulaires et une croissance rapide. De leur côté, les enfants et les adolescents ont besoin d'énormes quantités de nourriture pour alimenter leur développement permanent vers l'âge adulte. Aux stades intermédiaires et ultérieurs de la vie, le rythme de la croissance diminue et celle-ci finit par s'arrêter pour la majorité des animaux, mais pas pour tous. Pour un axolotl mexicain en captivité, la seule chose qui semble limiter sa croissance est la taille de son aquarium. Ces amphibiens assez singuliers restent à leur stade larvaire tout au long de leur vie et continuent de croître même lorsqu'ils ont atteint l'âge adulte.

Il existe, bien entendu, des différences énormes au niveau des temps de croissance en fonction des espèces. Si le killi turquoise, un poisson africain, croît très rapidement et peut atteindre sa maturité sexuelle en 17 jours seulement, le requin du Groenland, lui, semble croître selon son bon vouloir. Un individu peut ainsi mettre jusqu'à 150 ans pour atteindre sa maturité sexuelle et il peut continuer de vivre durant plusieurs siècles.

Dans l'ensemble, la croissance suit une trajectoire prévisible. Une jument, par exemple, donne naissance à un poulain au bout d'un an de gestation. Une fois né, ce dernier met du temps à atteindre sa maturité. S'il perd une jambe ou qu'un de ses organes subit des dégâts, cela ne présage rien de bon pour lui. En effet, les mammifères, comme les chevaux ou les humains, ont des capacités régénératrices limitées. D'autres animaux, en revanche, comme les axolotls, les étoiles de mer ou les planaires (vers plats), peuvent faire repousser de façon assez spectaculaire une partie de leur corps. Cela prend plusieurs semaines à plusieurs mois, et, dans certains cas, de nouveaux organismes complets peuvent se régénérer à partir de minuscules morceaux du corps. Certaines étoiles de mer peuvent entièrement reconstituer leur corps uniquement à partir d'un bras. Les planaires, eux, peuvent être coupés en de minuscules morceaux, et chacun d'entre eux donnera un nouvel individu. La croissance est un processus tout à fait remarquable.

Les étoiles de mer ont des capacités régénératrices incroyables. Elles peuvent faire repousser leurs bras ainsi que d'autres parties plus importantes de leur corps.

LA COURSE AUX ŒUFS

Qu'ils soient durs et cassants ou mous avec une consistance gélatineuse, les œufs sont des structures enveloppées d'une membrane, qui contiennent les embryons d'animaux en développement comme les oiseaux, les amphibiens et les poissons. Souvent, les parents protègent leurs œufs en les incubant ou en les couvant. Chez certaines espèces, comme le serin des Canaries ou la pieuvre géante du Pacifique, c'est la femelle qui s'occupe de l'incubation, mais chez d'autres, comme le casoar ou la grenouille coqui, ce sont les mâles qui s'en chargent exclusivement. Chez d'autres encore, la tâche est partagée ou bien elle est complètement ignorée. La durée d'incubation peut aller de quelques jours à plusieurs années, et le moment de l'éclosion peut aussi être influencé par différents facteurs environnementaux comme la température et le degré d'humidité. Pour de nombreuses espèces de reptiles, la température joue également un rôle supplémentaire en déterminant le sexe de la progéniture. Les tortues de Floride, par exemple, sortent toutes de leur œuf après trois mois minimum. Les œufs qui étaient à une température de 22 à 27 °C donnent des mâles, tandis que ceux qui étaient en incubation à des températures supérieures donnent des femelles.

Nombre de jours d'incubation

UNE SEULE FOIS

Les pieuvres sont sémelpares, c'est-à-dire qu'elles ne peuvent avoir de bébés qu'une seule fois dans leur vie. Elles pondent des dizaines de milliers d'œufs sur plusieurs jours, puis la femelle est aux petits soins pour eux. Elle les protège des prédateurs, les nettoie et les aère à l'aide de jets d'eau riche en oxygène qu'elle projette sur eux. La femelle de la pieuvre géante du Pacifique, par exemple, veille sur sa couvée pendant environ cinq mois. Mais dans des eaux plus froides, comme celles au large de l'Alaska, jusqu'à 10 mois sont nécessaires avant que les œufs n'éclosent. Une espèce de pieuvre, *Graneledone boreopacifica*, détient le record de l'incubation la plus longue du règne animal connue à ce jour. Des chercheurs ont pu suivre, à l'aide d'un véhicule sous-marin, une femelle de cette espèce, blanche, à l'allure fantomatique, au fond d'un canyon de la baie de Monterey, en Californie. Grâce à leurs plongées répétées, les chercheurs ont observé que cette femelle avait veillé sur ses œufs pendant 53 mois. Durant tout ce temps, elle n'a pas quitté ses œufs, même pas pour s'alimenter, semble-t-il. Elle est morte d'épuisement peu de temps après leur éclosion.

L'ŒUF OU LA POULE ?

Qui était là en premier, l'œuf ou la poule ? La réponse dépend de la personne à qui l'on pose la question. Un biologiste partisan de la théorie de l'évolution vous dira que les animaux pondent des œufs depuis des millions d'années. Les œufs « amniotiques » fossilisés les plus anciens mis au jour sont ceux d'un *Massospondylus*, un dinosaure qui vivait voici environ 190 millions d'années. Dans ce type d'œufs, l'embryon est protégé par plusieurs couches de membrane, comme dans un œuf de poule actuel. La première poule domestique, en revanche, a fait son apparition il y a seulement 4 000 ans. Il serait donc logique de dire que ce sont les œufs qui étaient là les premiers !

Le développement embryonnaire chez la poule

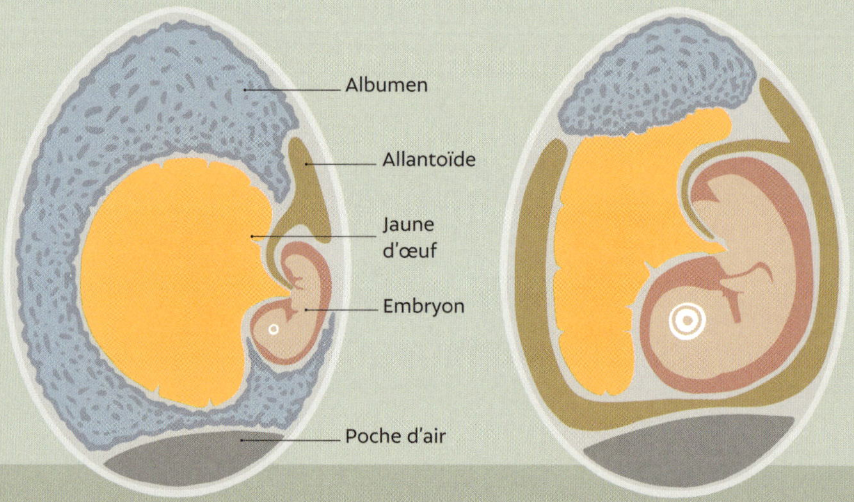

5 jours

Le bec, les pattes et les ailes commencent à apparaître. Les organes internes sont formés. Le cœur bat.

10 jours

L'embryon grandit rapidement. Les plumes commencent à se former. Des doigts apparaissent sur les ailes.

L'ALBUMEN
L'albumen (le blanc d'œuf) protège le poussin en développement. Il diminue au fur et à mesure de la croissance de l'embryon.

L'ALLANTOÏDE
L'allantoïde recueille les déchets et contribue à la respiration.

LE JAUNE D'ŒUF
Le jaune, ou vitellus, est une ressource nutritive pour le poussin en développement et il diminue au fur et à mesure de son absorption.

Par contre, si l'on pose la question à un biologiste spécialiste du développement, il approchera le problème sous un angle différent. Prenons le cas du développement d'un poussin chez la poule. Après la fécondation, le poussin en développement est, l'espace d'un court instant, une cellule unique qui va ensuite commencer à se diviser. Le système reproductif de la mère, la poule, est un peu comme une chaîne d'assemblage automatique dans une usine. Au fur et à mesure que ces boules de cellules en cours de division, composées du jaune et d'un minuscule morceau d'ADN, se déplacent le long de cette chaîne d'assemblage (appelée l'oviducte), le blanc puis la coquille croissent. Tout ce processus prend 24 heures, au bout desquels l'œuf contenant l'embryon est pondu puis couvé. Vu que la coquille de l'œuf s'est formée après le début du développement de l'embryon, il est logique de dire que c'est la poule qui était là avant.

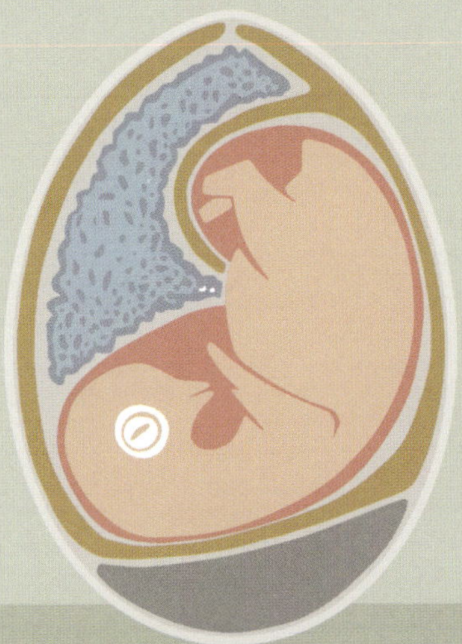

15 jours

Le fœtus ressemble de plus en plus à un oiseau. Les écailles, les pattes, les griffes et le bec commencent à durcir.

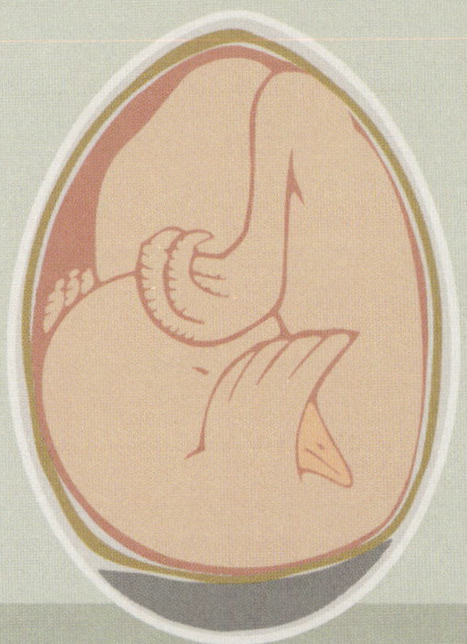

20 jours

Le fœtus remplit quasiment tout l'œuf. Il perce la poche d'air avec son bec et prend sa première bouffée d'air.

21 jours

L'éclosion dure entre 4 et 12 heures.

LA GESTATION CHEZ LES MAMMIFÈRES

Plusieurs facteurs ont un impact sur la durée de la « grossesse » des mammifères, appelée aussi « durée de gestation ». En règle générale, plus l'animal est gros, plus la gestation est longue. Il en va de même chez les animaux dont les bébés sont déjà très développés à la naissance. Les éléphants sont les mammifères à la gestation la plus longue, avec une durée d'environ 650 jours. Leurs petits savent marcher après seulement deux heures et naissent avec des capacités cognitives avancées. On qualifie de « nidifuges » les espèces dont les nouveau-nés sont ultra-développés. À contrario, les rats sont dits « nidicoles ». Leurs petits naissent aveugles et incapables de se débrouiller seuls. Il leur faut trois semaines pour être sevrés et pour pouvoir survivre par eux-mêmes.

Les scientifiques ont observé la façon dont les embryons d'éléphants se développent, à l'aide d'échographies. La grossesse peut être identifiée au 50e jour, et les premiers battements de cœur s'entendent autour du 80e jour. Les yeux apparaissent au 97e jour, la trompe au 104e et leurs grandes oreilles, 60 jours plus tard. Cette information peut être utile dans les zoos, où les éléphantes en gestation font souvent l'objet d'un suivi échographique.

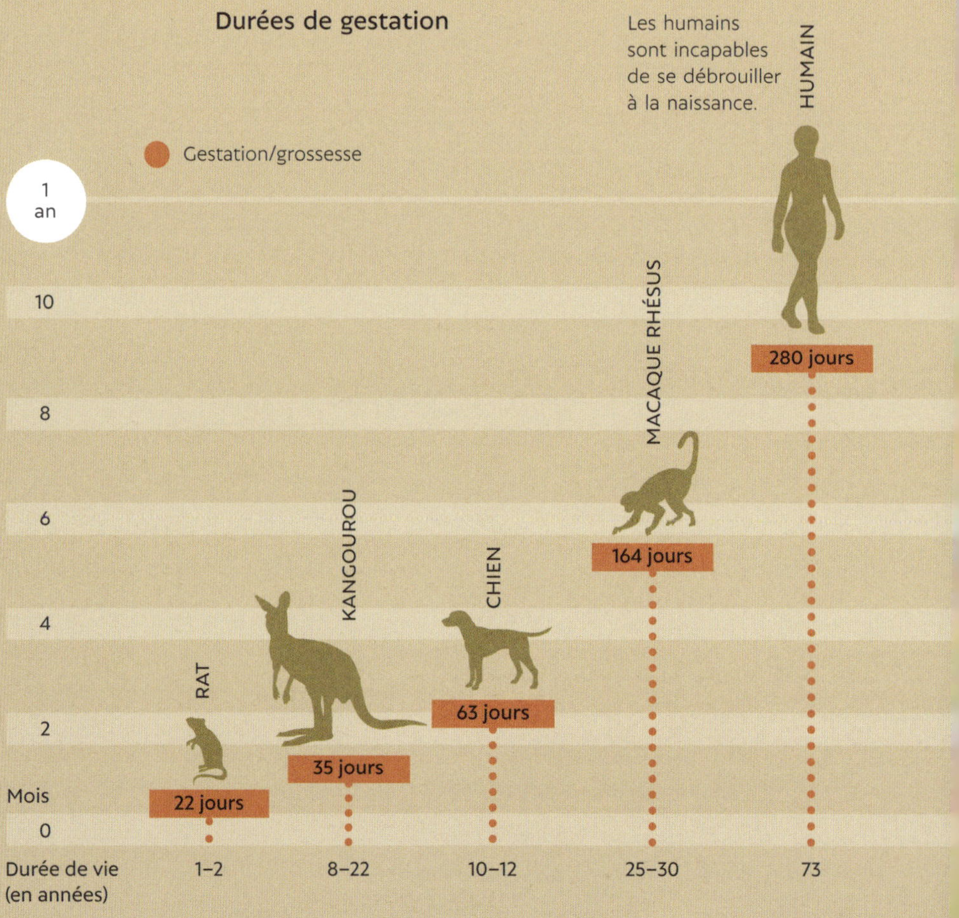

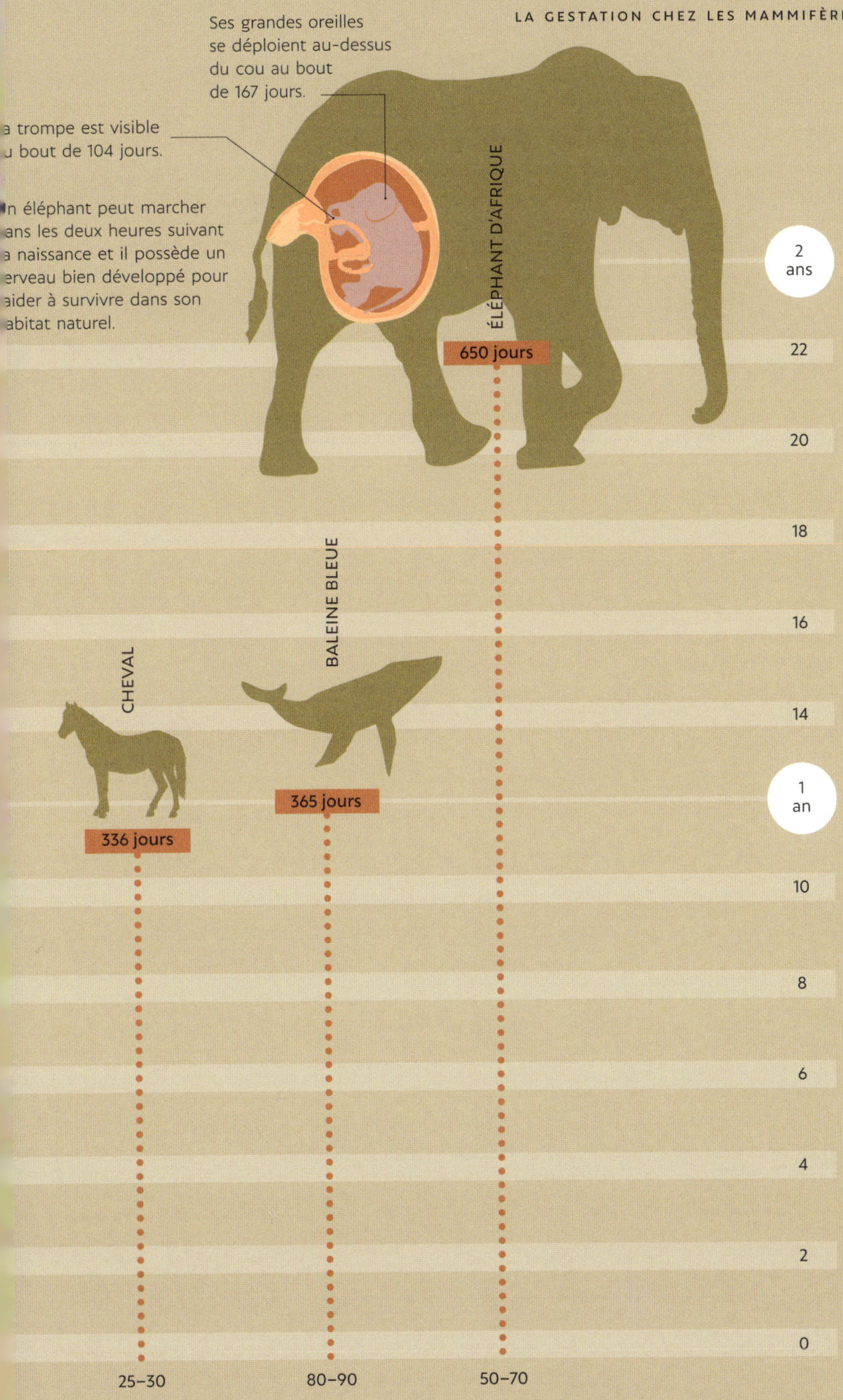
Ses grandes oreilles se déploient au-dessus du cou au bout de 167 jours.
a trompe est visible
u bout de 104 jours.
n éléphant peut marcher
ans les deux heures suivant
a naissance et il possède un
erveau bien développé pour
aider à survivre dans son
abitat naturel.
ÉLÉPHANT D'AFRIQUE
650 jours
BALEINE BLEUE
365 jours
CHEVAL
336 jours
2 ans
22
20
18
16
14
1 an
10
8
6
4
2
0
25–30
80–90
50–70

Les cochons d'Inde aussi sont nidifuges. Les mères ont une gestation d'environ 65 jours et elles donnent ensuite naissance à des petits quasi autonomes. Ils ont les yeux ouverts, ont des poils, des dents et des griffes. Ils peuvent manger des aliments solides presque tout de suite. Être nidifuge est un stratagème pour les espèces chez lesquelles la protection des jeunes n'est pas facile. Les lièvres, par exemple, font leurs nids dans des champs à ciel ouvert. Leurs petits, les levrauts, sont donc nidifuges.

PROTÉGER LES PETITS À NAÎTRE

Certains animaux ont développé des tactiques pour protéger leurs fœtus. Ainsi, en Amérique du Nord, l'accouplement de la petite chauve-souris brune a lieu en automne. Les femelles conservent les spermatozoïdes dans leur appareil génital durant les longs mois d'hiver, puis elles fécondent leurs ovules et donnent naissance à leurs petits au printemps. On parle d'« implantation retardée ». Chez le tatou à neuf bandes, la fécondation a lieu juste après la copulation, mais c'est le développement de l'embryon qui est mis en pause pendant trois à quatre mois. À la fin de cette période de « diapause embryonnaire », l'embryon s'implante dans l'utérus et se sépare en quatre pour donner des quadruplets qui naîtront cinq mois plus tard. Si la femelle tatou est soumise au stress, comme souvent en captivité, la diapause peut se prolonger d'un an ou plus.

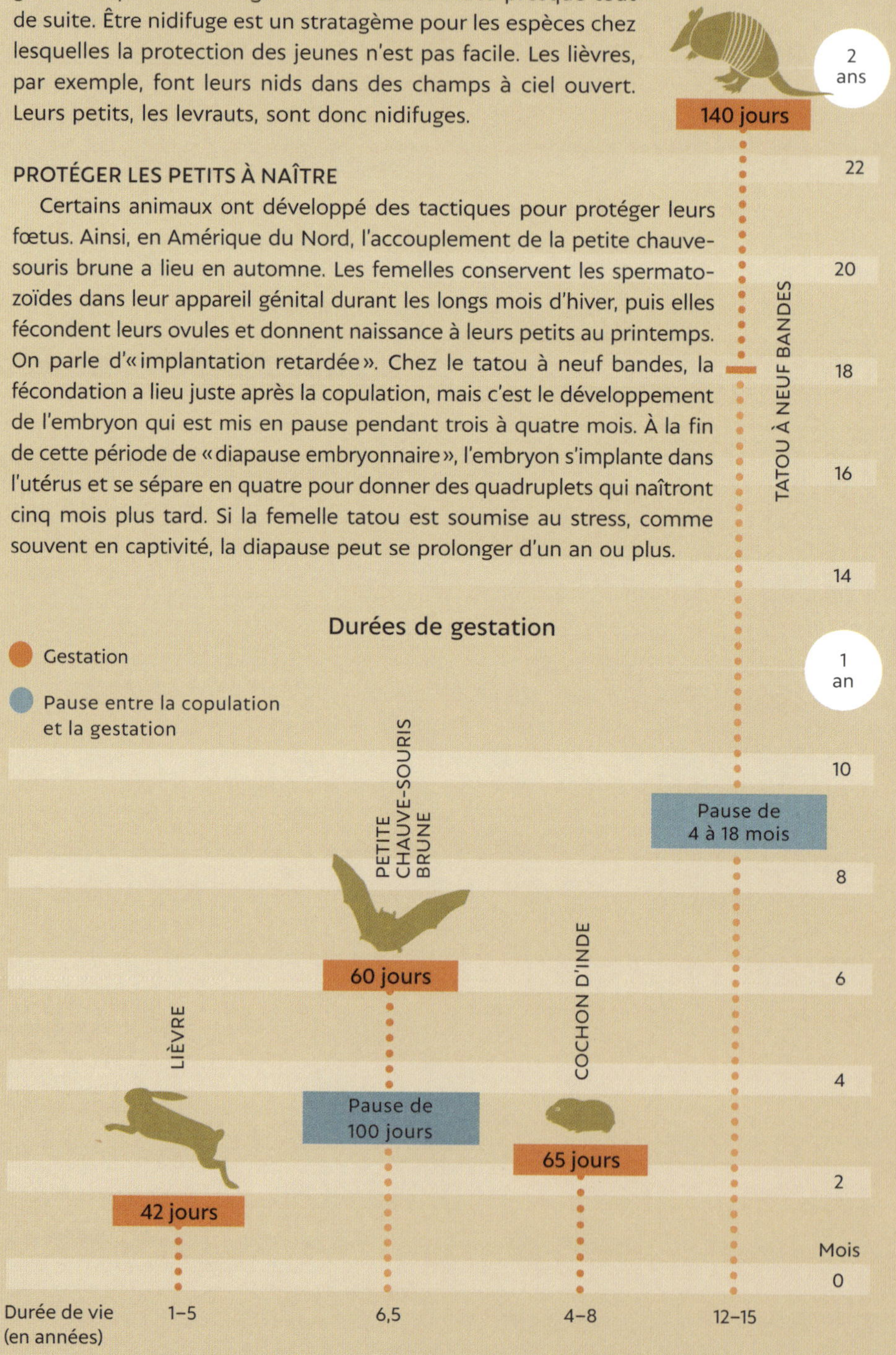

LA GESTATION CHEZ LES MARSUPIAUX

La majorité des marsupiaux sont de grands mammifères, mais pour autant ils ont une durée de gestation très courte. Chez le kangourou, elle ne dure que 35 jours au terme desquels quatre bébés de la taille d'un haricot rampent jusqu'à la poche de leur mère. Ils y restent pendant 11 mois, à téter le lait ultra-énergétique sécrété par les quatre mamelles de la maman. Même si un nouvel accouplement est possible durant cette période, les petits suivants ne naîtront pas tant que les petits actuels n'auront pas définitivement quitté la poche. La femelle kangourou met tout simplement sa gestation en pause jusqu'à ce que ce soit le bon moment.

KANGOUROU
Gestation
35 jours

OPOSSUM
Gestation
12 jours

La gestation de la femelle opossum de Virginie ne dure que 12 jours. La mère donne naissance à plusieurs petits (entre 16 et 20) de la taille d'un haricot. Ces nouveau-nés rampent ensuite directement depuis le vagin jusqu'à la poche de leur mère. Il s'agit là d'un trajet dangereux et moins de la moitié d'entre eux survit.

LA GESTATION CHEZ LES MONOTRÈMES

L'ornithorynque et l'échidné sont tous deux originaires de l'est de l'Australie. Ce sont des mammifères ovipares, c'est-à-dire qu'ils pondent des œufs. Ils font partie de la famille des monotrèmes. Vingt-huit jours après l'accouplement, la femelle ornithorynque pond jusqu'à trois œufs à coquille parcheminée (un peu molle comme celle des œufs de reptiles) dans un terrier spécialement préparé pour l'occasion. Elle les couve ensuite pendant environ 10 jours. Au moment de l'éclosion, les petits sont aveugles et nus. Ils se nourrissent du lait qui sort des pores de leur mère.

Quatre espèces d'échidnés sont aussi ovipares. La femelle ne pond qu'un seul œuf, 22 jours après l'accouplement, qu'elle met immédiatement dans sa poche. Le petit échidné sort de l'œuf 10 jours plus tard et se nourrit du lait sécrété par une aréole cutanée dans la poche. Il reste à l'intérieur pendant au moins 55 jours.

ORNITHO-
RYNQUE
Gestation
28 jours

DEVENIR ADULTE

Chez les animaux, la période de la jeunesse, appelée « stade juvénile », est l'une des plus importantes de la vie. C'est à ce moment-là qu'ils grandissent et se développent, qu'ils acquièrent les compétences dont ils auront besoin pour survivre à l'âge adulte et qu'ils s'exercent à les utiliser. Certains juvéniles sont très différents de leur forme adulte. Les jeunes tapirs du Brésil, par exemple, ont un pelage marron rayé et parsemé de points blancs. Ces marques leur servent de camouflage, mais elles disparaissent au fil de leur croissance. Lorsqu'ils atteignent l'âge adulte, ils sont complètement marron. L'apparence n'est, cependant, pas toujours un moyen fiable de savoir si l'âge adulte est atteint. Certains humains continuent de se comporter de façon immature bien après la fin de leur adolescence ! Les biologistes utilisent donc d'autres critères de mesure comme le temps de génération (temps moyen entre deux générations consécutives) ou le temps qu'il faut pour atteindre la maturité sexuelle.

UN TAPIR DU BRÉSIL AVEC SON PETIT

Temps nécessaire pour atteindre la maturité sexuelle

150 ans

LE REQUIN DU GROENLAND

Le requin du Groenland, qui peut vivre pendant plusieurs siècles, est un superprédateur. Ne rencontrant que peu de menaces naturelles, il prend son temps pour atteindre l'âge adulte. Il possède, à ce jour, le stade juvénile le plus long du règne animal.

10 à 20 ans

LE SPHÉNODON

Une fois sorti de son œuf à la coquille molle et ressemblant à un parchemin, ce reptile endémique de Nouvelle-Zélande se développe lentement. Il devient fertile au bout de 10 ans mais peut continuer à grandir pendant 35 ans.

7 à 8 ans

LE GIBBON

Ce singe dépourvu de queue vit dans les forêts tropicales humides du sud de l'Asie. Une fois sa maturité sexuelle atteinte, le gibbon se trouve généralement un partenaire pour la vie, ce qui ne l'empêche pas d'avoir une aventure de temps en temps avec un autre gibbon.

7 mois

LA VISCACHE DES MONTAGNES

L'âge est quelque chose de relatif. La viscache des montagnes est un rongeur ressemblant à un lapin, qui vit dans les Andes péruviennes. Elle atteint sa maturité sexuelle à l'âge de sept mois mais meurt un ou deux ans plus tard. C'est un peu comme si un humain terminait son adolescence autour de 30 ans.

3 à 5 mois

LE LAPIN COMMUN

Les mâles atteignent leur maturité sexuelle à quatre mois. Les femelles commencent à se reproduire à partir de trois à quatre mois.

17 jours

LE KILLI TURQUOISE

Chez certaines espèces, pour lesquelles la vie est précaire et le taux de prédation assez élevé, l'évolution a favorisé une croissance et une maturité sexuelle rapides. Cela permet à chaque individu de se reproduire et de transmettre ses gènes avant que sa vie ne s'arrête brusquement.

4 jours

LE PUCERON

Le puceron de l'espèce *Rhopalosiphum prunifolia* a le temps de génération le plus court du règne animal. Il faut quatre jours pour qu'une génération remplace la précédente, même si ce laps de temps est fortement influencé par certains facteurs environnementaux comme la température ou la quantité de nourriture disponible.

L'AMPHIBIEN QUI RESTAIT TOUJOURS JEUNE

À l'instar de Peter Pan qui ne veut pas grandir, certains animaux demeurent au stade juvénile toute leur vie. C'est le cas de l'axolotl, une espèce de salamandre endémique du Mexique, où elle ne vit que dans un unique lac. Contrairement à la plupart des amphibiens qui se transforment au cours de leur vie, passant d'un stade juvénile aquatique à un âge adulte terrestre, cette espèce, considérée comme en danger critique, reste une espèce aquatique au stade adulte. Le fait de conserver ainsi des caractéristiques juvéniles s'appelle la « néoténie ». Au lieu de passer par différentes métamorphoses, les axolotls gardent leurs trois branchies externes en forme de plumes de chaque côté de la tête, qui leur permettent de respirer sous l'eau. Ils possèdent également une sorte de nageoire caudale distinctive qui descend le long de leur dos et qui les aide à se diriger. Leur capacité à se reproduire à l'état larvaire, ou préadulte, s'appelle la « pédogenèse ».

Même si les axolotls adultes conservent leur forme juvénile à vie, ils ont tout de même inscrit en eux la capacité à se transformer physiquement en adultes. Cela a été démontré avec des axolotls en captivité qui ont reçu un traitement à base d'iode. Il déclenche la production d'hormones thyroïdiennes qui amorcent une métamorphose artificielle. Les branchies et les nageoires disparaissent, les paupières se développent et les muscles des pattes se renforcent. La peau perd de son étanchéité à l'eau, et les poumons, déjà présents, se développent. Dans l'ensemble, ces changements préparent l'axolotl à une nouvelle forme de vie terrestre. Pour autant, ils ne se produisent jamais naturellement à l'état sauvage. Les axolotls en captivité qui reçoivent ce traitement finissent généralement par mourir. Cette procédure n'est donc pas recommandée.

ÉCLOSION
À l'intérieur de leurs œufs, les embryons de l'axolotl mettent deux semaines à se transformer en larves et à sortir.

3 SEMAINES
À peine sortis de leurs œufs, les axolotls savent nager. Leurs pattes ne sont pas encore formées.

3 MOIS
Le nouveau juvénile continue de se développer. Des poumons se forment, ainsi que des pattes antérieures et postérieures.

La juvénilité prolongée de l'axolotl du Mexique

Les axolotls gardent leur forme juvénile toute leur vie, tout en continuant à croître. Ils peuvent vivre jusqu'à 25 ans en captivité, mais à l'état sauvage leur espérance de vie moyenne est généralement bien plus courte.

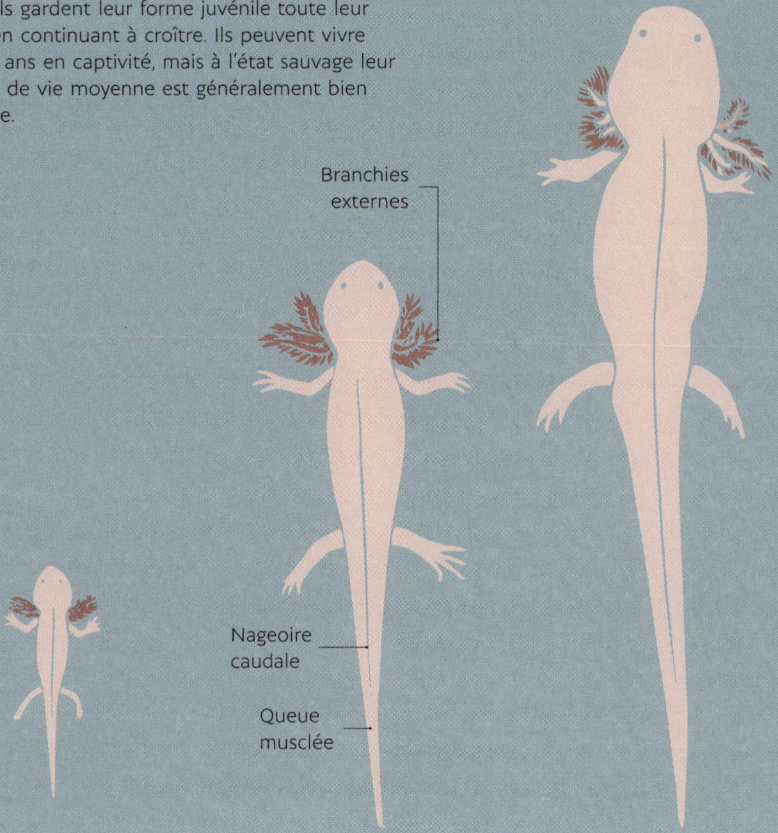

Jusqu'à 25 ans d'espérance de vie

5 MOIS
Le juvénile plus âgé continue de croître rapidement, mais il n'a pas encore atteint sa maturité sexuelle.

1 AN
Les femelles atteignent leur maturité sexuelle à l'âge de 1 an, tandis que les mâles l'atteignent à 9 mois.

3 ANS
Même si les axolotls gardent leur forme juvénile et continuent de croître, certains changements liés à l'âge sont observés. Par exemple, leur peau épaissit et leur squelette devient plus osseux.

PREMIERS PAS

Les bébés humains se mettent généralement à marcher à quatre pattes entre 6 et 12 mois. Ils commencent alors à se hisser pour se mettre debout, puis ils marchent de meuble en meuble, en s'agrippant à tous les objets qui se trouvent à leur portée. Entre 8 et 18 mois, ils font leurs vrais premiers pas (suivis, presque immédiatement, de leur vraie première chute). Au cours des semaines suivantes, ils s'attachent à perfectionner l'art de la marche.

En combien de temps les bébés animaux savent-ils marcher?

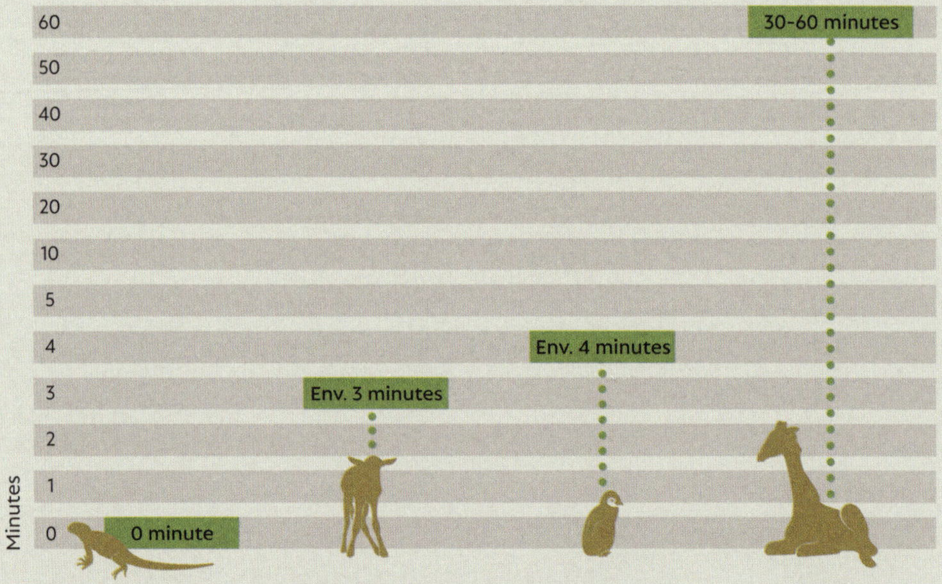

L'IGUANE MARIN
Les iguanes marins, endémiques des îles Galápagos, ont besoin de courir dès la sortie de l'œuf. Poursuivis par des serpents voraces, ces reptiles à peine éclos doivent quitter à toute vitesse la plage où ils sont nés pour atteindre la sécurité relative de l'océan, où ils pourront également se nourrir d'algues.

LE GNOU
Ce sont des centaines de milliers de bébés gnous qui naissent au début de la saison des pluies en Afrique, en février et en mars. Ils savent marcher au bout de quelques minutes et, après quelques jours, ils trottinent aux côtés de leurs mères, au sein d'un troupeau qui s'agrandit rapidement.

LE MANCHOT
Quand on est un oiseau qui ne peut pas voler, savoir marcher est essentiel. Les bébés manchots peuvent se mettre debout presque immédiatement et avancer en se dandinant peu de temps après. Contrairement aux humains qui répartissent leur poids sur les deux pieds quand ils marchent, les manchots s'appuient sur le pied qui est en avant. Cela leur permet de marcher sur la glace sans glisser.

LA GIRAFE
Les bébés girafes mesurent près de 2 m de haut à la naissance. Ils arrivent rapidement à marcher sans grande stabilité, mais il leur faut plusieurs heures pour parvenir à se tenir droits et à marcher avec élégance. Ils ont besoin de 10 heures pour courir à pleine vitesse et suivre le rythme des adultes de leur famille.

En ce qui concerne l'acquisition de la marche, notre espèce humaine est un cas particulier. Nous passons bien plus de temps à apprendre à marcher que la plupart des autres espèces animales. C'est principalement dû au fait que nous grandissons dans une véritable bulle, sans prédateurs, où nous nous faisons dorloter. En règle générale, les espèces prédatrices se mettent tout de même à marcher plus lentement que les espèces qui sont des proies. Cela semble logique. Si une espèce vulnérable vient au monde entourée de prédateurs affamés, le fait de tenir vite sur ses pieds (ou ses sabots) l'aide à esquiver le danger et augmente ses chances de survivre.

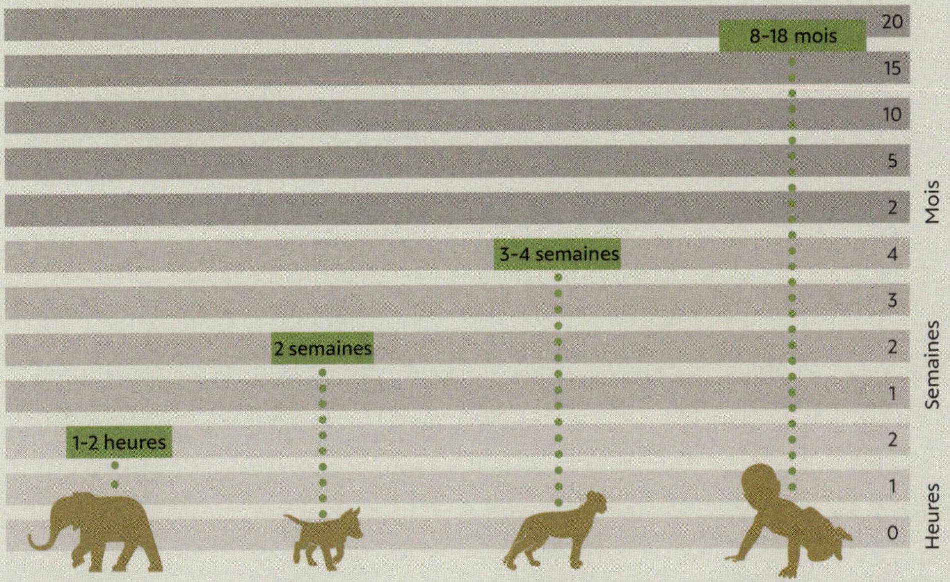

L'ÉLÉPHANT

Les éléphants doivent avancer sans cesse pour trouver de la nourriture et de l'eau, et il n'y a pas de pause quand un bébé naît. Une étude de 2022, publiée par des scientifiques de l'université d'Oxford, a mis en évidence que si le rythme de marche du troupeau peut légèrement ralentir le jour de la naissance d'un éléphanteau, il accélère de nouveau juste après, et même les petits âgés d'un jour parviennent à suivre le mouvement.

LE LOUP

Quatre à six louveteaux naissent à l'intérieur de leur tanière. Ils sont aveugles, sourds et en grande partie incapables de se débrouiller. Mais ils grandissent vite. Au bout de deux semaines, leurs yeux sont ouverts, et ils se déplacent dans la tanière un peu gauchement. Ils en sortent pour la première fois une semaine plus tard.

LE GUÉPARD

Tout comme les humains, les bébés guépards ont besoin qu'on s'occupe d'eux après leur naissance. Ils savent marcher au bout de quelques semaines et courir peu de temps après. À partir de 6 mois, les guépardeaux apprennent à chasser avec leur mère. Ils ne prennent leur indépendance qu'environ 18 mois plus tard.

L'HUMAIN

Notre espèce met plus de temps que les autres à savoir marcher. Si les bébés avaient un gros cerveau, ils auraient du mal, lors de la naissance, à passer par le vagin, assez étroit, de leur mère. Nous naissons donc avec un cerveau immature qui poursuit son développement après la naissance. Nous acquérons la capacité à marcher au moment où notre cerveau «rattrape», en quelque sorte, le développement de notre corps.

LES RÉCIFS CORALLIENS

Même s'ils n'ont pas l'apparence classique des animaux, les coraux sont bien des membres du règne animal. Ils font partie du même embranchement que les anémones de mer et les méduses : les cnidaires. Ces bâtisseurs d'écosystèmes vivent au sein d'immenses colonies sous-marines. Chaque corail est constitué de milliers d'organismes minuscules, mais génétiquement identiques, appelés « polypes ». Un polype se compose d'un estomac en forme de tube et d'une bouche entourée de tentacules. Il existe des milliers de sortes de coraux, mais les polypes des coraux qui forment des récifs sécrètent un squelette rigide en carbonate de calcium qui les soude les uns aux autres. Avec le temps, ils se développent et forment la structure des récifs coralliens.

Les coraux se nourrissent d'algues à l'aide de leur bouche entourée de tentacules.

Les étapes de la formation des atolls

RÉCIF FRANGEANT
Le corail se développe dans les eaux qui entourent une île volcanique et forme un récif frangeant.

RÉCIF BARRIÈRE
Le volcan commence à s'enfoncer, créant un bassin de plus en plus profond autour de lui. Cela donne un récif barrière.

Île — Lagon — Corail — Volcan

Les coraux croissent à un rythme différent, mais toujours lentement. Les coraux dits « massifs » grandissent à un rythme de 3 à 20 mm par an, tandis que les coraux branchus peuvent croître de 100 mm par an.

Charles Darwin a avancé une théorie pour expliquer la façon dont les atolls des récifs coralliens se sont formés au fil du temps. Tout commence par la fixation de larves de coraux, qui nageaient alors librement, sur des rochers sous-marins bordant des îles ou des terres continentales. Puis, au fur et à mesure que le corail se développe, le récif prend différentes formes, passant du récif frangeant au récif barrière, pour finir par devenir un atoll abritant un lagon.

On estime que le corail corne de cerf, nommé ainsi à cause de sa forme rappelant les bois d'un cervidé, a évolué ainsi il y a 60 millions d'années.

ATOLL EN FORMATION
Le volcan a presque disparu. Pendant ce temps, le corail continue de croître en se dirigeant vers la lumière.

ATOLL
Le volcan se trouve désormais sous le niveau de la mer. Il laisse derrière lui un récif corallien en forme d'anneau, qui affleure à la surface. Doté d'un lagon arrondi, l'atoll est né.

LE BLANCHISSEMENT DES CORAUX

Les récifs coralliens n'occupent que 0,1 % des fonds marins, mais ils abritent pourtant 25 % de toutes les espèces marines connues. Cela fait de ces écosystèmes les plus biodiversifiés du monde. Ils fournissent à des millions d'espèces, notamment à des poissons tropicaux, à des seiches et à d'autres crustacés, le gîte et le couvert, ainsi qu'un abri idéal pour déposer leurs œufs. Ils sont aussi une source d'alimentation et de revenus pour les populations côtières du monde entier et ils jouent le rôle de brise-lames naturels, protégeant ainsi des tempêtes et de l'érosion des milliers de kilomètres de côtes. À cause de l'activité humaine toujours plus croissante, ces écosystèmes d'importance vitale se trouvent désormais menacés. Au cours des 30 dernières années, la moitié des récifs coralliens tropicaux de notre planète a disparu, victimes de la pollution, de la surpêche et d'une gestion non durable du développement côtier. Aujourd'hui, le changement climatique ne fait qu'aggraver leur situation.

Pour rester en bonne santé, les coraux dépendent d'algues microscopiques appelées « zooxanthelles » qui vivent à l'intérieur de leurs cellules. C'est une relation symbiotique. Ces algues, qui effectuent la photosynthèse, fournissent des nutriments aux coraux. Lorsque la température de l'eau augmente, les algues se mettent à produire des molécules toxiques, obligeant les coraux à les éjecter. Comme ce sont ces algues qui donnent habituellement aux coraux leurs nuances colorées, lorsque les algues sont éjectées, les coraux deviennent très pâles et apparaissent comme blanchis.

Un changement de température même minime, de 1 °C seulement, suffit à déclencher ce blanchissement. Si la température de l'eau baisse rapidement, dans un intervalle de deux semaines, les algues parviennent à recoloniser les coraux. Mais si les températures élevées persistent, ou surviennent trop régulièrement, les coraux meurent. Les épisodes de blanchissement se produisent désormais de plus en plus souvent. Avec la disparition des récifs coralliens, les êtres vivants qui en dépendent périssent aussi. Même avec une hausse des températures du globe limitée à 1,5 °C, on estime que 70 % des coraux de la planète seront décimés d'ici à 2050. Si la hausse des températures est de 2 °C, c'est quasiment l'intégralité des récifs coralliens du monde qui disparaîtra dans le même laps de temps.

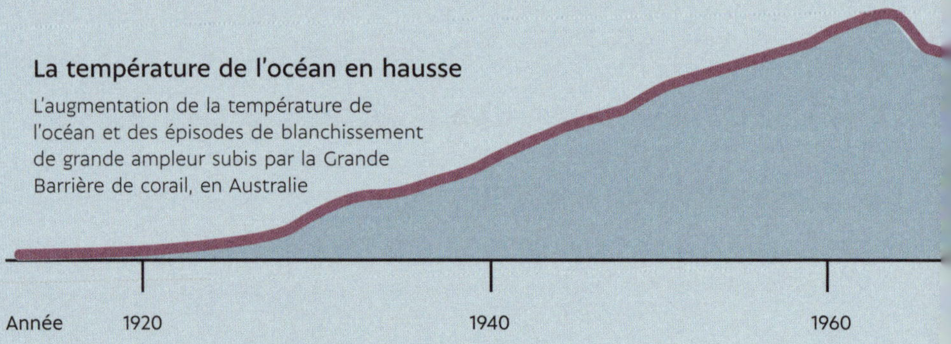

La température de l'océan en hausse

L'augmentation de la température de l'océan et des épisodes de blanchissement de grande ampleur subis par la Grande Barrière de corail, en Australie

LA GRANDE BARRIÈRE DE CORAIL

Située au large de l'Australie, la Grande Barrière est le plus grand récif corallien du monde. Elle est vieille de 500 000 ans et elle occupe une superficie d'environ 340 000 km². Comme pour les autres récifs du monde, le réchauffement a eu des effets dévastateurs sur cet écosystème. Il y fait 1,5 °C plus chaud qu'il y a 150 ans. La Grande Barrière a vécu six blanchissements de grande ampleur au cours des 24 dernières années, à cause de la hausse de la température de l'océan. De nos jours, ces épisodes destructeurs surviennent de plus en plus fréquemment.

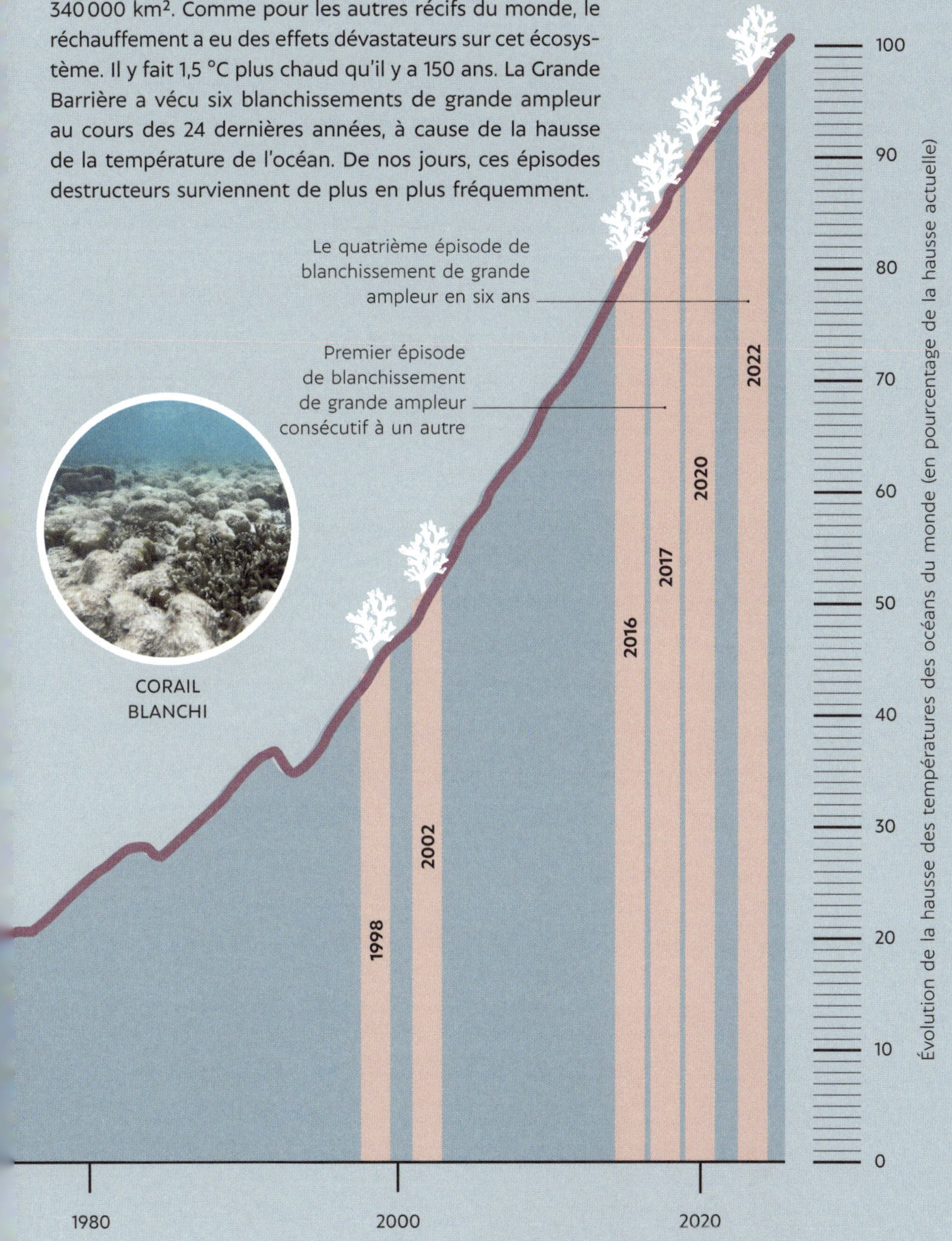

CORAIL BLANCHI

SILENCE, ÇA POUSSE

Alors que certains végétaux semblent pousser à vue d'œil, d'autres donnent l'impression de ne pas grandir du tout. La croissance des plantes est influencée par de nombreux facteurs, dont l'emplacement, le climat, la lumière, les précipitations et l'âge du spécimen. Les jeunes plantes ont tendance à croître plus rapidement que les plus âgées. Et celles situées dans un environnement chaud et humide grandissent plus vite que celles des régions froides et sèches.

De nombreuses succulentes ont un développement extrêmement lent. Il s'agit d'une adaptation à la vie dans des environnements où les ressources sont rares. Le saguaro, un grand cactus qui pousse dans le désert sec de Sonora, en Arizona, ne grandit que de 0,05 mm par jour pendant les huit premières années de sa vie. Ensuite, son rythme de croissance varie. La période la plus intense survient lorsque des branches poussent sur le cactus, mais, à ce moment-là, il a généralement entre 50 et 100 ans. Les cuscutes, de leur côté, sont des plantes grimpantes qui, même si elles ne deviennent pas grandes et solides, ont des vrilles qui peuvent croître au rythme d'environ 150 mm par jour. Les cuscutes sont des plantes parasites qui absorbent l'eau et les nutriments de leurs hôtes à l'aide de minuscules organes saillants appelés «*haustorium*» (du latin «puiser»). Ces plantes s'enroulent autour d'autres végétaux et peuvent étouffer des arbres entiers.

Les rythmes de croissance de certains végétaux par jour

Pour pouvoir grandir à une telle vitesse, tout en minimisant leurs dépenses en énergie, elles n'ont pas de racines, et leurs feuilles sont semblables à des petites écailles.

Du côté des plantes rapides, le bambou Moso, originaire de Chine, est l'un des végétaux qui possède la croissance la plus fulgurante au monde, avec un rythme record d'un mètre par jour. Il vit dans des forêts très denses où la concurrence pour accéder à la lumière du soleil est rude. Il s'est donc développé pour pouvoir grandir très vite. Sa stratégie est de faire pousser une seule canne (ou pousse), connectée à une plante mère par une tige souterraine appelée « rhizome ». La plante mère approvisionne la pousse en nutriments, ce qui fait que celle-ci n'a pas besoin d'avoir ses propres feuilles tant qu'elle n'a pas atteint sa taille adulte. De plus, chaque pousse croît en gardant un diamètre constant. Ainsi, contrairement aux plantes ligneuses, le bambou ne perd pas d'énergie à produire des cernes de croissance.

LES PLANTES AQUATIQUES : UNE CROISSANCE À VITESSE GRAND V

Tous les rythmes de croissance sont relatifs. Comparé au développement journalier d'une grande pousse de bambou, celui d'un petit bonsaï peut paraître insignifiant. Pourtant, quand on tient compte de la taille du végétal et que l'on analyse sa croissance relative, plutôt qu'absolue, cet écart important se réduit. Parmi les plantes qui croissent le plus vite, certaines sont, en effet, vraiment très petites.

Si vous avez déjà entretenu une mare dans votre jardin, la lentille d'eau vous est sûrement familière. Cette minuscule plante, qui recouvre très rapidement les surfaces, possède une des croissances les plus rapides au monde. Une seule fronde (sorte de feuille) de l'espèce *Wolffia australiana* (wolffie) se divise une fois par jour ou tous les deux jours, ce qui permet à la plante de recouvrir complètement une mare en seulement quelques semaines. Tout comme la cuscute, la lentille d'eau se propage vite en se passant de racines et en ayant des feuilles minuscules. Lorsque des chercheurs ont effectué le séquençage de son ADN, en 2021, ils ont découvert que la lentille *Wolffia* possédait moins de gènes régulés par des cycles de lumière et d'obscurité que les autres végétaux. Cela signifie qu'elle peut croître davantage la nuit, intensifiant encore sa croissance. Si elle peut s'avérer gênante pour certains propriétaires de mares, la lentille d'eau se révèle très riche en protéines et elle pourrait donc devenir une source d'alimentation utile à l'avenir.

La croissance exponentielle de la lentille d'eau australienne

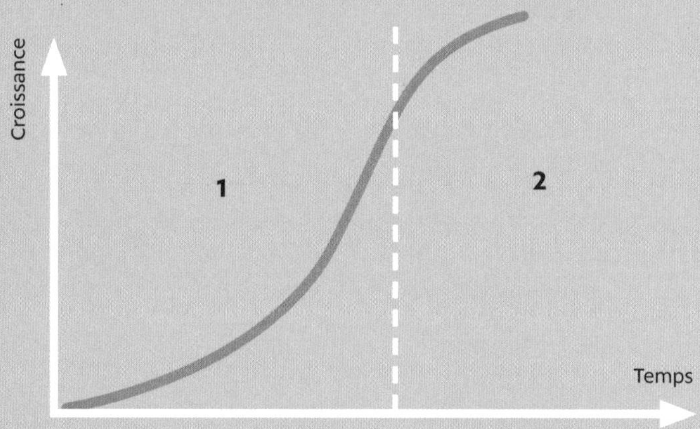

1 Chaque fronde de *Wolffia* se divise entre une et deux fois tous les deux jours. Dans les premiers stades de la croissance, celle-ci est rapide et exponentielle.

2 La croissance se stabilise lorsque les plantes sont en trop grand nombre et qu'elles se disputent les ressources.

ACCÉLÉRER LA POUSSE DES VÉGÉTAUX

Les scientifiques du monde entier cherchent des façons d'accélérer la pousse des plantes cultivées. Les engrais agricoles peuvent faire la différence, mais, de nos jours, les chercheurs tentent d'altérer directement le processus de la photosynthèse.

Lors de la photosynthèse, les végétaux se servent de l'énergie solaire pour transformer le dioxyde de carbone et les sucres en nutriments. Au passage, ce phénomène produit des composés toxiques qui doivent être recyclés par les végétaux. Cela requiert de l'énergie et freine la croissance. En 2019, des scientifiques aux États-Unis ont modifié génétiquement des plants de tabac pour altérer leur photosynthèse. Résultat : les plants ont généré moins de sous-produits toxiques et ont eu un développement plus rapide que des plants de tabac classiques (de 40 %). Maintenant, les scientifiques cherchent à stimuler la croissance d'autres espèces cultivées à des fins industrielles comme le soja, le riz et les pommes de terre.

UN PLANT DE TABAC

La lentille d'eau est une plante aquatique très commune. Il existe différentes espèces. Les feuilles de la *Wolffia australiana* mesurent moins de 1 mm de long.

LES CAPACITÉS DE RÉGÉNÉRATION DES ANIMAUX

Le foie, chez les humains, est un organe assez insolite. Il peut se régénérer jusqu'à atteindre une taille normale, même après qu'une grande partie a été retirée. Impressionnant, il n'est pas non plus invincible. En effet, des maladies comme le cancer ou l'hépatite peuvent engendrer des dommages irréparables. Au sein du règne animal, il existe cependant des créatures bien réelles qui possèdent les mêmes capacités de régénération que le Wolverine des X-Men. Sur la première marche du podium, il y a l'axolotl, un amphibien à l'aspect de salamandre qui vit au Mexique. Il peut faire repousser des parties de ses organes, y compris son cœur ainsi que sa moelle épinière, et même des pattes entières. L'axolotl conserve cette capacité tout au long de sa vie, et les parties remplacées sont des copies exactes des parties d'origine. Les lézards, de leur côté, ne peuvent pas faire repousser leurs pattes, mais ils peuvent le faire avec leur queue. Quand cela se produit, la nouvelle queue a la même fonction que l'ancienne, mais c'est un tube cartilagineux qui remplace les vertèbres de l'ancien membre.

La régénération d'une patte chez l'axolotl

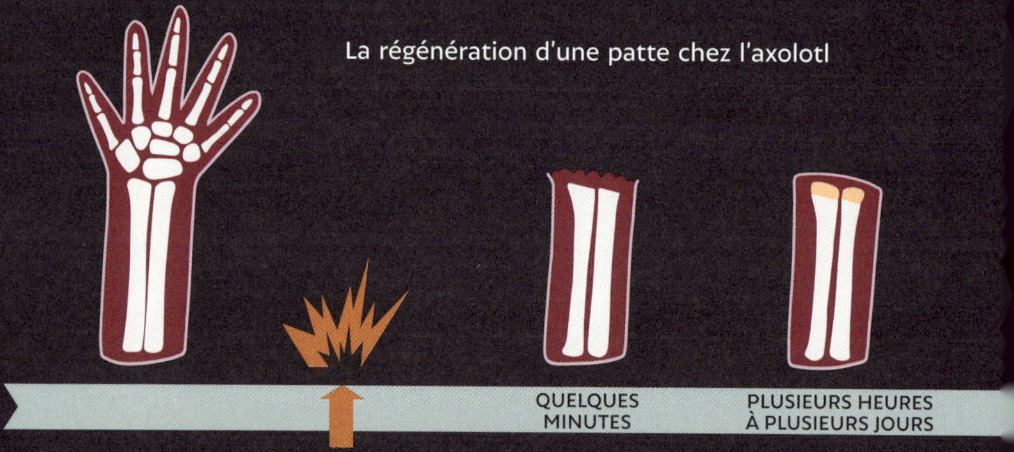

PATTE FONCTIONNELLE
Les axolotls ont quatre doigts sur les pattes avant et cinq sur les pattes arrière. Leurs pattes contiennent une grande variété de cellules, y compris celles de la peau, des os et du cartilage.

BLESSURE
Une patte est sectionnée.

COAGULATION DU SANG
La plaie est comblée grâce à des cellules appelées « plaquettes » et à une protéine filamenteuse appelée « fibrine ». Cela permet de stopper l'hémorragie.

CICATRISATION DE LA BLESSURE
Les cellules de la peau se divisent et recouvrent le moignon. Cette couche de recouvrement s'appelle l'« épithélium lésionnel ».

Les membres d'un animal sont constitués d'une diversité de tissus, dont des tissus osseux, cartilagineux et musculaires, qui sont organisés d'une façon très précise. Si un membre doit être régénéré, chacun de ces tissus doit être fabriqué et se retrouver exactement à la bonne place. La régénération d'un membre chez l'axolotl se déroule en une série d'étapes bien distinctes.

LA MÉDECINE RÉGÉNÉRATRICE

Nous pouvons apprendre énormément de l'axolotl. En analysant les modifications moléculaires qui accompagnent la régénération de ses membres, les scientifiques espèrent réussir à mettre en place des thérapies régénératrices pour les humains. Ils se sont rendu compte qu'une sorte de cellule immunitaire, appelée « macrophage », joue un rôle clé. Si les macrophages sont supprimés, alors le membre sectionné cicatrise mais ne repousse pas. Ainsi, les thérapies stimulant l'activité des macrophages pourraient s'avérer très utiles.

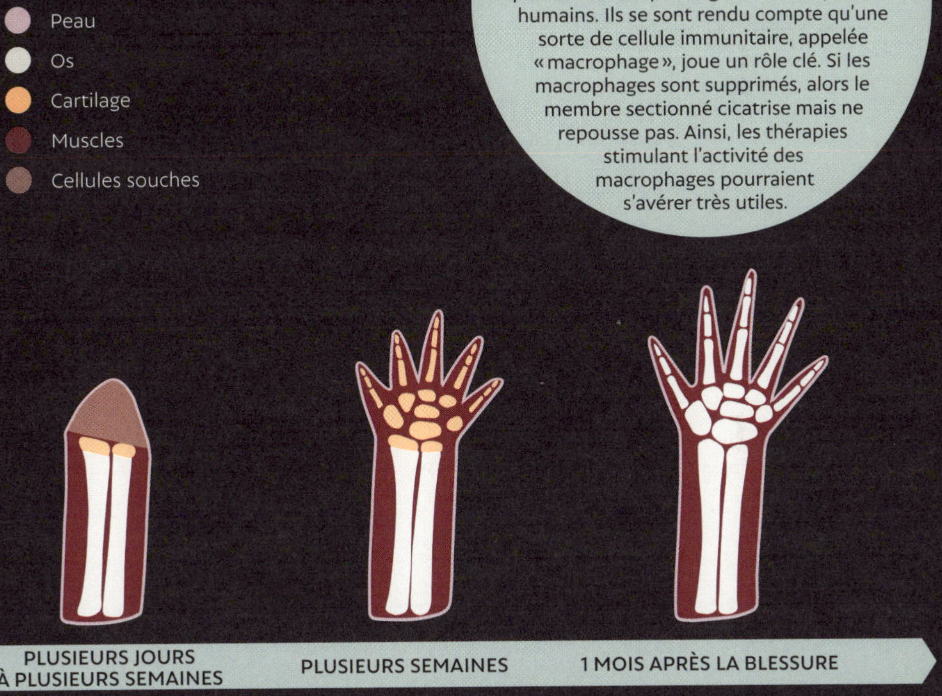

FORMATION DU BLASTÈME
Le blastème, une sorte de bosse, se forme. À l'intérieur, des cellules matures, notamment osseuses, cartilagineuses et musculaires, retournent à un stade plus juvénile qui leur permet de se diviser et de créer de nouveaux tissus.

REPOUSSE DE LA PATTE
De la peau, des os, du cartilage et des muscles régénérés se forment. Les doigts commencent à se développer et la patte retrouve son aspect initial.

PATTE FONCTIONNELLE
La patte en développement se transforme en une copie exacte de la patte perdue. Elle est reliée au reste du corps par des nerfs et des vaisseaux sanguins.

LA RÉGÉNÉRATION CHEZ LES INVERTÉBRÉS

De nombreux invertébrés, c'est-à-dire des animaux qui n'ont pas de squelette, ont également des capacités de régénération impressionnantes. Les araignées, les étoiles de mer, les concombres de mer et les planaires peuvent faire repousser certaines parties de leur corps et parfois même leur corps entier.

LE PLANAIRE

TEMPS DE RÉGÉNÉRATION : 4 semaines

Les planaires sont un groupe de minuscules vers plats à corps mou. Si on les coupe en petits morceaux, chaque morceau peut devenir un nouveau ver en seulement quelques semaines. La place de la tête et de la queue sont très ancrées, on parle de « polarité ». Le côté tête d'un vers coupé donnera toujours une nouvelle tête et le côté queue donnera une nouvelle queue.

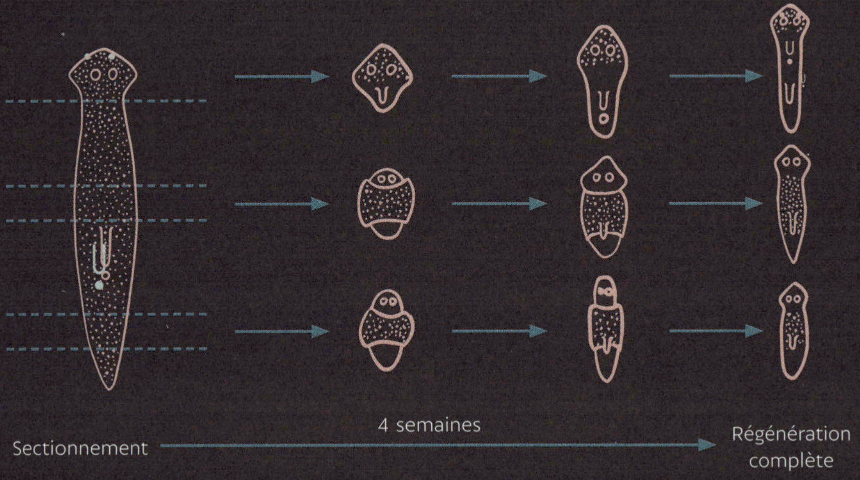

LES ARAIGNÉES

TEMPS DE RÉGÉNÉRATION : plusieurs jours à plusieurs mois

Les araignées possèdent un exosquelette dur et elles doivent muer pour pouvoir se développer. Elles effectuent un nombre limité de mues durant leur vie. Si l'une de leurs pattes est coupée alors qu'il reste encore une ou plusieurs mues à faire, la patte peut repousser. Souvent, le membre est plus fin et plus court que l'ancien, et il peut y avoir besoin de deux ou trois mues avant que la patte régénérée ne corresponde à l'originale.

L'ÉTOILE DE MER

TEMPS DE RÉGÉNÉRATION : jusqu'à un an

Les étoiles de mer peuvent faire repousser leurs bras et, parfois, leur corps entier. Il existe environ 2000 espèces d'étoiles de mer. Selon l'espèce, elles peuvent parvenir à différents degrés de régénération et de différentes façons.

Lorsque l'étoile de mer qui a perdu des bras garde son disque central et une grande partie de son corps, elle peut s'alimenter et se déplacer, tout en faisant repousser ses bras manquants.

A. Chaque bras contient une copie des organes vitaux, quelques cellules photosensibles et de minuscules tentacules, appelés « podia », qui lui permettent de se déplacer.

B. Le disque central contient la bouche et le système digestif.

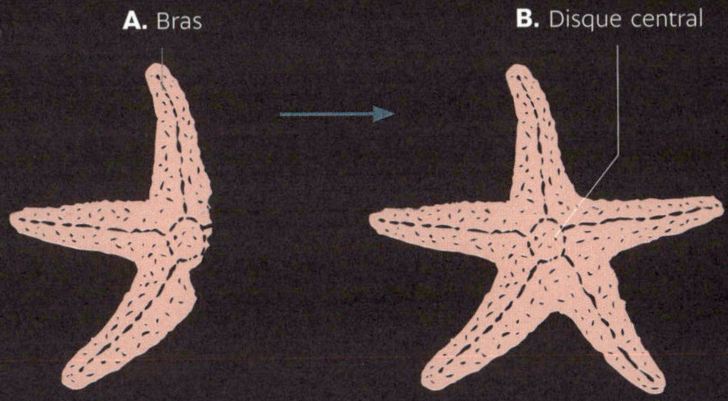

S'il ne lui reste qu'un seul bras rattaché au disque central, avec sa bouche et son estomac, l'étoile de mer peut toujours s'alimenter et digérer ses aliments, tout en régénérant le reste de son corps.

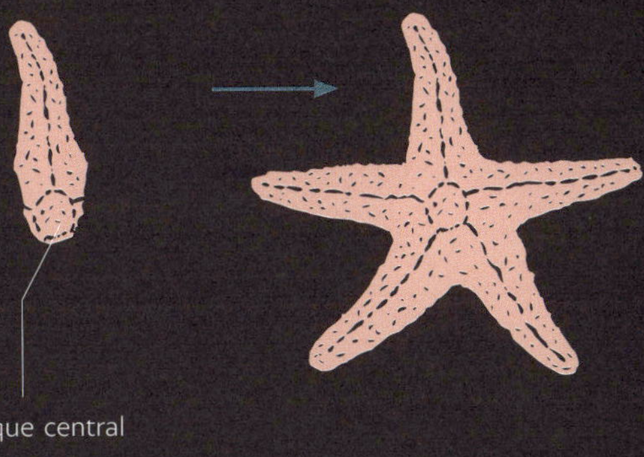

S'il ne reste qu'un seul bras, sans le disque central et la bouche, la régénération peut tout de même avoir lieu chez quelques espèces tropicales. L'animal survit en se nourrissant des nutriments stockés à l'intérieur du bras, jusqu'à ce que le disque central ait repoussé.

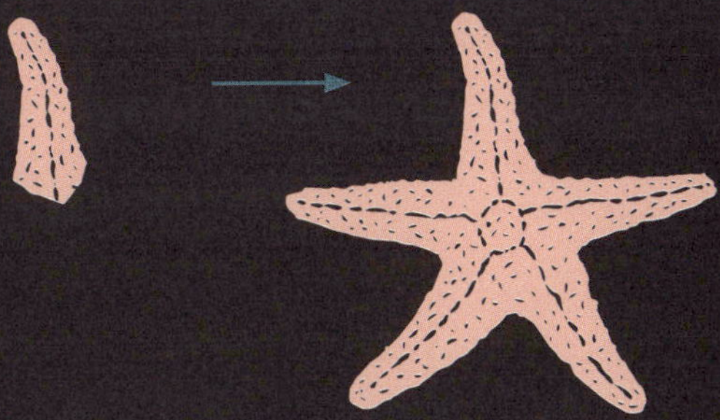

5

LE TEMPS ET LES COMPORTEMENTS

INTRODUCTION

Vous apprendrez grâce à ce livre qu'il ne faut jamais rester derrière un hippopotame. En effet, les hippopotames ont une fâcheuse tendance à uriner et à déféquer en même temps, tout en faisant tourner rapidement leur queue, un peu à la façon d'un ventilateur, pour propulser leurs petits présents odorants aussi loin que possible et les éparpiller un peu partout. Les mâles font cela pour asseoir leur domination, marquer leur territoire et séduire une femelle (très poétique !). Cette projection d'excréments est particulièrement importante durant la saison des amours qui se déroule généralement entre février et août, période pendant laquelle les femelles atteignent leur pic de fécondité durant seulement trois petits jours.

Il s'agit là d'un exemple parmi tant d'autres des comportements variés et intenses qui composent le quotidien du monde naturel. Dans le ciel, les insectes et les oiseaux se servent des courants d'air puissants pour les aider dans leurs migrations épiques qui peuvent durer plusieurs mois. Dans l'eau, les punaises d'eau mâles transportent leurs œufs sur le dos pendant plusieurs semaines pour les protéger, tandis qu'un poisson-ballon mâle peut passer des jours à créer une véritable œuvre d'art circulaire sur le fond sableux des mers pour séduire sa belle. Sans oublier les végétaux qui ont, eux aussi, des comportements spécifiques. Au fil de leur croissance en direction de la lumière, les plantes libèrent des composés chimiques leur permettant de communiquer avec leurs voisines. Elles peuvent aussi refermer certaines de leurs feuilles pour piéger des insectes. Les végétaux réagissent également aux changements dans leur environnement.

Le comportement, inhérent à tous les êtres vivants, est la façon dont ils entrent en interaction avec leur environnement. Certains de ces comportements sont préprogrammés sur le plan génétique. Ils sont qualifiés d'« innés ». Les araignées, par exemple, savent instinctivement fabriquer une toile. Elles n'ont pas besoin d'apprendre à le faire.

En revanche, les comportements « acquis » ne sont pas présents à la naissance et doivent être appris. Ainsi, les suricates passent des heures à enseigner à leurs petits comment manipuler de dangereux scorpions. Découvrons ensemble dans cette partie les comportements fascinants de la faune et de la flore.

Les jeunes suricates apprennent avec leurs parents à chercher de la nourriture. Ces derniers leur apportent parfois des scorpions morts pour s'exercer.

LES RYTHMES DE SOMMEIL

De la minuscule mouche aux humains, les êtres vivants ont pour la plupart besoin de repos, dont la durée et le type varient en fonction des espèces. Parmi les mammifères, ce sont les koalas qui ont le plus besoin de dormir (22 heures par jour). À l'inverse, ce sont les girafes qui dorment le moins (à peine 30 minutes par temps de repos, plusieurs fois par jour). Les pythons dorment 18 heures alors que les grenouilles taureaux ne se reposent pas du tout, d'après les scientifiques. Les martinets se reposent en vol, la moitié de leur cerveau se met en pause, tandis que l'autre moitié reste alerte. Le sommeil remplit les réserves de glycogène, une forme de glucose qui participe au fonctionnement du cerveau. Des études ont démontré que les humains, les rats, les mouches et les blattes finissent tous par mourir s'ils sont privés de sommeil. L'homme qui est resté éveillé le plus longtemps n'a pas dormi pendant 264 heures.

CHATS 16-18 heure

CACHALOTS 10-15 minutes
Ils dorment en flottant à la surface de l'eau en position verticale. Les scientifiques les soupçonnent d'être les mammifères qui ont le moins besoin de dormir. Ce temps de repos représente moins de 10 % de leurs activités quotidiennes.

KOALAS 22 heures
Ces marsupiaux font partie des animaux qui dorment le plus sur Terre.

TATOUS 16 heures

FRÉGATES 45 minutes
En vol, ces oiseaux dorment jusqu'à 45 minutes par jour, par tranches de 10 secondes. Une fois à terre, ils dorment par tranches d'une minute, jusqu'à 12 minutes par 24 heures.

RATS 13 heures

Heures de la journée

9 h 10 h 11 h 12 h 13 h 14 h 15 h 16 h 17 h 18 h 19 h 20 h

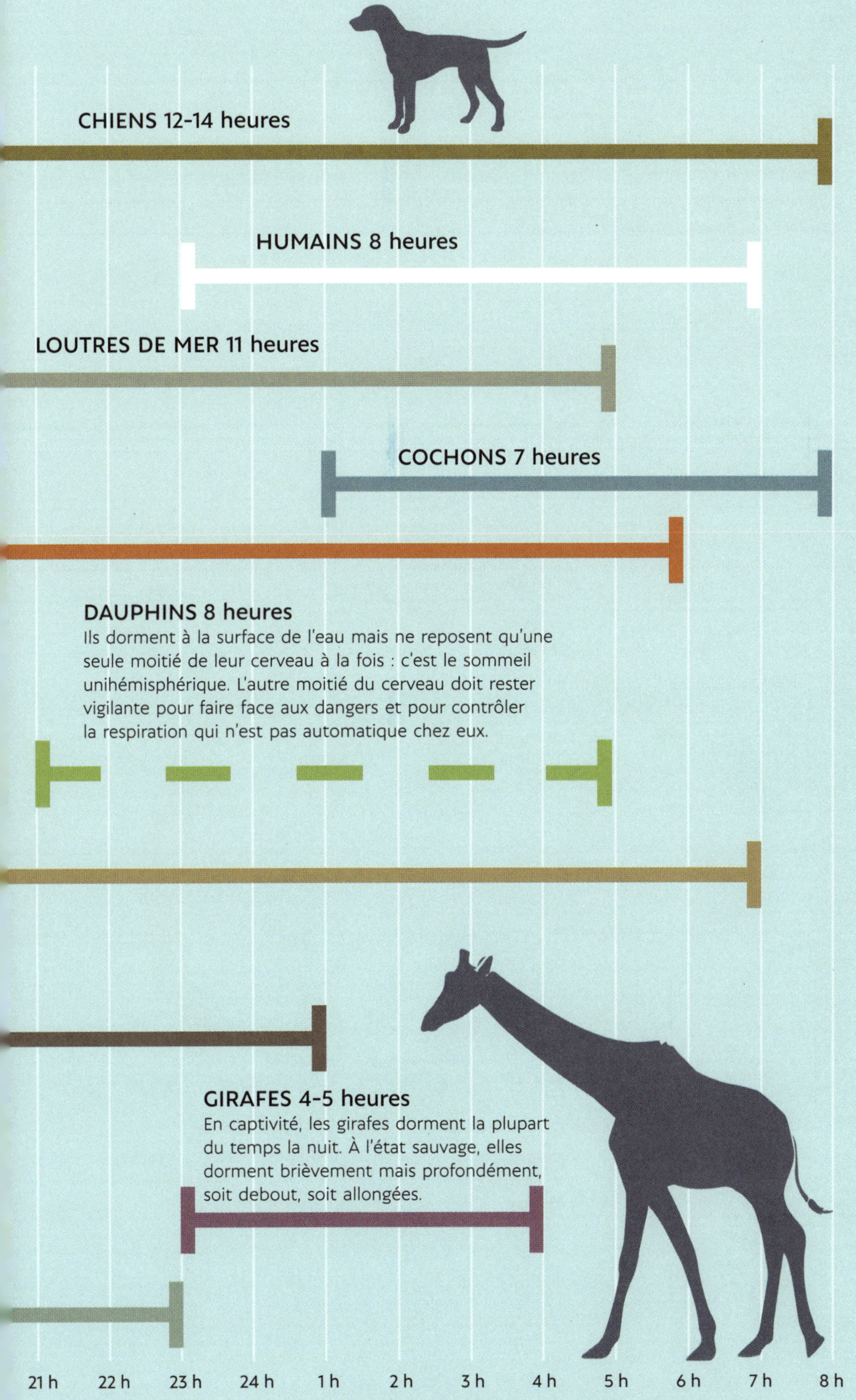
CHIENS 12-14 heures
HUMAINS 8 heures
LOUTRES DE MER 11 heures
COCHONS 7 heures
DAUPHINS 8 heures
Ils dorment à la surface de l'eau mais ne reposent qu'une seule moitié de leur cerveau à la fois : c'est le sommeil unihémisphérique. L'autre moitié du cerveau doit rester vigilante pour faire face aux dangers et pour contrôler la respiration qui n'est pas automatique chez eux.
GIRAFES 4-5 heures
En captivité, les girafes dorment la plupart du temps la nuit. À l'état sauvage, elles dorment brièvement mais profondément, soit debout, soit allongées.
21 h
22 h
23 h
24 h
1 h
2 h
3 h
4 h
5 h
6 h
7 h
8 h

LES MIGRATIONS ANIMALES

Ce sont parfois les plus petites créatures qui effectuent les plus grands voyages. De nombreux animaux migrent sur de très grandes distances et sur des périodes prolongées dans le but de trouver des éléments vitaux, comme de la nourriture ou des partenaires. Le papillon belle-dame en fait partie. Il pèse moins d'un gramme, possède un cerveau de la taille d'une tête d'épingle, n'a aucune possibilité d'apprendre des générations précédentes et, pourtant, il parvient à réaliser un exploit des plus remarquables.

La migration épique de la belle-dame

Une multitude de générations de papillons accomplissent l'étape nord du voyage. Au printemps, ils migrent du nord de l'Afrique pour aller en Europe. Ils volent bas et s'arrêtent pour se reproduire lorsque les végétaux qui les nourrissent abondent.

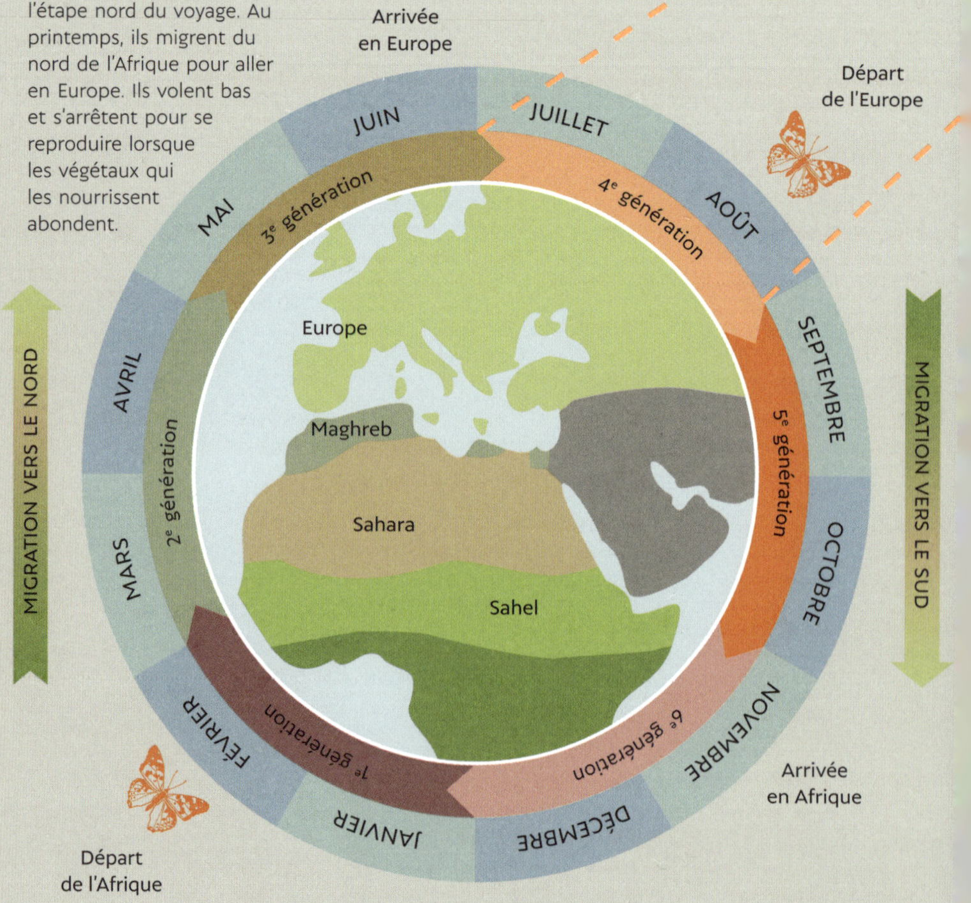

Une seule génération de papillons effectue la majeure partie de l'étape sud de la migration d'automne, d'une distance de 4000 km. Partant de l'Europe, ils traversent la mer Méditerranée, puis le Maghreb, le Sahara et le Sahel, avant d'aller se reposer dans les régions tropicales de l'Afrique du Nord.

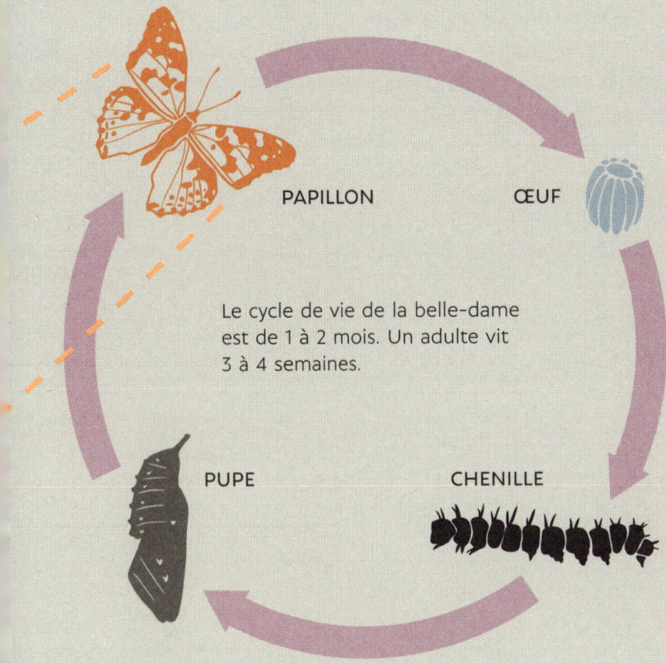

Chaque année, la belle-dame effectue un voyage aller-retour de 14 500 km entre l'Afrique tropicale et l'Europe. Il s'agit d'une migration multigénérationnelle. Cela signifie que le voyage complet n'est pas réalisé par un même papillon individuel mais par plusieurs générations successives (jusqu'à six). Cette migration a pour but de trouver de la nourriture pour les papillons et leur progéniture.

Les scientifiques connaissent la migration de la belle-dame vers le nord depuis des décennies. Le papillon se repose souvent et il est alors facilement observable. Pendant longtemps, personne n'a su ce qu'il advenait des papillons après leur arrivée en Europe. Certains pensaient qu'ils y mourraient, tout simplement. Mais des études ont démontré que ce n'est pas le cas. En effet, si la migration vers le sud est passée inaperçue, c'est parce qu'elle se déroule à de hautes altitudes et que les papillons n'y sont pas visibles. Ils volent à parfois plus de 500 m au-dessus du sol et peuvent atteindre des pointes de vitesse de 50 km/h en profitant au maximum des vents favorables.

D'AUTRES MIGRATIONS ÉPATANTES

Les insectes ne sont pas les seuls animaux à migrer. De nombreux oiseaux, mammifères, poissons, reptiles et crustacés effectuent des migrations. Ces voyages épiques se déroulent dans le ciel, sur terre et dans l'eau, et ils se démarquent les uns des autres par leurs durées et les régions du globe où ils ont lieu.

La durée de quelques migrations

10 mois

LE MARTINET NOIR

À l'exception des deux mois passés en Europe, pour la nidification et l'élevage de leurs petits, les martinets ont une vie faite de longues migrations. Ils sont en vol presque en permanence durant les 10 mois qu'il leur faut pour quitter l'Europe, atteindre l'Afrique, puis retourner en Europe. Ils se nourrissent, s'accouplent, muent et dorment dans les airs. Un martinet peut vivre jusqu'à 21 ans, et donc parcourir plus de 1 000 000 km au cours de sa vie.

2 à 4 ans

SAUMON

Les saumons migrent dans la direction inverse des anguilles. Ils passent la majorité de leur vie d'adulte dans l'océan, puis retournent dans les eaux douces pour frayer. La durée de migration varie, et certains saumons mettent plusieurs années à rejoindre leur lieu de ponte.

2 à 12 mois

L'ANGUILLE EUROPÉENNE

Les anguilles migrent dans la direction inverse des saumons. Elles partent de leur lieu de vie d'adulte, les rivières d'Europe, et elles les redescendent jusqu'à leur lieu de frai, dans la mer des Sargasses, au large de la Floride. Cette migration s'étend sur plus de 4 800 km. Grâce au suivi réalisé à l'aide de balises, des études ont démontré que certaines anguilles empruntent la route la plus directe, tandis que d'autres effectuent un parcours plus long, avec davantage de méandres. Ces dernières frayent donc plus tard, aux saisons suivantes.

1 à 2 mois

LA BALEINE À BOSSE

Les baleines à bosse sont présentes dans les océans des quatre coins du globe. Elles empruntent de nombreux chemins migratoires, faisant toujours l'aller-retour entre des eaux froides, riches en krill dont elles se nourrissent, et des eaux chaudes où elles se reproduisent. Dans le Pacifique Nord, certaines baleines à bosse migrent sur 5000 km, de l'Alaska jusqu'à Hawaï, en quatre semaines. Pendant ce temps, dans les eaux du pôle Sud, d'autres mettent deux mois pour migrer depuis leur aire d'alimentation en Antarctique, jusqu'à leur aire de reproduction en Australie.

2 jours à 2 semaines

LA LANGOUSTE

Au moment où les eaux peu profondes au large de la Californie se refroidissent, les langoustes se mettent en file indienne et entament une marche à l'unisson vers les eaux plus chaudes des profondeurs de l'océan. Ces chaînes de langoustes peuvent être constituées de plusieurs douzaines d'individus qui se suivent à la queue leu leu.

2 semaines

LE TÉTRAS SOMBRE

Les tétras sombres vivent dans les régions montagneuses de l'Amérique du Nord. Au printemps, ils mettent deux semaines pour quitter péniblement la montagne et ses forêts de conifères, d'un pas lent, à petits coups d'ailes, afin de descendre vers des forêts de feuillus quelques centaines de mètres plus bas et de s'y reproduire. Il s'agit de l'une des migrations les plus courtes qui existe dans la nature, aussi bien au niveau de la durée que de la distance.

MOURIR PEUT ATTENDRE

Dans la nature, les assassins sont aussi sournois que précis. Les parasites et les prédateurs ont développé de nombreuses façons, très différentes, de tuer. Certains mettent fin à la vie de leurs proies dans une lente agonie, tandis que d'autres opèrent d'un geste rapide qui ne laisse pas le temps de souffrir. Si le fait de voir votre chat domestique décapiter une souris vous retourne l'estomac, attendez de lire comment un champignon mortel transforme ses proies en zombies.

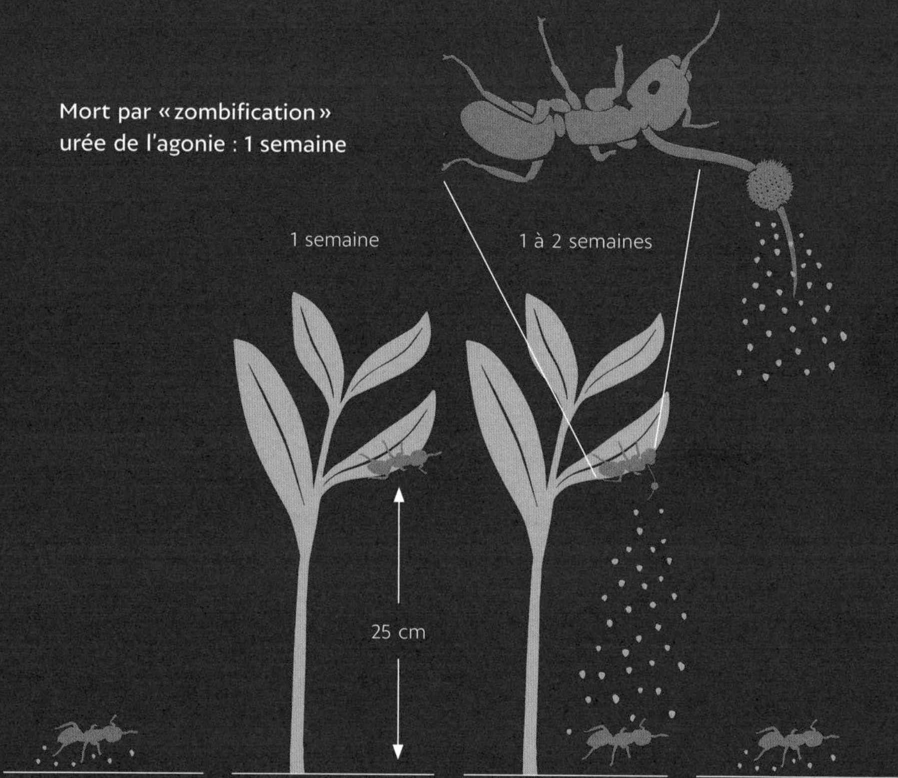

INFECTION
Une fourmi charpentière (*Camponotus*) à la recherche de nourriture marche sur une zone de sol forestier infestée de spores d'un champignon. Les spores libèrent une enzyme qui transperce la carapace de la fourmi et qui permet au champignon d'entrer dans le corps

MANIPULATION MENTALE
Le champignon parvient à contrôler la fourmi comme une marionnette. Il la fait grimper en haut de la tige d'une plante à proximité et mordre dans une feuille à 25 cm du sol, là où la température et l'humidité sont idéales pour le développement du champignon. Ensuite,

EVISCERATION ET PRODUCTION DE SPORES
Le champignon dévore les organes internes de la fourmi. Il fait pousser une sorte de longue tige qui sort de la tête de la fourmi. Celle-ci produit ensuite des spores qui tombent sur le sol forestier.

INFECTION
Les spores attendent, tapies sur le sol, la prochaine fourmi de passage. Lorsqu'elle marche sur le sol infesté, le cycle recommence.

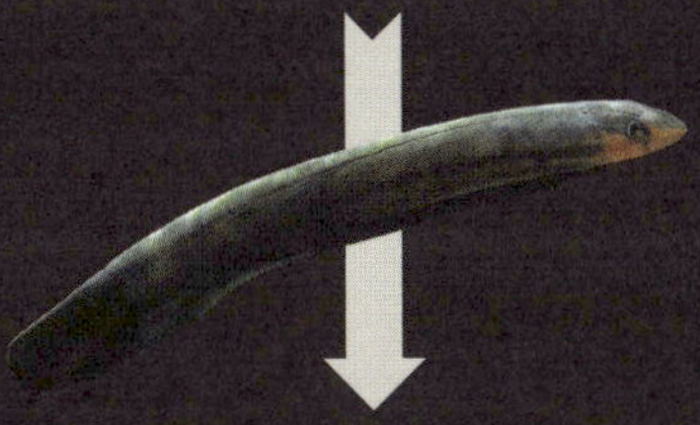

MOURIR PAR ÉLECTROCUTION
Temps de l'agonie : quelques millisecondes
La queue d'une anguille électrique peut envoyer une décharge de 600 volts qui étourdit et immobilise la proie. Elle peut aussi émettre de petites impulsions électriques intermittentes qui font trembler involontairement les muscles de ses victimes, ce qui lui permet de les repérer.

MOURIR CAPTURÉ PAR UNE LANGUE
Temps de l'agonie : moins d'une seconde
Les caméléons projettent leur longue langue ultra-collante pour capturer des insectes en moins d'une seconde. La langue d'un caméléon peut passer de 0 à 95 km/h en un centième de seconde, soit plus rapidement encore qu'une voiture de course.

MOURIR À COUPS DE BEC
Temps de l'agonie : quelques secondes
La pie-grièche migratrice, surnommée l'« oiseau-boucher », possède un bec crochu acéré qu'elle plante dans la tête ou la nuque de ses proies. Ensuite, elle secoue vigoureusement sa victime, ce qui provoque une sorte de traumatisme cervical. Toute proie qui n'est pas mangée immédiatement est mise en réserve par l'oiseau qui l'empale sur des épines de plantes ou des pointes de fil barbelé.

MOURIR PAR ÉTOUFFEMENT
Temps de l'agonie : quelques minutes
Le boa constricteur enserre ses proies tellement fort que leur sang ne peut plus circuler à travers leur corps. En quelques secondes, elles perdent connaissance, et, au bout de quelques minutes, le cœur et les autres organes vitaux arrêtent de fonctionner, entraînant la mort.

MOURIR PAR ENVENIMATION
Temps de l'agonie : quelques minutes à quelques heures
Le venin des serpents peut tuer de différentes façons, par exemple, en paralysant le système nerveux ou en causant une hémorragie. De tous les serpents, le mamba noir est celui qui possède le venin qui agit le plus rapidement. Il peut tuer un humain en 20 minutes. Le venin du crotale du Texas (ou crotale diamantin de l'Ouest) est plus lent à agir. Il contient une protéine qui permet au serpent de retrouver sa proie une fois mordue.

LES PLANTES TUEUSES

Les animaux et les champignons ne sont pas les seuls à savoir tuer. Plus de 500 espèces végétales attirent, capturent et tuent de petites proies comme des insectes. Elles poussent dans des sols pauvres en nutriments ou dans des eaux stagnantes, et cette stratégie est venue, avec le temps, compléter leur régime alimentaire. On pense que les plantes carnivores ont évolué indépendamment les unes des autres au moins 12 fois. Il existe plusieurs types de pièges différents. La vitesse de capture de chacun des pièges est variable, mais, une fois la proie attrapée, la plante la digère en quelques heures ou en quelques jours.

L'UTRICULAIRE

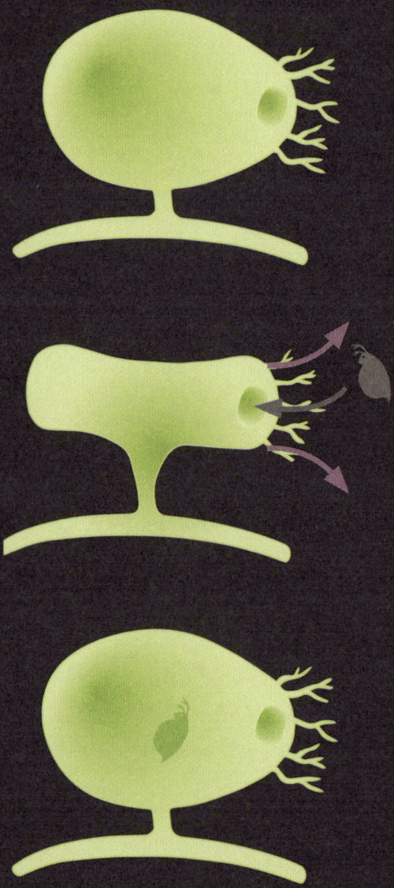

PIÈGE À SUCCION

Temps de capture : une demi-milliseconde

Les ramifications situées sous l'eau des feuilles de l'utriculaire, une plante des marécages, possèdent de petits pièges en forme d'outres (utricules). Chaque utricule est doté d'une minuscule porte entourée de poils fins sensibles au toucher.

1 heure

Des glandes dans l'utricule éjectent l'eau vers l'extérieur. La pression de l'air dans l'utricule est moins forte que celle de l'eau qui l'entoure et une succion se crée lors de l'ouverture du clapet. Un minuscule crustacé passe un peu trop près.

0,5 milliseconde

La proie effleure les minuscules poils sur le pourtour du clapet. Le clapet, tiré vers l'intérieur, s'ouvre alors, et l'eau ainsi que la proie sont aspirées dans l'utricule en réalisant une accélération allant jusqu'à 600 G. La porte se referme, le crustacé est ensuite digéré lentement durant les heures qui suivent.

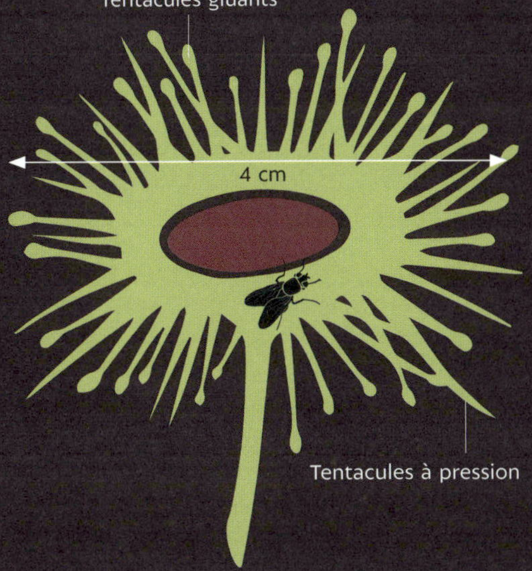

DROSERA GLANDULIGERA

PIÈGE COMBINÉ

Temps de capture : 75 millisecondes

Drosera glanduligera, endémique d'Australie, combine deux pièges en un : une catapulte sophistiquée et un piège collant. Des chercheurs allemands ont réussi à filmer la plante en ultra-ralenti et à montrer comment la proie est prise au piège. Les insectes qui passent près de la droséra déclenchent le mouvement de sortes de longs tentacules à pression qui se replient au moindre effleurement et qui catapultent les proies sur les tentacules gluants juste à côté en moins d'une milliseconde. Les proies sont ensuite amenées vers l'intérieur du piège où elles

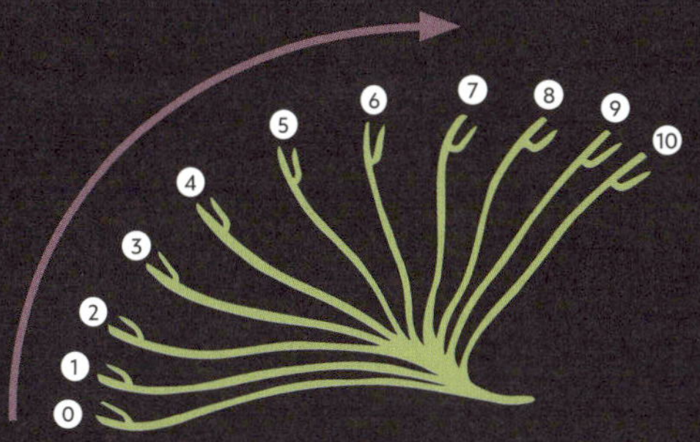

Un tentacule à pression au ralenti : ces tentacules semblables à des fouets peuvent aller à des vitesses de 17 m par seconde (m/s)

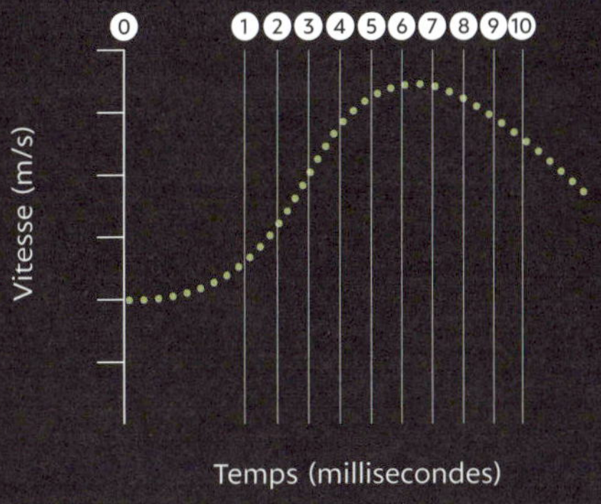

CEPHALOTUS FOLLICULARIS

PIÈGE À URNE

Temps de capture : quelques minutes à quelques jours

En plus de ses feuilles de forme classique, *Cephalotus follicularis*, une plante carnivore originaire de l'Australie occidentale, possède des feuilles modifiées qui lui servent à attraper ses proies. Elles sont en forme de petites urnes et contiennent des sucs digestifs. Les insectes sont attirés par le nectar produit par la plante.

Un couvercle empêche l'eau de pluie de pénétrer dans ces feuilles modifiées, pour que les sucs digestifs ne soient pas dilués.

Des pointes recourbées (« dents ») laissent entrer l'insecte mais l'empêchent de s'échapper.

LE TEMPS DE RÉACTION

Une souris échappe à un oiseau de proie. Un lièvre variable dévale une pente abrupte. Souvent, dans la nature, la survie dépend de la capacité à réfléchir très vite. Des réactions trop lentes peuvent coûter la vie. Pour autant, des études montrent que même les réflexes les plus rapides chez les animaux sont étonnamment lents.

Dans une étude de 2018, des scientifiques de l'université Simon-Fraser, au Canada, ont mesuré la rapidité des réflexes chez des mammifères de différentes tailles, allant de la minuscule musaraigne à l'énorme éléphant. Ils ont découvert que les réflexes des animaux les plus gros étaient plus lents que ceux des petits animaux. Ce n'est pas surprenant. Si les influx nerveux se propagent quasiment à la même vitesse quelle que soit la taille des animaux, ils ont davantage de chemin à parcourir chez les gros animaux, provoquant des réactions plus tardives. Ces temps de réaction vont de dix millisecondes, chez les petits animaux comme les souris, à 100 millisecondes chez les plus grands comme les girafes. Pour prendre un exemple concret, il faut moins de temps à un satellite en orbite pour envoyer un signal à la Terre que l'envoi d'un signal depuis la moelle épinière d'une girafe à son sabot.

C'est un vrai problème. Pour compenser cela, les plus grands animaux ont développé différentes stratégies, dont le fait de marcher lentement afin de se laisser davantage de temps pour réagir aux perturbations. Les chercheurs pensent aussi que les grands animaux peuvent anticiper leurs mouvements à venir, ce qui leur permet d'ajuster leurs actions en conséquence.

Les temps de réaction chez les mammifères terrestres

Les grands animaux ont des réflexes plus lents que les petits.

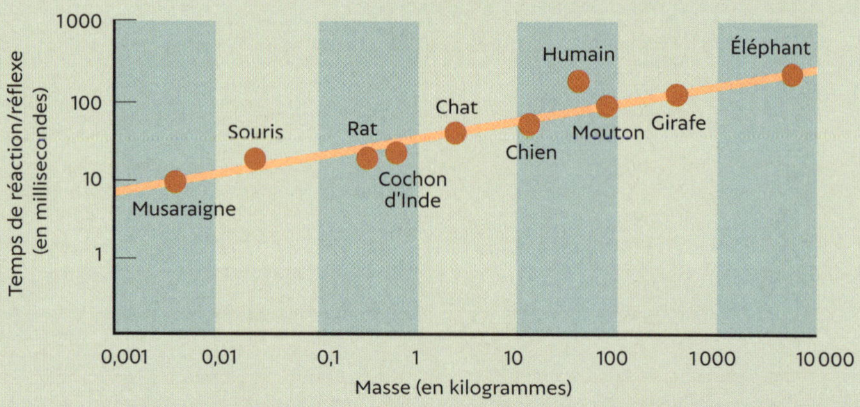

Le fonctionnement d'une réaction

Lorsqu'un vertébré, comme la girafe, réagit à un stimulus, comme une épine qui s'enfonce douloureusement dans son sabot, elle a ce qu'on appelle un réflexe. Sans même y penser, le signal est rapidement détecté et traité. Une réaction est générée, et la girafe lève sa patte.

1 La girafe marche sur une épine et ressent une douleur. Ce signal est capté par des récepteurs sous son sabot.

2 Le signal remonte le long de la patte et est transmis à la moelle épinière grâce à un neurone sensitif.

3 Il « saute » du neurone sensitif à l'interneurone (neurone de relais).

4 Le signal traverse l'interneurone.

5 Il passe de l'interneurone au motoneurone.

6 Le signal redescend le long de la patte jusqu'à un muscle grâce au motoneurone.

7 Il « saute » du motoneurone jusqu'au muscle.

8 Le muscle réagit. Il se contracte et la patte se soulève.

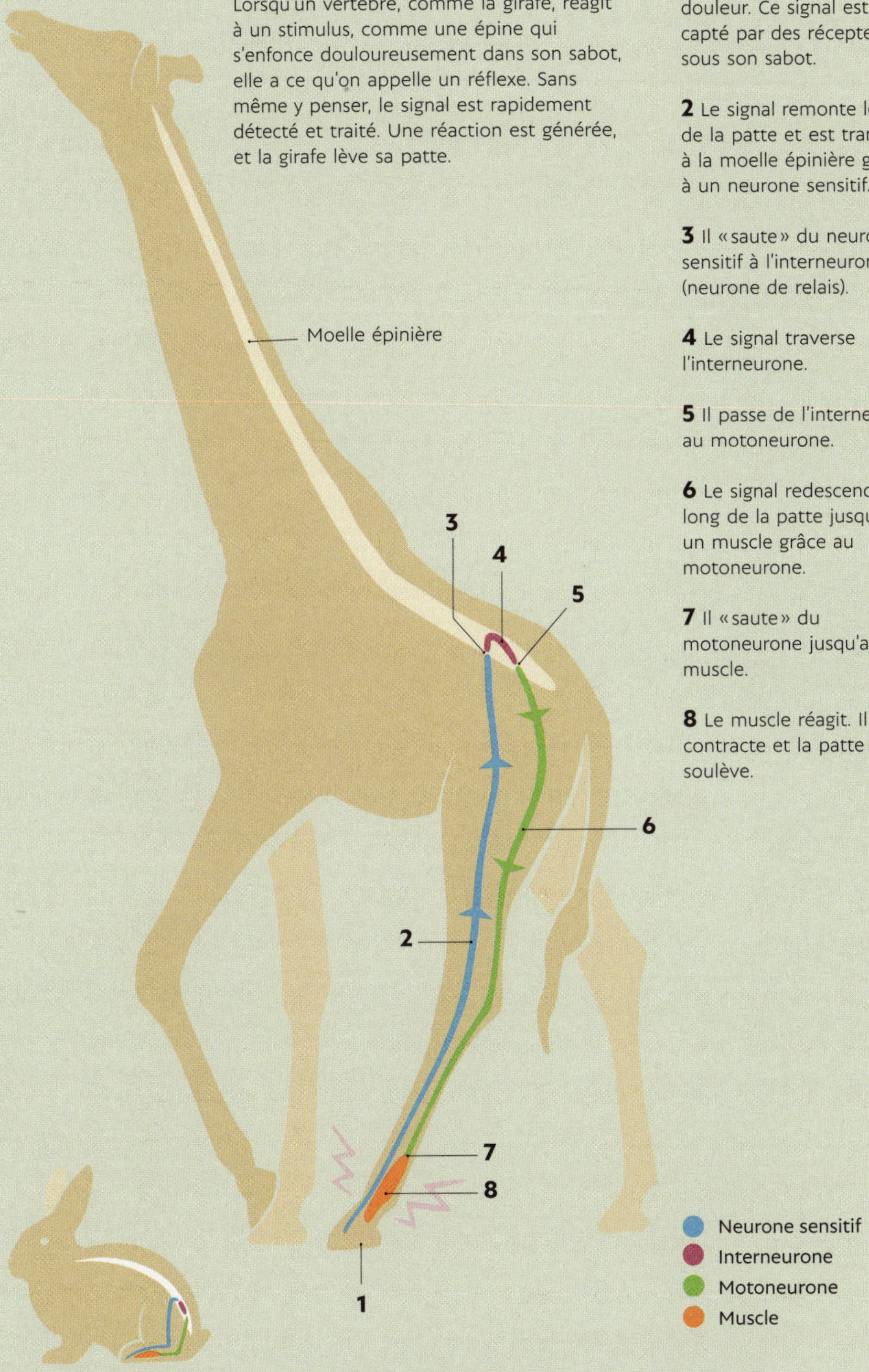

LES STRATÉGIES PARENTALES

De la dévotion complète à la négligence totale, il existe de nombreuses formes d'investissement parental dans la nature. Le coucou, par exemple, est bien connu pour abandonner sa progéniture et la laisser aux soins d'autres espèces d'oiseaux. De son côté, l'orang-outan consacre près de sept années à s'occuper de ses petits. Saviez-vous également que certains insectes font preuve de véritables compétences parentales?

Près de 1 % des espèces d'insectes prennent soin de leurs petits. Les punaises géantes mâles, par exemple, transportent leurs œufs sur leur dos pendant plusieurs semaines jusqu'à éclosion des larves. Les perce-oreilles femelles, de leur côté, s'occupent de leurs

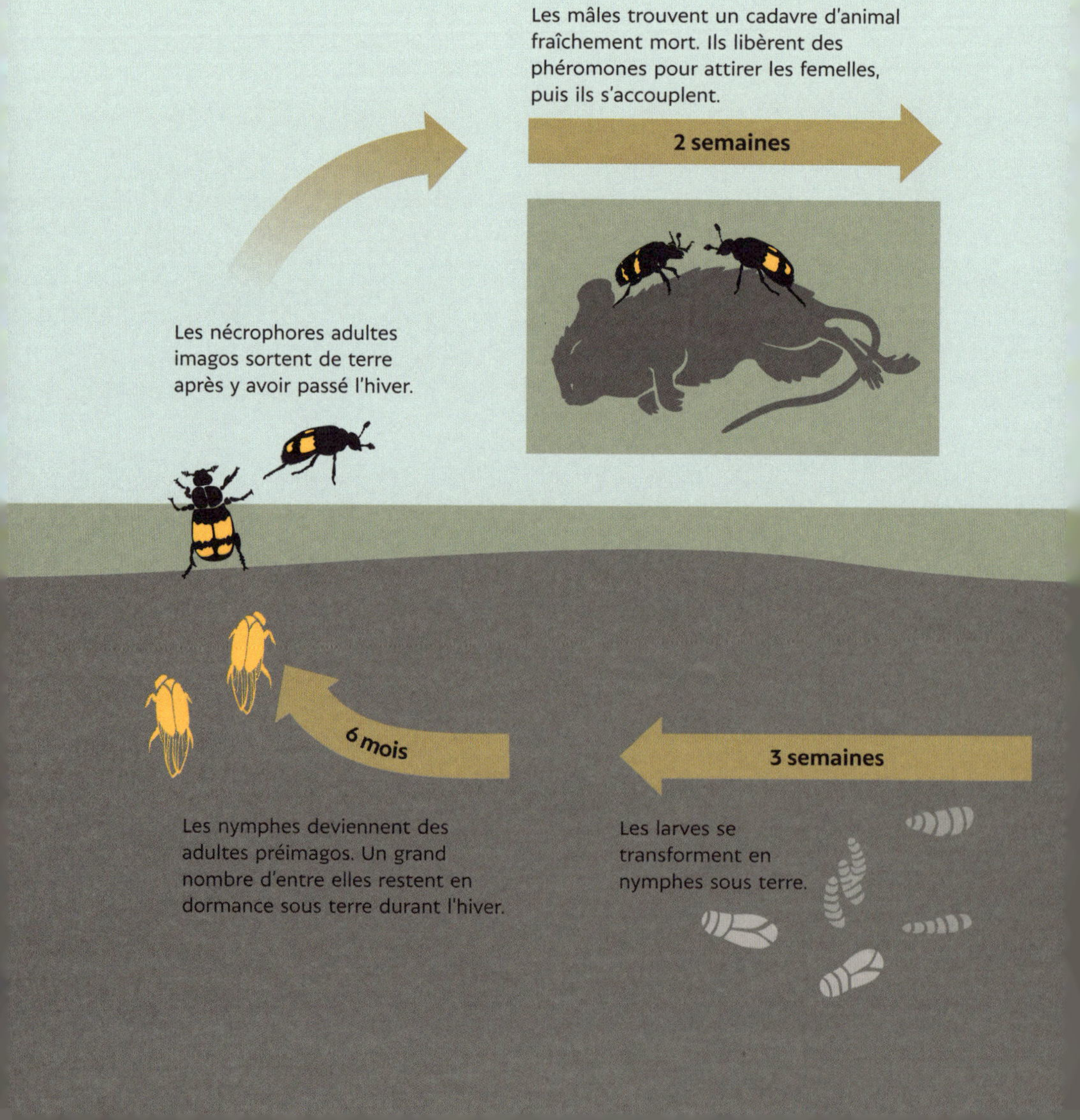

œufs pendant une semaine, le temps qu'il leur faut avant d'éclore. Elles les nettoient et les recouvrent de bactéries aux propriétés antimicrobiennes. Le nécrophore pousse encore plus loin l'investissement parental. Les deux parents sont impliqués dans les soins aux petits. Ils leur construisent un garde-manger souterrain et nourrissent les larves affamées. Cela leur demande beaucoup de travail durant plus d'une semaine.

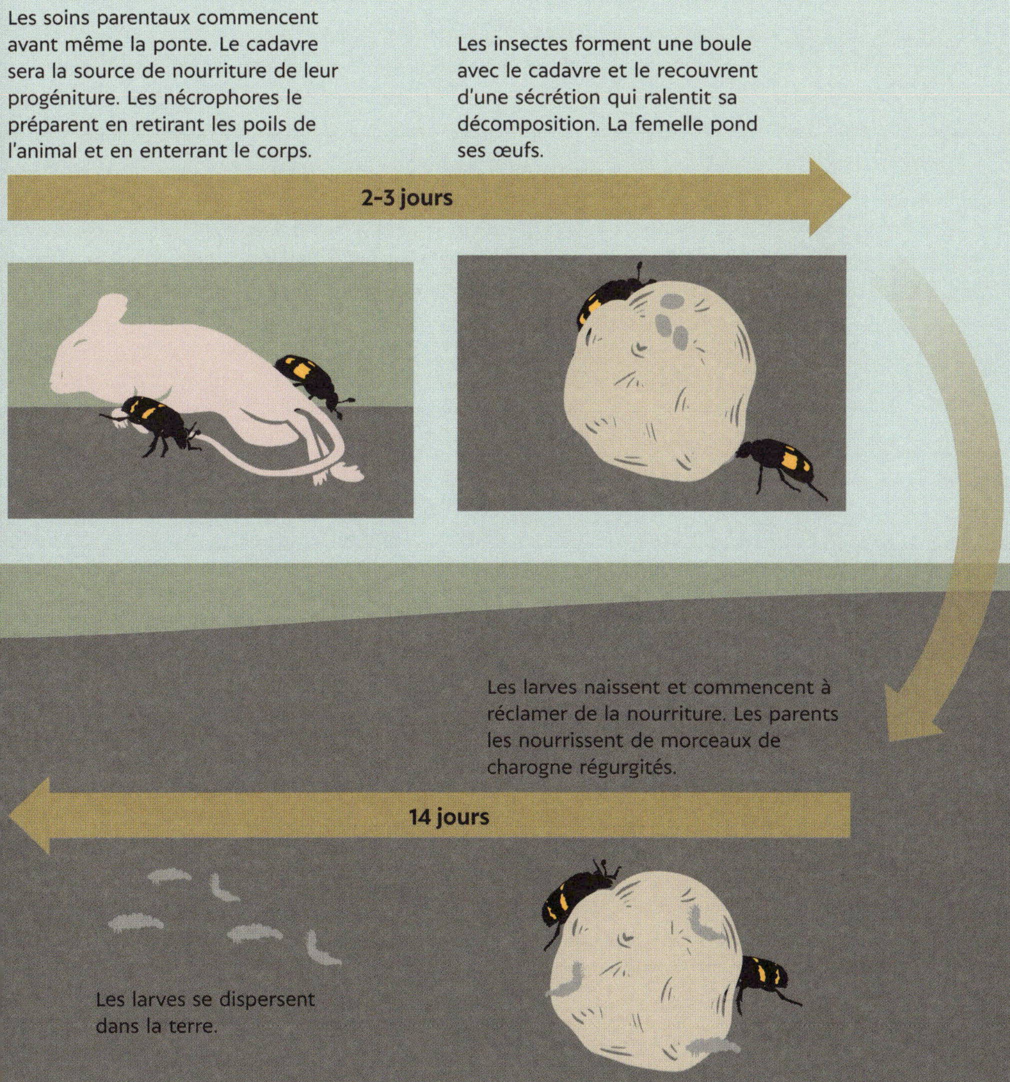

LES SOINS PARENTAUX CHEZ LES PLANTES

Il est difficile d'imaginer que les plantes prennent soin de leur progéniture et, pourtant, certaines le font. Prenons *Mammillaria hernandezii*, un vaillant petit cactus originaire du désert mexicain. Les cactus adultes libèrent un premier lot de graines. Une partie est mise de côté et stockée pendant un an à l'intérieur du cactus mère.

LA VIVIPARITÉ

D'autres plantes ont développé différentes façons de prendre soin de leur progéniture. Tout comme le cactus *Mammillaria*, les palétuviers rouges conservent également leurs graines mais dans ce cas, elles germent et poussent sur l'arbre-mère. Les jeunes pousses, appelées propagules, captent leurs nutriments directement sur l'arbre-mère puis développent une longue racine qui pousse en direction de l'eau, aux pieds de l'arbre. Les propagules se laissent ensuite tomber dans la vase. Cette stratégie s'appelle la viviparité.

Pour que cela soit considéré comme du soin parental, il faut qu'il y ait des avantages pour les graines qui sont conservées. Les scientifiques ont pu le démontrer en comparant les semences stockées avec d'autres graines qui n'avaient pas été gardées. Celles qui ont fait l'objet d'une « attention » pendant un an avaient plus de chances de germer et de survivre que de jeunes graines libérées sans cette forme de soin. Les graines « chouchoutées » avaient aussi moins de risques de se faire manger par des prédateurs ou de pourrir à cause de micro-organismes. Même si le cactus ne possède pas de système nerveux, ni de « volonté » de protéger sa progéniture, il semblerait que la plante prenne véritablement soin de ses futurs bébés cactus.

Ce procédé de conservation de graines matures pendant de longues périodes s'appelle « sérotinie ». Elle est courante chez les végétaux des régions désertiques où les conditions peuvent être imprévisibles. Elle est considérée comme une stratégie permettant de mettre toutes les chances de son côté. Si le cactus mère ne produit pas de jeunes plants la première année, elle a droit à un second essai l'année suivante. De nombreux conifères pratiquent également la sérotinie.

La survie des graines chez le cactus *Mammillaria hernandezii*

Les graines qui ont reçu la protection de leurs parents ont de meilleurs résultats que les autres.

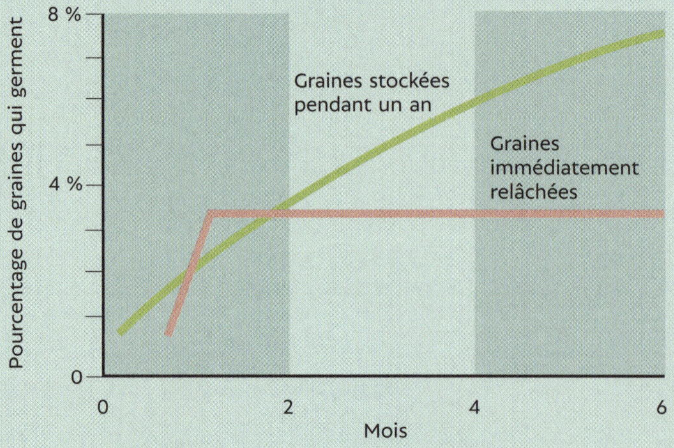

Mammillaria hernandezii

Dans le désert, les graines de cette espèce de cactus sont chouchoutées à l'intérieur du cactus mère.

UN NID DOUILLET

Si nous construisons la plupart de nos habitations avec des briques et du mortier, les autres membres du règne animal utilisent tout une gamme éclectique de matériaux pour construire leurs foyers : de la terre, des bouts de bois, de la salive et de l'air. Ces habitations vont du simple creux dans le sol à de véritables chefs-d'œuvre d'ingénierie ultra-sophistiqués. Et plus elles sont complexes, plus le temps passé à les fabriquer s'allonge également. Si certaines constructions sont conçues pour être temporaires, comme le nid que se confectionnent chaque soir les gorilles pour dormir, d'autres sont faites pour durer. Les termitières, par exemple, peuvent résister durant des milliers d'années.

LE GORILLE
5 minutes
Les gorilles utilisent des feuilles, des buissons et des branchages pour s'aménager des nids circulaires de 1 m de diamètre à même le sol. Même s'ils parcourent moins de 1,5 km par 24 heures, les gorilles se fabriquent de nouveaux nids chaque soir. La plupart des gorilles dorment seuls, sauf les mères qui dorment avec leurs petits.

LE COMBATTANT
2-3 heures
Chez ce poisson, les mâles confectionnent des nids d'aspect mousseux en bulles d'air. Ils avalent de l'air puis le relâchent sous forme de minuscules poches enveloppées de mucus. Il faut des milliers de bulles pour faire un nid qui flotte à la surface de l'eau. Les œufs fécondés sont déposés à l'intérieur du nid où ils éclosent par la suite.

L'ORNITHORYNQUE
8 heures
Les ornithorynques vivent dans des terriers. Après l'accouplement, la femelle redonne un coup de neuf au terrier et construit un nid à l'extrémité d'une galerie. Elle tapisse le sol de feuilles humides et de roseaux transportés sous sa queue repliée pour se confectionner une litière. Ce nid est le fruit de plusieurs périodes d'activité intense, d'une durée de huit heures réparties sur trois nuits.

Temps de confection d'un nid chez les animaux

Niveau de difficulté de la construction

Facile – Difficile

LE FLAMANT ROSE
2-3 jours
Les couples de flamants roses nichent sur des monticules de boue. Avec leurs becs, ils écrasent un mélange de boue, de feuilles et d'herbes qu'ils utilisent ensuite pour fabriquer un petit monticule arrondi avec un creux. Les parents couvent à tour de rôle leur unique œuf qui éclot 30 jours après la ponte.

LA SALANGANE À NID BLANC
2 mois
Le nid blanchâtre et translucide en forme de demi-coupe de ce petit oiseau vivant en Asie du Sud-Est est confectionné uniquement à partir de salive solidifiée. Cette substance, produite grâce à une glande située sous la langue de l'oiseau, durcit au contact de l'air. Malheureusement pour la salangane, son nid est l'ingrédient principal d'une soupe asiatique très appréciée.

LE PYGARGUE À TÊTE BLANCHE
1-3 mois
C'est sa taille qui rend le nid du pygargue si impressionnant. Mesurant 2 à 3 m de large et jusqu'à 4 m de profondeur, il s'agit du plus grand nid d'Amérique du Nord. Cette construction faite de branches, de brindilles et d'autres matières végétales est ensuite réutilisée par le couple qui l'a fabriquée. Chaque année, il rajoute une nouvelle couche de 50 cm.

DES CHEFS-D'ŒUVRE CONSTRUCTIFS

Les termites et les rémiz comptent parmi les architectes les plus talentueux du règne animal. Ils répondent tous les deux, de façon complètement différente, à la problématique d'avoir un abri pour sa famille. La rémiz penduline, un petit passereau qui vit en Eurasie, en Afrique et en Amérique du Nord, passe près de trois semaines chaque année à se confectionner un nid de toute beauté dans lequel elle élèvera ses petits. Au fil de la construction, réalisée en plusieurs étapes, on voit se tisser une structure de plus en plus complexe pendue à une petite branche. Le nid est fabriqué à partir de matières végétales souples et de fibres animales entrelacées, complétées de toile d'araignée pour lui donner de l'élasticité. Il mesure environ 25 cm de long et il n'est utilisé que pour une seule période de reproduction avant d'être abandonné.

Fabrication du nid de la rémiz penduline

1. Le mâle entoure une branche fourchue de matériaux de construction.
2. Un panier rudimentaire est façonné.
3. Le mâle met sa construction en pause jusqu'à deux semaines pour trouver une partenaire. Ils continuent la construction ensemble.
4. Le panier est renforcé et agrandi.
5. Le panier est élargi pour former une sphère dotée d'une ouverture.
6. L'ouverture est agrandie jusqu'à former une sorte de manchon.

Certaines rémiz pendulines ajoutent également une entrée trompeuse qui mène à une fausse chambre vide. L'entrée vers la véritable chambre de nidification est protégée par des rabats camouflés qui sont maintenus fermés par de la soie d'araignée aux propriétés collantes.

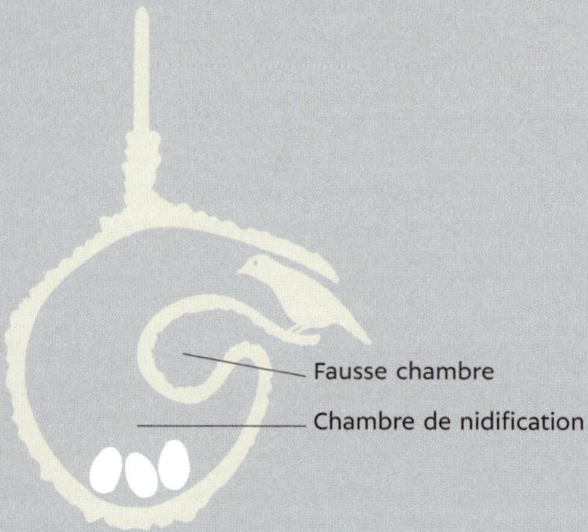

LES TERMITIÈRES

Les termitières, en revanche, sont des constructions pérennes. Il faut plusieurs années pour les façonner et elles peuvent rester debout pendant des siècles. C'est dans la région semi-aride dans le nord-est du Brésil, à la végétation basse et épineuse appelée « caatinga », que se trouve un ensemble composé de 200 millions de termitières. Celles-ci sont réparties sur une zone de la taille de la Grande-Bretagne. On estime qu'elles ont entre 690 et 3800 ans. Contrairement aux nids des rémiz, qui sont conçus pour accueillir une seule couvée, les termitières sont le nec plus ultra en matière de logements sociaux multigénérationnels. Elles peuvent mesurer jusqu'à neuf mètres de haut. Construites à partir d'un mélange astucieux de terre, de salive et de bouse, qui devient aussi dur que du ciment une fois sec, les termitières renferment tout un réseau de conduits d'aération, ainsi qu'un nid souterrain avec plusieurs chambres.

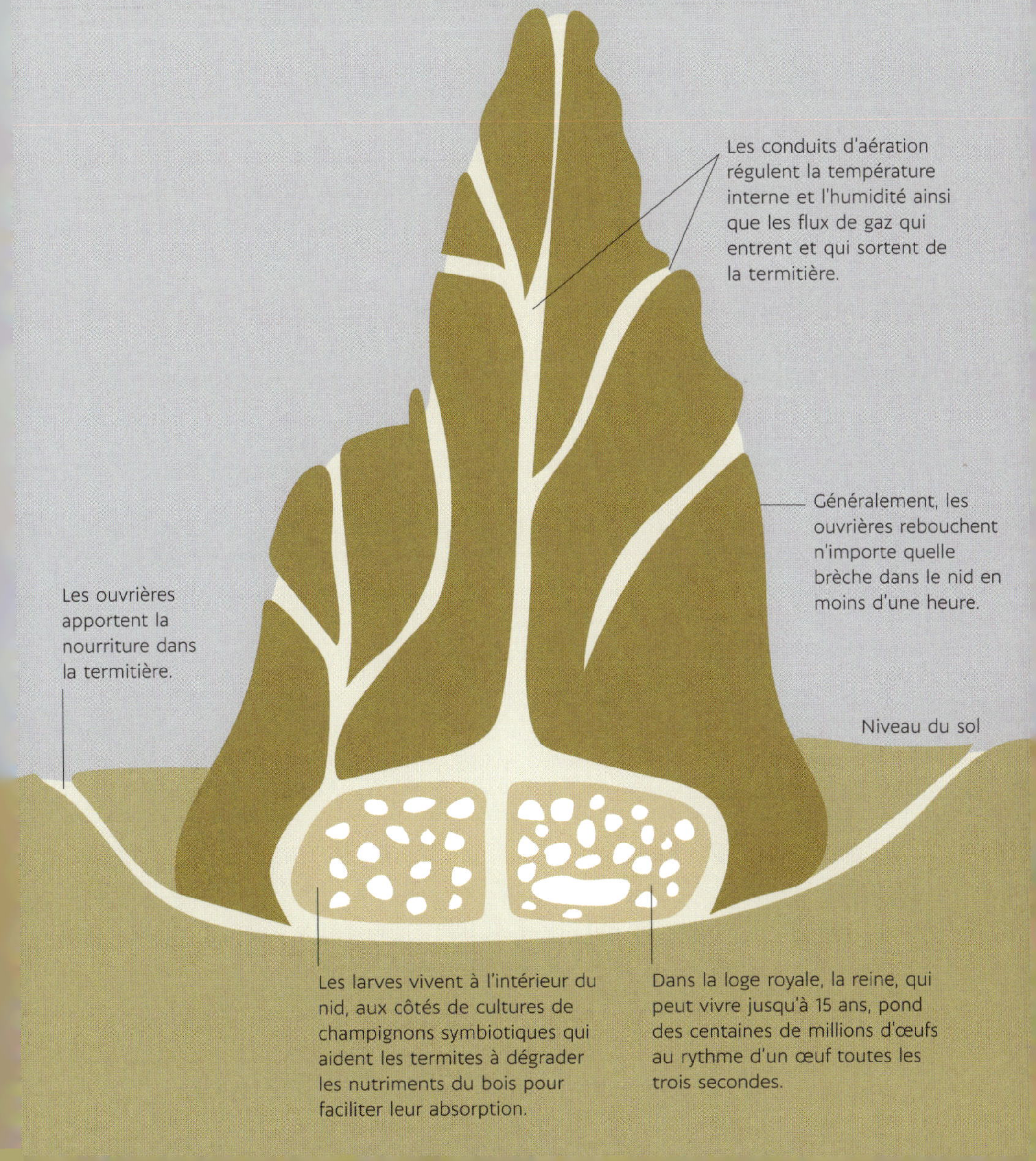

LEÇON DE SÉDUCTION

En matière de parades nuptiales, les oiseaux sont les champions. Le plus bel exemple est sûrement le paradisier, un oiseau tropical réputé pour ses parades nuptiales élaborées. Durant la saison des amours, les mâles passent de nombreuses heures chaque jour à se mettre en avant. Ils se dandinent, exécutent des petits pas de danse, des glissades et des petits sauts tout en déployant leurs ailes en éventail et en adoptant les positions des plus excentriques. Le meilleur danseur obtient les faveurs de la belle. Pour le kakapo, un perroquet endémique de Nouvelle-Zélande qui ne sait pas voler, tout est dans les basses. Les mâles se préparent une scène sur des affleurements rocheux d'où ils émettent des sons répétitifs et puissants à basse fréquence, du crépuscule jusqu'à l'aube, toutes les nuits pendant plusieurs mois d'affilée. D'autres parades nuptiales sont tout aussi impressionnantes. Découvrons notamment le manchot, un imitateur inné, et le jardinier, un oiseau très calé en géométrie.

L'IMITATEUR : LE MANCHOT EMPEREUR

Durée de la période de séduction : 6 semaines

Au début de l'hiver antarctique, des milliers de manchots empereurs quittent l'océan qui constituait leur aire d'alimentation pour entreprendre une marche vers l'intérieur des terres, sur des centaines de kilomètres, jusqu'à l'étendue glacée qui sera leur aire de reproduction. Ces oiseaux choisissent un nouveau partenaire tous les ans. Pour attirer les femelles, les mâles déambulent à travers leur colonie en lançant des petits cris répétitifs de seulement quelques secondes. Le couple effectue ensuite une parade pleine de grâce au cours de laquelle chacun imite l'autre dans des mouvements synchronisés. Révérences, balancements, lissages de plumes ou même grattements : tout est réalisé à l'unisson. Une fois ce lien véritablement noué entre eux, ils s'accouplent et restent ensemble jusqu'à ce que la femelle ponde un unique œuf, un mois plus tard. Une fois la ponte effectuée, la femelle part en mer durant deux mois pour se nourrir. Le mâle couve l'œuf pendant son absence. Puis, ils échangent. On pense que la parade amoureuse permet de créer un lien entre eux et les aide à se reconnaître après les longues périodes de séparation.

La parade nuptiale du manchot empereur

Le berceau nuptial à illusion d'optique du jardinier à nuque rose

L'ILLUSIONNISTE : LE JARDINIER À NUQUE ROSE

Durée de la période de séduction : jusqu'à 2 mois

Les jardiniers mâles passent plusieurs mois à concevoir des structures élaborées, appelées « berceaux » ou « tonnelles », afin d'impressionner de potentielles partenaires. Ces berceaux nuptiaux sont en matériaux naturels, comme des brindilles, des plumes ou des baies, avec parfois quelques objets récupérés chez les humains, comme des pièces de monnaie, des clous ou des bouchons de bouteilles. Chaque élément est disposé avec une extrême précision. Le jardinier à nuque rose, qui vit dans le nord de l'Australie, y intègre même une illusion d'optique. Devant son tunnel en brindilles, il dispose des pierres dans un certain ordre : des plus petites aux plus grosses, de l'entrée vers l'extérieur, ce qui crée un effet de perspective forcée. Lorsque la femelle se trouve à l'entrée du tunnel, toutes les pierres semblent ainsi avoir la même taille. Par conséquent, l'espace lui semble plus petit qu'il ne l'est en réalité, et le mâle lui apparaît plus gros. C'est une tactique rusée. Des études ont montré que les mâles qui réalisent les motifs les plus géométriques sont aussi ceux qui ont le plus de chances de se reproduire.

INCROYABLES PARADES

Il existe différentes pratiques, toutes aussi variées que surprenantes, chez d'autres espèces animales. Le paradisier sifilet, par exemple, effectue une danse délicate à la façon d'une ballerine, tandis que les drosophiles mâles composent une chorégraphie très minutieuse, alternant l'ouverture et la fermeture de leurs ailes avec de petits pas de côté rapides. Mais toutes les parades amoureuses ne s'apparentent pas à de la danse.

Différentes parades amoureuses au sein du règne animal

Durée de la séduction

0 jour

LE PROFITEUR
LA PYRALE DU MAÏS ASIATIQUE
Ce papillon de nuit fait preuve d'une technique très ingénieuse pour éviter ses prédateurs. Lorsqu'il entend les ultrasons émis par une chauve-souris, il s'arrête tout simplement de voler et se laisse tomber sur le sol. À la saison des amours, les mâles de la pyrale utilisent cette technique insolite à leur avantage. Ils imitent le cri d'une chauve-souris, faisant tomber les femelles au sol. Ils profitent alors du fait qu'elles sont temporairement paralysées pour s'accoupler.

2-6 jours

LE PROJETEUR DE BOUSES
L'HIPPOPOTAME
Les hippopotames mâles sont polygames, c'est-à-dire qu'ils s'accouplent avec plusieurs femelles. Les mâles dominants choisissent leur femelle en premier et ils passent souvent plusieurs jours à sélectionner une partenaire. Il s'agit d'une période où le taux de testostérone est à son pic et il n'est pas rare que des combats entre mâles surviennent. Afin d'attirer l'attention d'une femelle, les mâles urinent et défèquent en même temps, et aspergent leur promise de cette « eau de Cologne » au parfum entêtant. La stratégie s'avère généralement payante et l'accouplement a lieu peu de temps après.

Certains animaux adoptent des tactiques très spéciales pour impressionner les membres du sexe opposé. Voici quelques exemples avec un papillon de nuit profiteur, un hippopotame projeteur de bouses, un poisson artiste et un échidné adepte de la queue leu leu.

7-9 jours

L'ARTISTE

LE POISSON-BALLON À ÉPAULES NOIRES

Les poissons-ballons à épaules noires, originaires du Japon, utilisent leurs nageoires pour réaliser des motifs circulaires sur le sol au fond des mers. Ils ajoutent ensuite des morceaux de coquillages pour décorer. Un petit poisson de 12 cm de long peut créer une œuvre d'art sous-marine mesurant jusqu'à 2 m de diamètre. Des chercheurs ont émis l'hypothèse que les femelles peuvent imaginer la taille du créateur de l'œuvre en analysant les caractéristiques de celle-ci, leur permettant ainsi de choisir le partenaire le plus apte.

30 jours

LE HARCELEUR

L'ÉCHIDNÉ À NEZ COURT

Avant que la saison des amours ne commence, les testicules des échidnés à nez court triplent de volume. Habituellement solitaires, les mâles se mettent alors en quête d'une femelle. Lorsqu'ils l'ont trouvée, les mâles — jusqu'à onze individus — la suivent les uns derrière les autres. Cette queue leu leu un peu étrange peut durer pendant un mois, jusqu'à ce que la femelle s'arrête et plonge sa tête dans un creux au pied d'un arbre ou d'un arbuste. Les mâles creusent alors une tranchée en forme d'anneau autour d'elle et s'affrontent jusqu'à ce que l'un d'entre eux remporte le droit de s'accoupler.

L'ACCOUPLEMENT EN MODE MARATHON

Après la parade amoureuse, parlons un peu de sexe. Chez certains animaux, les rapports sexuels sont terminés en quelques secondes, tandis que chez d'autres ils peuvent durer des heures, des jours, voire plus. Il s'agit, une fois encore, d'un des mystères de l'évolution. L'accouplement requiert du temps et de l'énergie. Il laisse les animaux vulnérables à la prédation. Pourquoi donc, alors, certaines espèces se lancent-elles dans de véritables « marathons du sexe » ? On s'attendrait à ce que les petits animaux, plus rapi-

Durée des accouplements chez les animaux

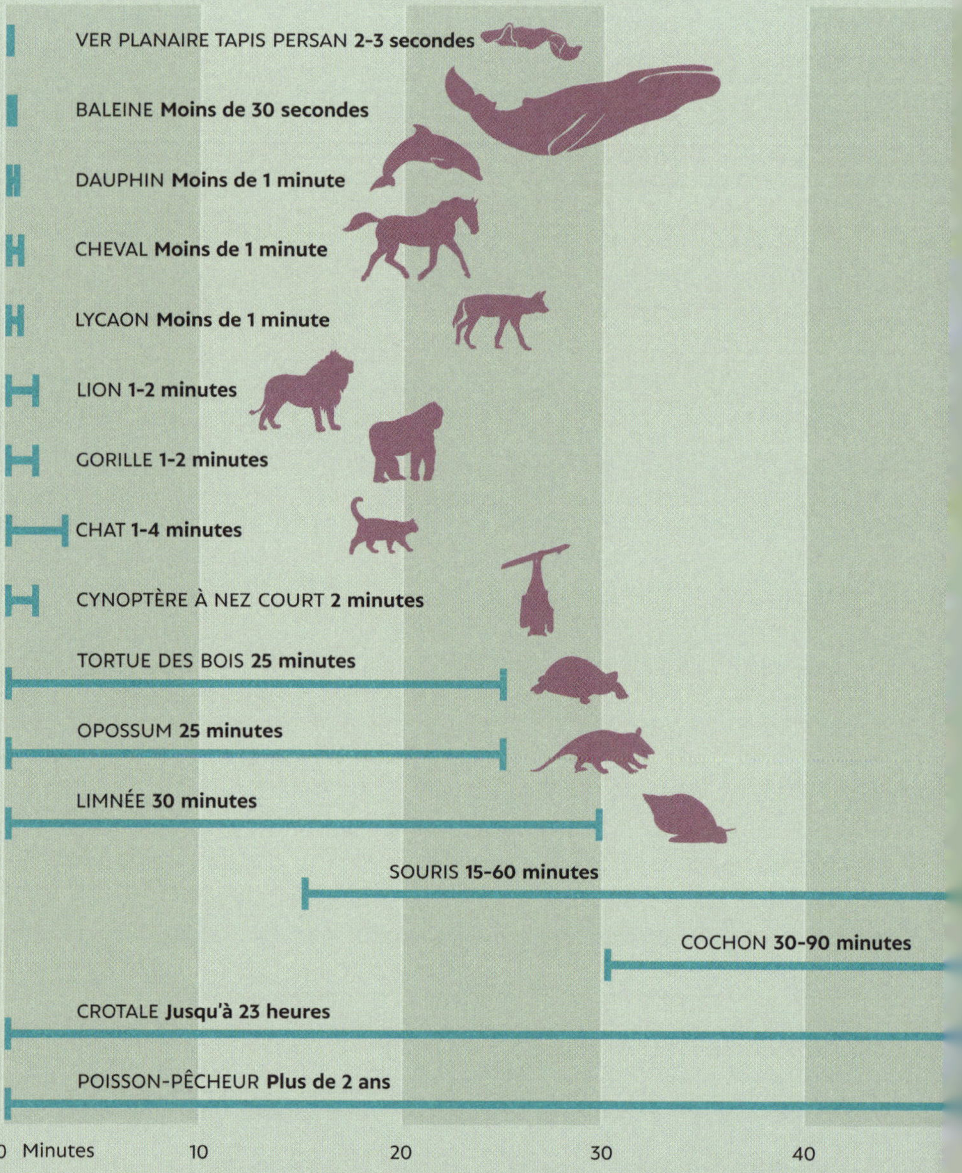

dement affamés et ayant le plus de risques de se faire manger, passent moins de temps à copuler que les plus gros. Il n'en est rien! Une étude sur 113 espèces de mammifères a mis en avant que, généralement, les petits mammifères s'accouplent plus longtemps que les espèces de grande taille. Selon les scientifiques, cela serait dû au fait que les petits mammifères sont davantage capables d'effectuer les «manœuvres énergiques soutenues nécessaires à la copulation». Aussi, l'accouplement prolongé empêche d'autres mâles de se rapprocher de la femelle et assure ainsi la paternité à l'heureux élu.

LA FELLATION CHEZ LES CHAUVES-SOURIS

Le cynoptère à nez court (*Cynopterus sphinx*), une chauve-souris frugivore d'Asie du Sud et du Sud-Est, pratique une forme de fellation afin de prolonger son accouplement autrement très court. En léchant les parties génitales de son partenaire au cours de la pénétration, cela ajoute 100 secondes de rapports en plus aux deux minutes habituelles. Plusieurs raisons ont été avancées pour l'expliquer. Cela pourrait favoriser la fécondation et faciliter le trajet du sperme jusqu'à l'oviducte. Autre explication : cela donnerait à la femelle la possibilité de détecter les signaux chimiques intervenant dans le choix de son partenaire.

D'ÉTRANGES PRATIQUES SEXUELLES

LE POISSON-PÊCHEUR

DURÉE DE L'ACCOUPLEMENT : **des années**

Lorsqu'un poisson-pêcheur mâle (*Linophryne indica*) trouve une femelle, il lui mord le ventre et serre fermement jusqu'à ce que leurs deux corps s'assemblent (voir en bas à droite sur la photo). Leurs vaisseaux sanguins fusionnent, permettant à ce poisson des abysses de survivre grâce aux nutriments qu'il reçoit de l'afflux sanguin de sa partenaire. En retour, il lui fournit son sperme. Les parties du corps qu'il n'utilise plus, comme ses yeux, ses nageoires et certains organes internes, disparaissent jusqu'à ce qu'il ne soit plus rien d'autre qu'une poche remplie de sperme. Cet accouplement marathon macabre peut durer des années. On pense qu'il a évolué ainsi pour que les femelles, qui vivent dans un environnement où il y a peu de mâles, puissent disposer de sperme à volonté.

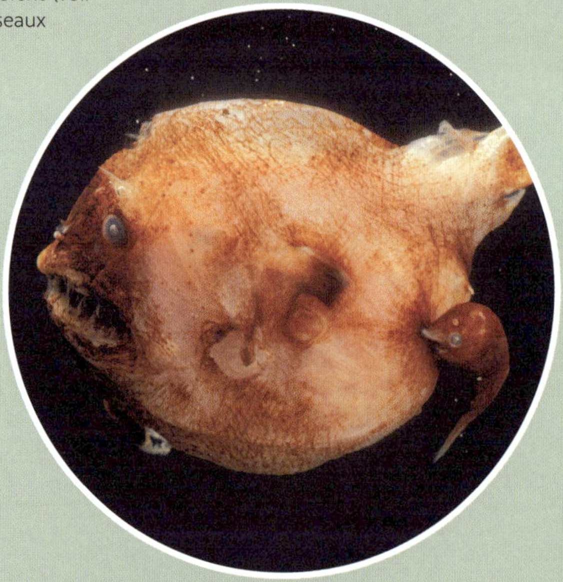

LE PLANAIRE TAPIS PERSAN

DURÉE DE L'ACCOUPLEMENT : **2 secondes**

Les planaires tapis persan sont hermaphrodites, c'est-à-dire qu'ils produisent aussi bien des spermatozoïdes que des ovules. Pour ne pas avoir à s'occuper de ses ovules fécondés, le planaire cherche à féconder et non à être fécondé. C'est un véritable duel de pénis acérés qui a ainsi lieu entre les deux planaires. Ils passent près d'une heure à batailler pour tenter de les planter dans leur adversaire afin de l'inséminer. Lorsqu'elle a finalement lieu, l'insémination ne dure que quelques secondes. Le vainqueur devient ainsi le «père» et celui qui a été inséminé la «mère».

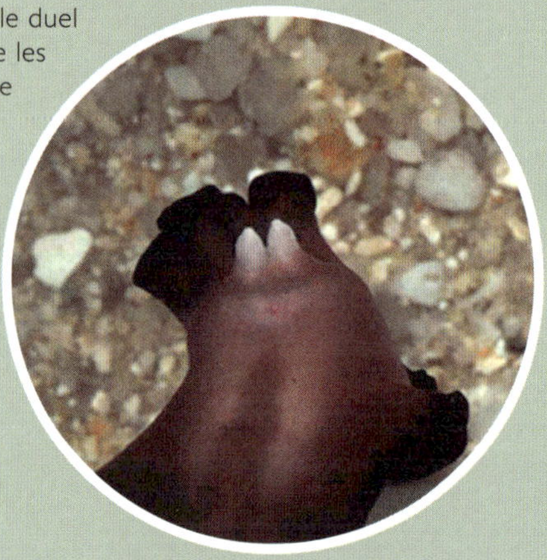

UNE ÉTREINTE FATALE

Si l'accouplement engendre de nouvelles vies, pour certains animaux, il sonne également l'heure du trépas. La sémelparité chez un animal, surnommée «reproduction suicidaire», est le fait de concentrer toute son énergie sur un seul cycle de reproduction, puis de mourir pendant ou juste après l'accouplement.

L'*ANTECHINUS STUARTII*

DURÉE DE L'ACCOUPLEMENT : **plusieurs heures**

Le sexe peut être une affaire risquée chez les mammifères, comme chez l'*Antechinus stuartii*, une petite souris marsupiale nocturne d'Australie. Dès qu'ils atteignent leur maturité sexuelle à 10 mois, les mâles de cette espèce se lancent dans une sorte de marathon sexuel frénétique. Durant deux semaines, les mâles s'accouplent avec autant de femelles que possible. La copulation dure plusieurs heures au moins et, dès qu'il a terminé, le mâle se met en quête d'une nouvelle partenaire. Résultat : il n'a pas le temps de manger, de boire ou de dormir. C'est un rythme éreintant. Au fur et à mesure que ses niveaux hormonaux de stress montent en flèche, son système immunitaire chute. Le mâle devient sujet à des infections parasitaires et développe des ulcères gastriques. Il meurt donc peu après et ne vit jamais assez longtemps pour prendre part à une autre saison de reproduction.

LES ARAIGNÉES

DURÉE DE L'ACCOUPLEMENT : **20 secondes**

Certaines espèces d'araignées pratiquent la reproduction suicidaire. Les mâles sont dotés d'une paire d'appendices ressemblant à des pattes près de la bouche, appelés des «pédipalpes», qu'ils utilisent pour transférer leur sperme dans le corps de la femelle. L'acte prend 20 secondes pour l'araignée mâle qui meurt au moment où elle insère son second pédipalpe dans sa partenaire. Son corps inerte reste suspendu à la fente génitale de la femelle, empêchant ainsi d'autres mâles de s'accoupler avec elle. Souvent, celle-ci finira par le dévorer, pratiquant une forme de cannibalisme sexuel. Cette «collation» postcoïtale est fréquente chez les insectes et chez les arachnides mais également chez certains escargots et copépodes (de minuscules crustacés aquatiques). Cela ne finit pas toujours bien non plus pour les femelles. L'araignée *Stegodyphus lineatus*, par exemple, lorsque l'accouplement est passé et que les petits viennent d'éclore, nourrit sa progéniture d'aliments qu'elle régurgite. Au bout de quelque temps, celle-ci effectue le sacrifice ultime en laissant ses petits la dévorer.

Y A PLUS DE SAISONS

Les températures en hausse au niveau mondial entraînent un bouleversement des saisons. Le printemps arrive plus tôt qu'avant et les hivers sont plus courts. Il y a de plus en plus de journées chaudes, de moins en moins de gelées, et les phénomènes météorologiques inhabituels sont de plus en plus fréquents. Les océans se réchauffent également. De la recherche de nourriture à la floraison, en passant par l'hibernation, de nombreux comportements d'animaux et de végétaux changent. Les organismes qui sauront s'adapter au dérèglement des saisons pourront peut-être avoir une chance de survivre, mais pour ceux qui ont des comportements plus figés, l'avenir est incertain.

L'impact du changement climatique sur les macareux et leurs sources de nourriture

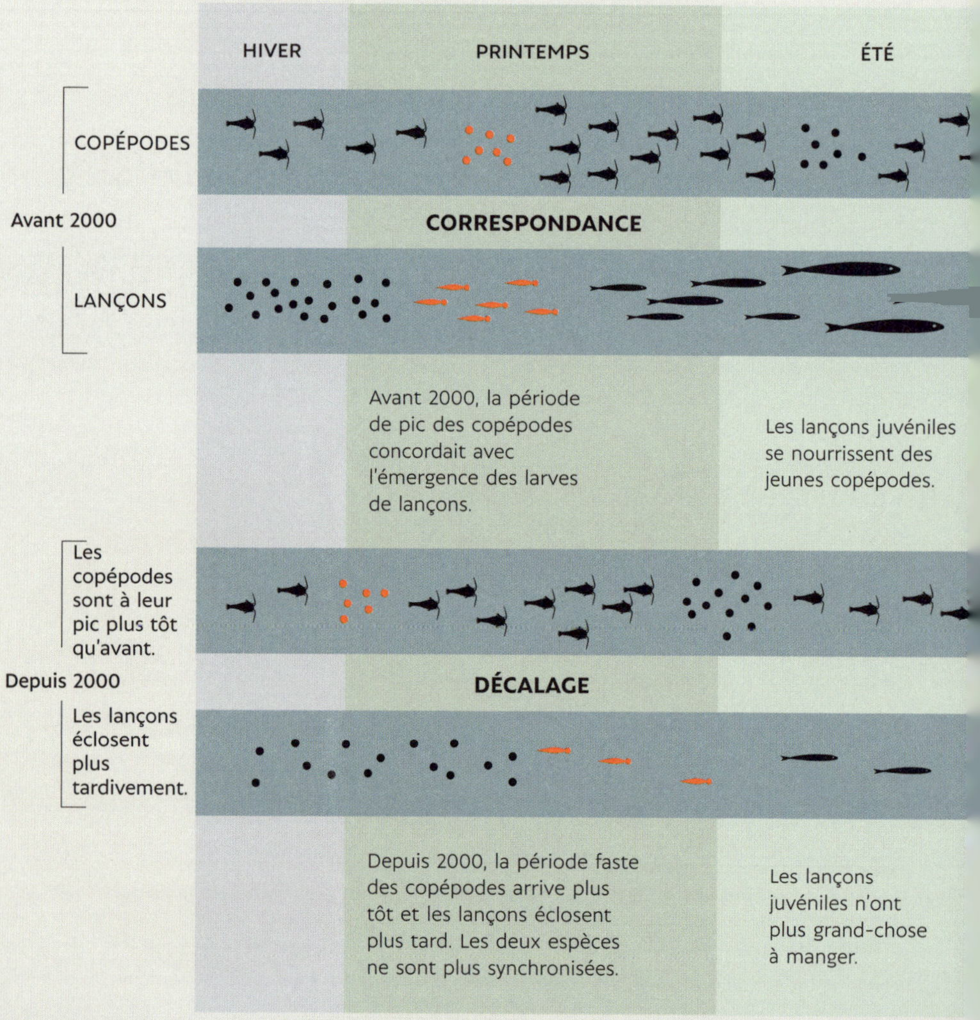

LES MACAREUX

Les macareux sont un exemple concret des impacts du changement climatique. Ces oiseaux de mer charismatiques se nourrissent de lançons, des poissons qui se nourrissent eux-mêmes de minuscules crustacés, les copépodes. Avant, les périodes de pic des jeunes copépodes coïncidaient avec l'éclosion des larves de lançons. Ces dernières croissaient en se nourrissant des copépodes, disponibles à profusion, avant d'être mangées, une fois adultes, par les macareux et leurs poussins. Aujourd'hui, cependant, la hausse de la température de l'eau et le dérèglement des saisons entraînent des décalages dans la chaîne alimentaire. Les copépodes atteignent leur pic près de trois semaines avant l'éclosion des lançons. Résultat : il y a moins de lançons adultes qui survivent et qui sont disponibles pour que les macareux nourrissent leurs poussins. Les macareux adultes passent davantage de temps à pêcher, souvent en vain. Leurs poussins meurent de faim. Dans l'archipel de Røst, en Norvège, la population de macareux a chuté de plus de 80 % au cours des 50 dernières années.

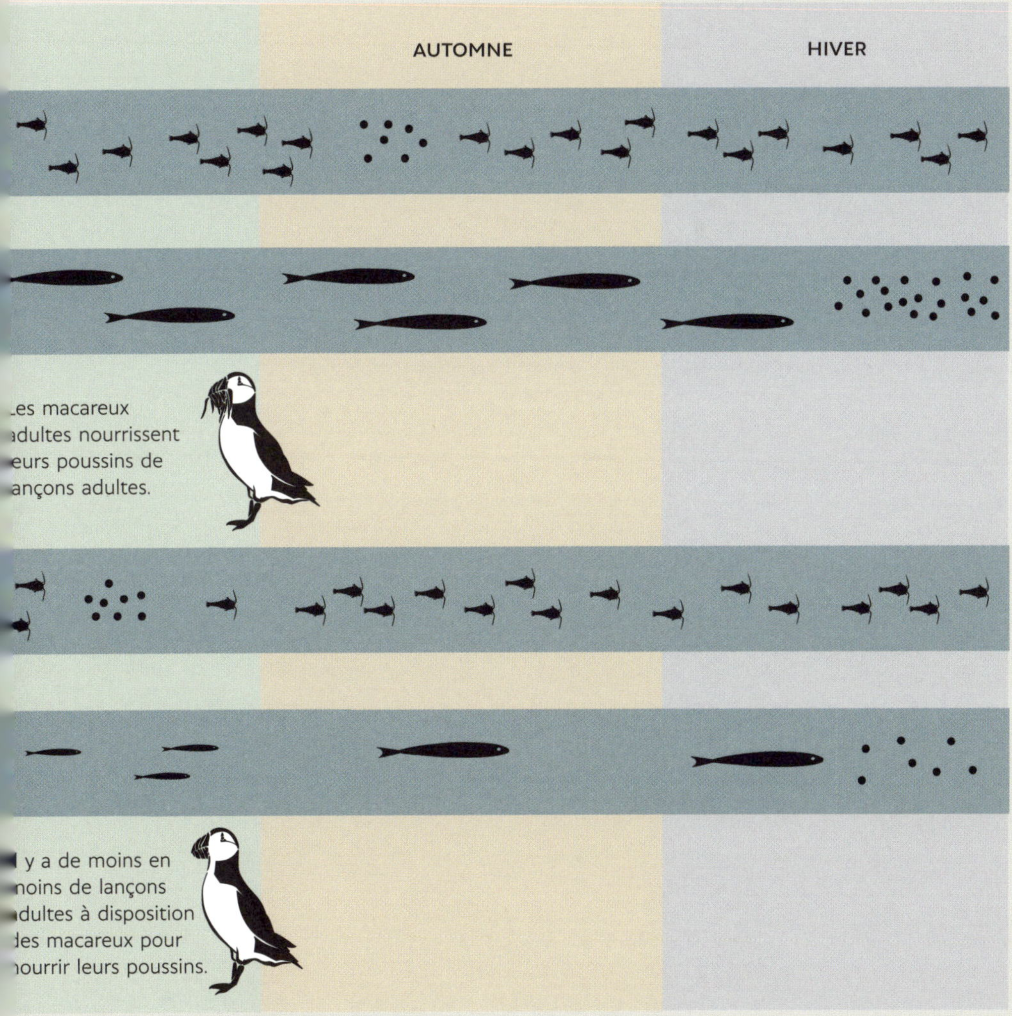

LE TEMPS ET LA BIOLOGIE

INTRODUCTION

Tous les êtres vivants sont constitués de cellules. Ces minuscules « poches » complexes contiennent à la fois les instructions et l'équipement requis pour orchestrer la vie. Lorsque les cellules s'associent, elles acquièrent une mission encore plus importante. Elles deviennent des tissus, comme le tissu nerveux qui envoie des signaux électriques à travers tout le corps, ou le myocarde, le tissu musculaire qui permet à notre cœur de battre. Lorsqu'ils travaillent ensemble, ces tissus deviennent des systèmes : le système nerveux, qui coordonne nos pensées, ou le système cardiovasculaire, qui alimente notre corps en oxygène grâce à la circulation sanguine. Quand plusieurs systèmes forment un tout, il s'agit alors d'un organisme complexe doté de ses propres horloges internes.

Ces horloges engendrent des rythmes spécifiques qui fonctionnent sur différentes temporalités, mesurées en minutes, en heures, en jours ou en années. Le battement de votre cœur ou le mouvement de va-et-vient de votre respiration en sont des exemples. Ce sont aussi ces rythmes internes qui déterminent à quel moment débute la période reproductive d'un organisme et quand elle se termine. Ils définissent également la période de fécondité qui se situe quelque part au sein de cette période reproductive. Les lapines, par exemple, ont un cycle œstral qui dure entre 12 et 16 jours et elles sont fertiles pendant la majorité de ce laps de temps. Les femelles pandas, à l'inverse, ne sont fertiles qu'une fois par an, pendant un à trois jours, entre février et mai.

Les rythmes biologiques sont influencés par divers facteurs internes, comme les activités cycliques des gènes ou les variations hormonales. Mais ils sont également impactés par différents facteurs extérieurs. Les coraux et certains vers marins règlent leur frai sur les phases de la Lune. De leur côté, les changements de saisons et le lever du soleil ont une influence sur tout, de la croissance des végétaux à leur floraison, en passant par les migrations de masse de certains animaux.

La physiologie a une incidence sur la temporalité à d'autres niveaux également. Le son n'est qu'une onde qui se déplace dans le temps. Pour autant, la fréquence et la forme de cette onde dépendent d'éléments biologiques. Qu'il s'agisse des grondements graves infrasonores du rhinocéros de Sumatra ou de la stridulation aiguë d'une sauterelle, les sons émis par les animaux sont influencés par leur anatomie interne.

Les comportements des organismes sont influencés par des facteurs internes, comme les hormones, et par des facteurs externes, comme les phases croissantes et décroissantes de la Lune.

LE CYCLE ŒSTRAL

Comment savoir qu'une femelle panda est féconde ou attend un petit ? Sachant qu'il y a plus de 500 de ces dévoreurs de bambous actuellement en captivité et que leurs soigneurs ont tous à cœur d'aider leur population à croître à l'échelle mondiale, cette question est de la plus haute importance. La réponse se trouve dans une compréhension parfaite du cycle œstral des femelles pandas. Le cycle œstral permet aux femelles mammifères d'avoir des bébés à des occasions régulières. Il s'agit de changements physiologiques récurrents qui surviennent en réponse aux fluctuations des taux d'hormones. Ce cycle peut être très différent en fonction des espèces.

Les femelles de certaines espèces, comme les chats, les humains et les vaches, sont polyovulantes, c'est-à-dire qu'elles ont plusieurs cycles par an. Les femmes ont un cycle de quatre semaines, les chattes de deux à trois semaines, les éléphantes de 13 à 18 semaines, tandis que chez les femelles hamsters, le cycle dure seulement quatre jours. C'est pour cela que l'on peut passer d'un seul couple de hamsters à une flopée de hamsters en très peu de temps !

En revanche, les espèces monovulantes, comme les loups et les ours, n'ont qu'un seul cycle par an. Les femelles pandas, elles, ne sont fertiles que pendant 24 à 72 heures, une fois par an, à un moment précis entre février et mai, époque où le bambou est le plus nutritif. Dans ce contexte, il est très facile de rater le coche ! La seule façon d'anticiper

Comparaison du cycle œstral de la femelle panda avec celui de la femme

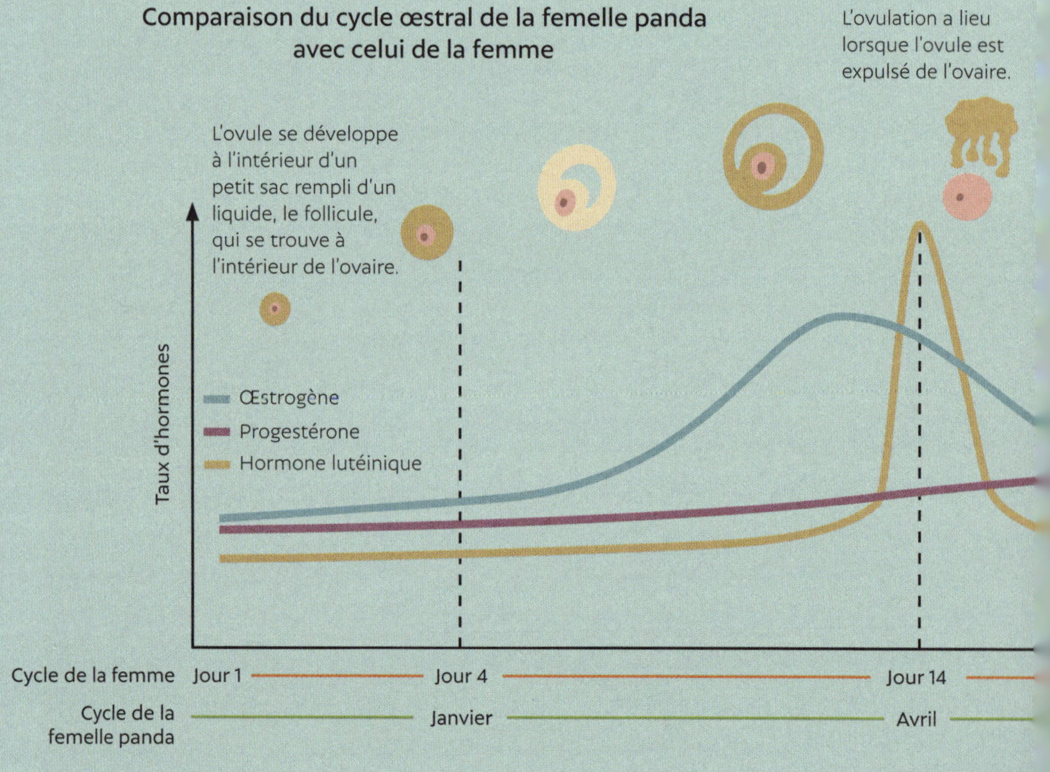

ce cycle est d'effectuer des analyses d'urines régulières. Les taux des hormones sexuelles, l'œstrogène et l'hormone lutéinisante, augmentent à l'approche de l'ovulation. Au moment où ils atteignent un pic, c'est qu'il est temps pour la femelle panda de s'accoupler de façon naturelle ou, en captivité, de pratiquer une insémination artificielle.

Lorsque l'accouplement a eu lieu, il n'est pas non plus évident de savoir si la femelle est gestante ou non, car un ovule fécondé peut parfois rester dans l'utérus pendant 6 à 12 semaines avant de, finalement, s'implanter dans la muqueuse utérine et de commencer à se développer. Il arrive que, de façon inexplicable, des embryons en développement soient réabsorbés par leur mère. Et parfois aussi, il peut s'agit de pseudo-gestations (« grossesses nerveuses »). On observe des changements de comportement et des modifications hormonales, mais il n'y a aucun bébé panda en développement.

La gestation, chez les pandas, est véritablement détectée en mesurant les taux relatifs de l'hormone lutéinique et de la progestérone, et grâce aux échographies possibles dans les 20 derniers jours de leur gestation de 140 jours. Et même avec tout ça, les pandas restent plein de surprises. Parfois, un soigneur ne se rend compte qu'une femelle était en gestation qu'au moment de la naissance du petit.

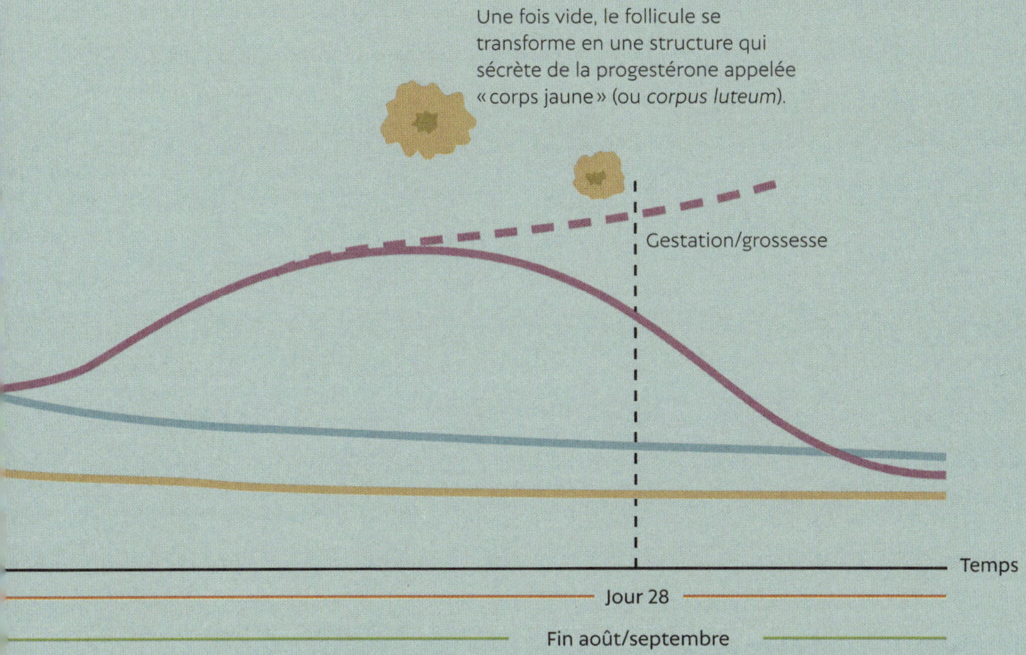

LA FIN DE LA PÉRIODE REPRODUCTIVE

La ménopause est une bizarrerie de la nature. La plupart des femelles mammifères restent fertiles tout au long de leur vie et elles meurent presque en même temps que leurs ovaires arrêtent de fonctionner. Chez les humains, en revanche, les femmes peuvent vivre plusieurs décennies après la fin de leurs cycles menstruels. Elles ne sont pas les seules. Elles ont la ménopause en commun, non pas avec d'autres espèces de primates mais avec une poignée de mammifères marins. On savait depuis longtemps déjà que la ménopause existait chez les orques adultes, ainsi que chez les globicéphales tropicaux, mais ce n'est que récemment qu'on a découvert que les narvals et les bélugas aussi pouvaient vivre encore un certain temps une fois leur période de fertilité terminée.

Une étude de 2018 s'est penchée sur 16 espèces différentes d'odontocètes (les cétacés à dents). Les scientifiques ont analysé leurs dents, qui donnent une indication de leur âge, et leurs ovaires, qui donnent une indication de leur fertilité. À partir de là, ils ont pu calculer combien de temps chaque espèce pouvait encore vivre une fois qu'elle n'était plus fertile. La plupart restaient fertiles jusqu'à leur mort, mais les narvals, les bélugas et les globicéphales tropicaux ont montré une longévité bien plus grande que d'autres espèces une fois leur période reproductive terminée. Cela suggère que ces cétacés, à l'instar de notre espèce, traversent une période de ménopause.

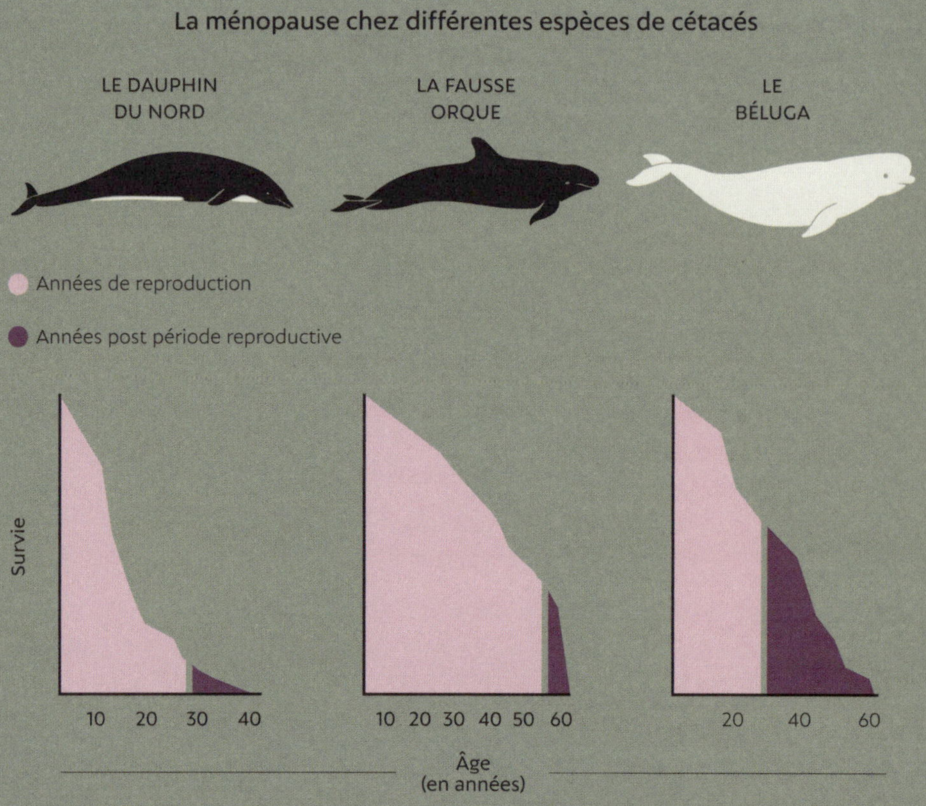

La capacité à continuer à vivre après la perte de la fertilité a évolué au moins trois fois, à différentes occasions, chez les cétacés à dents : une fois chez les orques, une fois chez les globicéphales tropicaux et une fois chez l'ancêtre commun des narvals et des bélugas. La question est : pourquoi ? Si l'évolution favorise les stratégies qui permettent aux organismes de se reproduire et de transmettre leurs gènes, pourquoi gaspiller des ressources sur une période de vie où plus aucune progéniture ne peut être engendrée ?

La réponse pourrait se trouver dans ce que l'on appelle l'« hypothèse de la grand-mère ». Les orques vivent au sein de grands groupes matrilinéaires, qui reposent sur l'ascendance maternelle. Ainsi, des grands-mères orques ont été aperçues en train de partager du poisson avec leurs petits-enfants orques. Elles peuvent aussi montrer aux jeunes générations où trouver de la nourriture. Ainsi, lorsque les grands-mères s'occupent des jeunes, elles augmentent les chances de faire perdurer leur lignée génétique.

De là à faire un parallèle avec notre propre espèce, il n'y a qu'un pas. La survie de nos ancêtres a sûrement été fortement dépendante d'une bonne coopération intergénérationnelle. Les narvals, les bélugas et les globicéphales tropicaux ont tous, eux, des structures sociales différentes, donc le mystère de la ménopause chez ces cétacés reste entier.

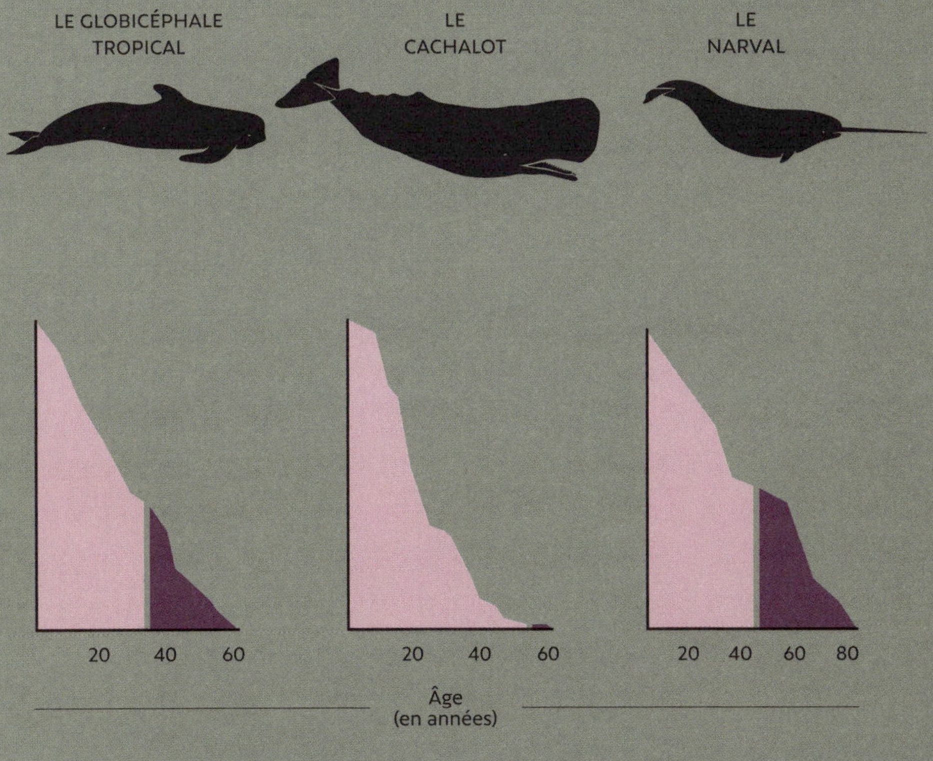

LES RYTHMES DE LA VIE

Comment les oiseaux savent-ils quand il est l'heure de se réveiller ? Comment les fleurs savent-elles quand elles doivent s'ouvrir et se fermer ? Comment les papillons monarques parviennent-ils à effectuer leur migration annuelle ?

Tous ces schémas comportementaux et physiologiques cycliques sont contrôlés par des horloges biologiques. La plupart des animaux, des végétaux, des champignons et des bactéries possèdent une horloge interne. Ces horloges réagissent aux facteurs extérieurs, comme la température et la durée de la journée, ainsi qu'à des facteurs internes, comme des modifications de l'activité génétique, dans le but d'influencer les processus vitaux que sont l'alimentation, le sommeil et la reproduction.

Ces horloges biologiques permettent d'avoir une perception interne du temps qui passe et, dans certains cas, elles peuvent guider dans l'espace. Chaque année, les monarques parcourent des centaines de kilomètres pour aller des États-Unis au Canada, leur aire de reproduction, puis jusqu'au cœur du Mexique, où ils passent l'hiver.

La migration des monarques

Les papillons monarques utilisent leur horloge circadienne, située dans leurs antennes, pour garder la notion du temps tout le long de la course du Soleil dans le ciel. Cela leur permet de s'adapter au déplacement du Soleil et de maintenir leur cap vers le sud en permanence.

Les papillons se dirigent vers le sud en s'aidant du Soleil pour s'orienter. Mais au fur et à mesure que le Soleil se déplace, ils recalibrent leur course pour garder le cap. Leur horloge interne est utile en cela, car elle leur permet de prendre conscience du temps qui s'écoule.

Lorsque les processus biologiques de base sont régulés sur un cycle de 24 heures, comme chez le papillon monarque, on parle d'une horloge circadienne. Les scientifiques ont, désormais, une bonne connaissance des cellules et des molécules impliquées. Chez les vertébrés, cette horloge réside au sein d'un amas de près de 20 000 neurones, le noyau suprachiasmatique situé à l'intérieur de notre cerveau. Mais chez les papillons, elle se situe dans les antennes. Si leurs antennes sont coupées ou recouvertes de quelque chose, les insectes sont alors désorientés et incapables de garder le cap vers le sud.

Si leurs antennes sont recouvertes et que leur horloge interne arrête de fonctionner, les papillons ne sont plus capables de savoir l'heure qu'il est, ni de s'orienter avec précision. Ils se mettent alors à suivre le Soleil, ce qui peut les faire complètement dévier de leur route.

LES CYCLES DE LA LUNE

Si certains comportements, comme la recherche de nourriture ou la floraison d'une plante, doivent être régulés par un rythme quotidien, d'autres sont gérés sur des périodes de temps bien plus longues. Les cycles circannuels sont des rythmes qui se déroulent à l'échelle d'une année, tandis que les cycles de la Lune (ou lunaisons) sont calqués sur les phases de croissance et de décroissance de celle-ci.

Crabe rouge de l'île Christmas

Chez certains organismes marins, la reproduction est liée au rythme des marées qui est, lui, contrôlé par les phases lunaires. Chaque année, des millions de

Le cycle de vie du ver palolo

Le palolo possède un cycle de vie remarquable. Lorsque la Lune arbore son dernier quartier, les vers remontent à la surface pour frayer pendant plusieurs heures d'affilée, trois nuits durant, en commençant toujours vers 2 heures du matin.

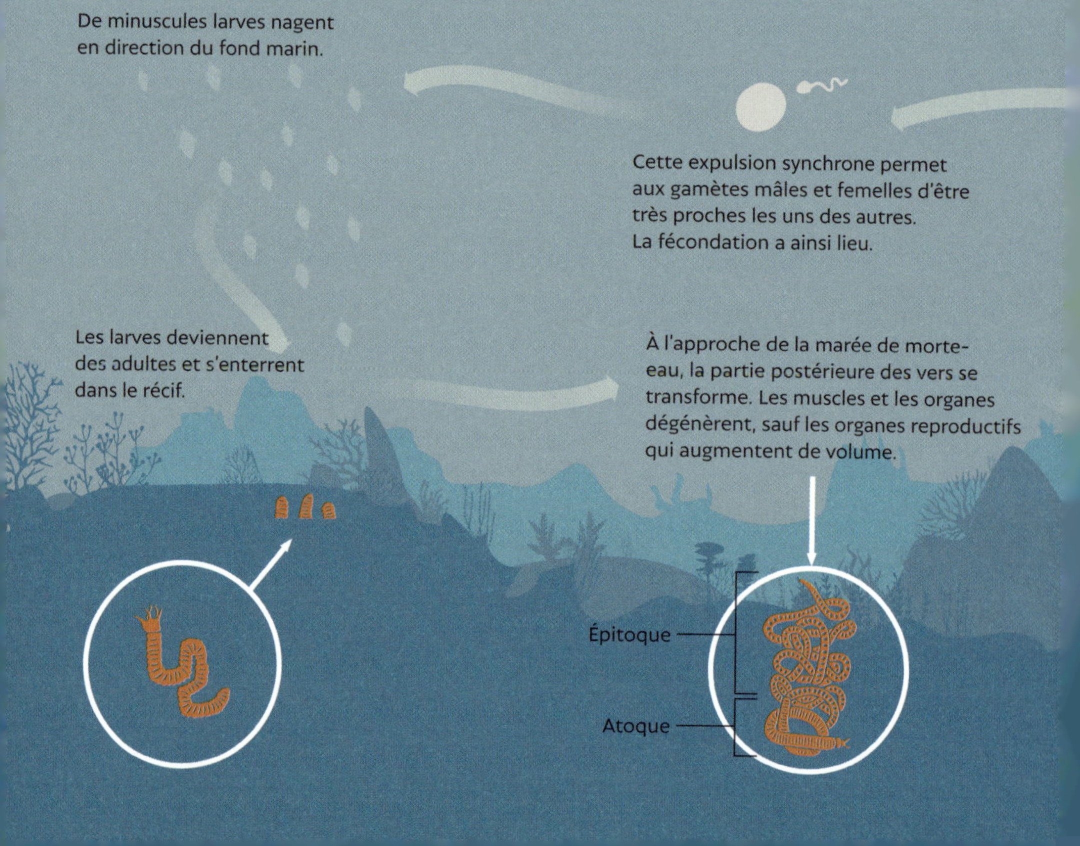

crabes rouges parcourent des centaines de mètres depuis les forêts de l'intérieur de l'île Christmas jusqu'aux plages pour s'accoupler et pour pondre.

Le palolo (*Palola viridis*) est tout aussi précis en matière de timing. Ce ver marin des îles Samoa, de la famille des annélides, fraie uniquement au moment du dernier quartier de Lune, en octobre ou en novembre. C'est un événement très attendu par les îliens pour qui ces vers gluants sont un met très apprécié. Une fois pêchés, puis poêlés au beurre avec des oignons, ils ont une saveur qui est, paraît-il, à mi-chemin entre l'huître et la moule.

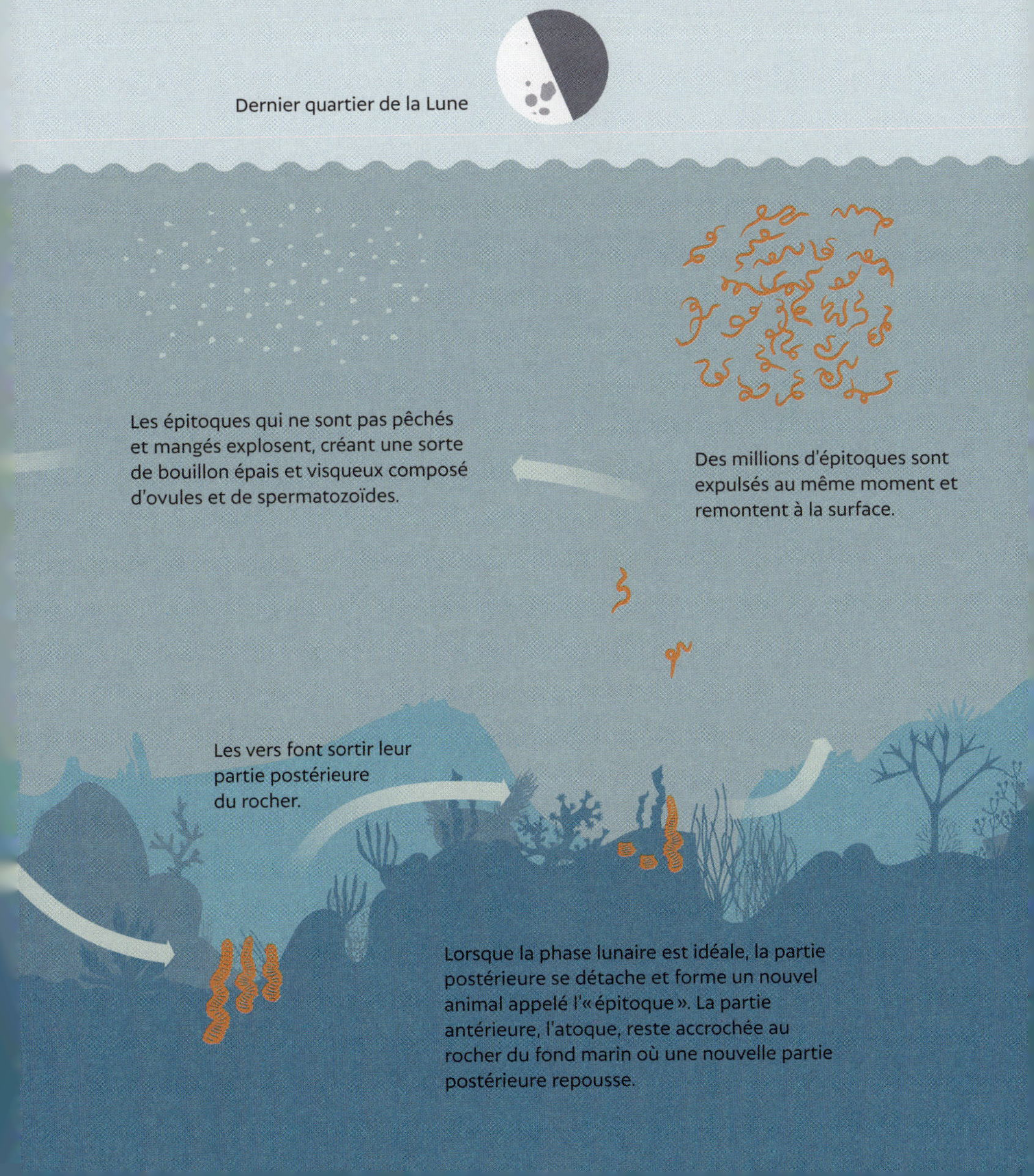

TOUT CE QUI ENTRE...

Tout ce qui entre finit par ressortir. Les aliments entrent dans le corps par la bouche et les « déchets » ressortent par l'anus. La durée du trajet entre les deux orifices est très variable. Chez les humains, on parle du « temps de transit intestinal ». Il est mesuré à l'aide d'une pilule spéciale contenant un transmetteur sans fil que l'on avale.

Les autres espèces animales sont moins coopératives quand il s'agit de pratiquer cette méthode. Les scientifiques se servent donc d'une mesure appelée « temps de rétention moyen » (TRM) qui correspond à la durée moyenne durant laquelle un marqueur reste dans le système digestif. Ces marqueurs peuvent être des aliments, comme des granulés ou des feuilles, ou encore de minuscules billes de plastique non digestibles qui passent d'un orifice à l'autre en restant intactes. En règle générale, les animaux à sang froid ont un transit plus lent que les animaux à sang chaud ; les gros animaux aussi, par rapport aux plus petits ; les herbivores digèrent plus lentement que les carnivores et les mammifères sont aussi plus lents sur ce point que les oiseaux. Il existe des exceptions, bien sûr, et le temps de traitement des aliments dépend de nombreux facteurs dont l'anatomie, la physiologie ainsi que la quantité et le type d'aliments consommés.

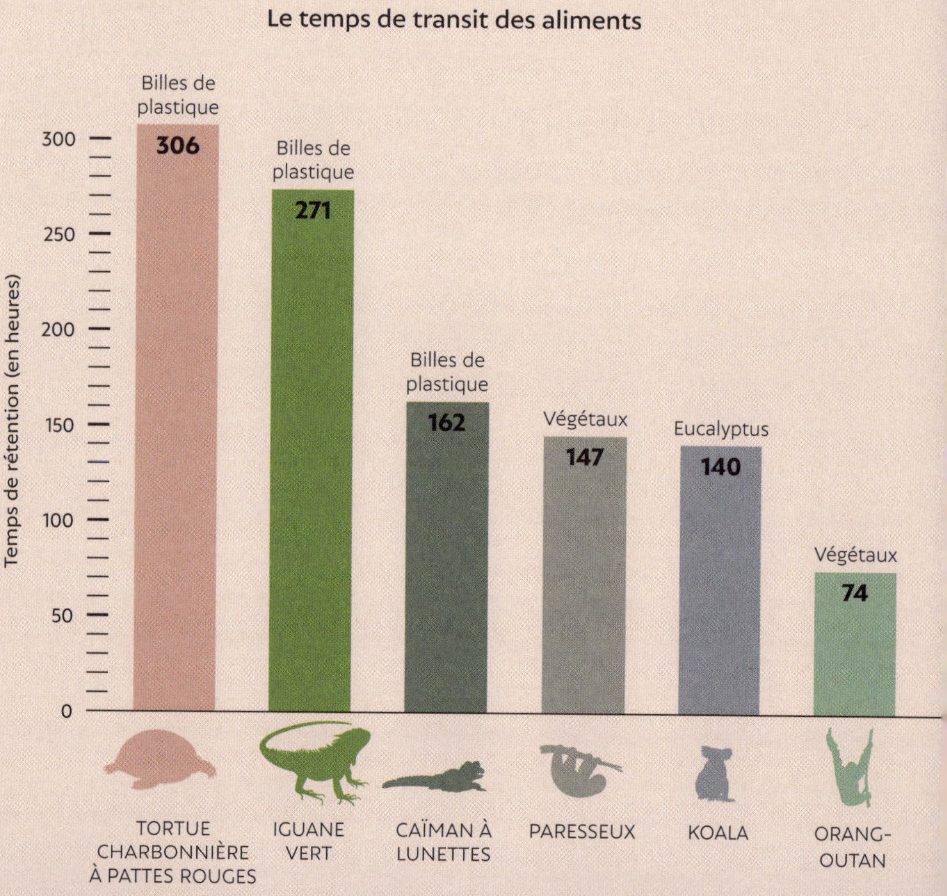

PARESSEUX, PAPILLONS ET ALGUES

Les paresseux ne défèquent qu'une fois par semaine et perdent ainsi jusqu'à un tiers de leur poids en une seule selle. Contrairement à d'autres mammifères vivant dans les arbres, comme les singes qui font leurs besoins du haut de la canopée, les paresseux redescendent au sol et se soulagent toujours au même endroit, au pied de l'arbre. Cela leur demande beaucoup d'énergie et les rend vulnérables vis-à-vis de leurs prédateurs. Pourquoi, alors, font-ils cela ?

Certains spécialistes pensent que les crottes concentrées en tas en un même endroit aident les paresseux – des animaux habituellement solitaires – à se sentir proche de leurs congénères. D'autres pensent qu'ils participent ainsi à fertiliser le sol de leur arbre préféré. Une autre hypothèse est axée sur la relation qui existe entre les paresseux, les micro-algues qui vivent sur eux et des papillons de nuit. Ces algues, qui donnent aux paresseux une teinte verdâtre, comptent pour 3 % de la biomasse totale de l'animal. Le paresseux, les papillons et les algues font partie intégrante d'un cycle dans lequel les papillons nourrissent les algues, les algues fournissent des nutriments au paresseux et le paresseux offre un abri ainsi qu'un moyen de transport gratuit aux papillons. Lorsque le paresseux défèque sur le sol, il fournit une ressource vitale aux papillons pour poursuivre leur cycle de vie.

Lorsque les papillons meurent dans le pelage de l'animal, ils libèrent des nutriments pour les algues. Celles-ci sont ensuite avalées par le paresseux lorsqu'il se lèche. Cela lui procure une dose d'énergie bien appréciable pour compléter son régime alimentaire autrement plutôt médiocre.

La relation paresseux/papillons

Des papillons tout juste éclos volent jusqu'au paresseux et colonisent son pelage.

Les papillons vivent, se reproduisent et meurent sur le paresseux.

Les papillons femelles profitent du trajet du paresseux vers le sol forestier pour pondre leurs œufs dans les crottes de l'animal. Les chenilles se nourrissent des excréments et se transforment en chrysalides sur le sol.

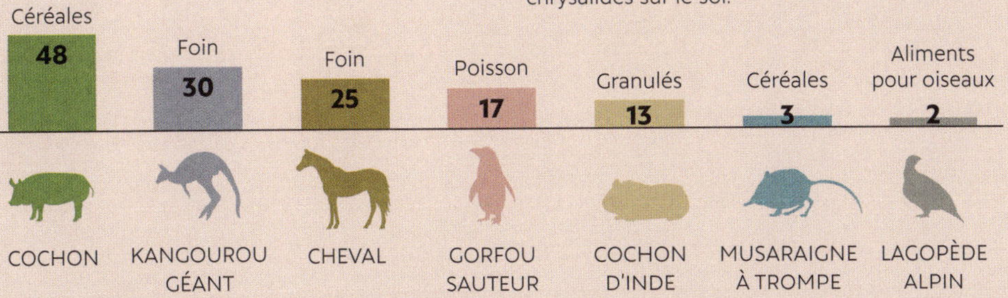

QUAND FAUT Y ALLER, FAUT Y ALLER

Pratiquement tous les animaux défèquent. Leurs crottes varient énormément, aussi bien au niveau de la taille que de la forme. Les déjections des wombats sont de forme cubique, tandis que celles des renards sont longues et tordues aux extrémités. Les baleines bleues, quant à elles, peuvent expulser jusqu'à 200 litres de fèces en une seule défécation.

Pour autant, les mammifères terrestres mettent tous à peu près le même temps pour faire leurs besoins, quelle que soit leur taille. Dans le cadre d'une étude de 2017, des chercheurs ont filmé des éléphants, des pandas et des phacochères en train de déféquer, dans un zoo. Ils ont fait de même avec leurs chiens dans les parcs environnants. Ils ont également analysé 19 vidéos de différents mammifères sur YouTube. Tout comme les humains, tous les animaux étudiés produisaient des fèces de forme tubulaire. Mais, malgré des selles de tailles très variables, tous ont mis le même temps pour vider leurs intestins. Voilà une heureuse découverte et un point commun qui rassemble les membres de la famille des mammifères. Cela est possible grâce à plusieurs éléments clés. Tout d'abord, peu importe que l'animal soit gros ou petit, la pression normale de base permettant d'expulser les selles reste constante. Nous « poussons » tous avec une puissance équivalente. Ensuite, les fèces glissent le long du gros intestin grâce à une

Le temps moyen de défécation des animaux

Les chercheurs ont étudié 23 mammifères différents, allant du chat de 4 kg à l'éléphant de 5 000 kg. Ils ont enregistré les temps que chacun prenait pour déféquer. L'étude montre que, malgré la grande diversité de poids, chaque animal prend environ 12 secondes pour faire la « grosse commission ».

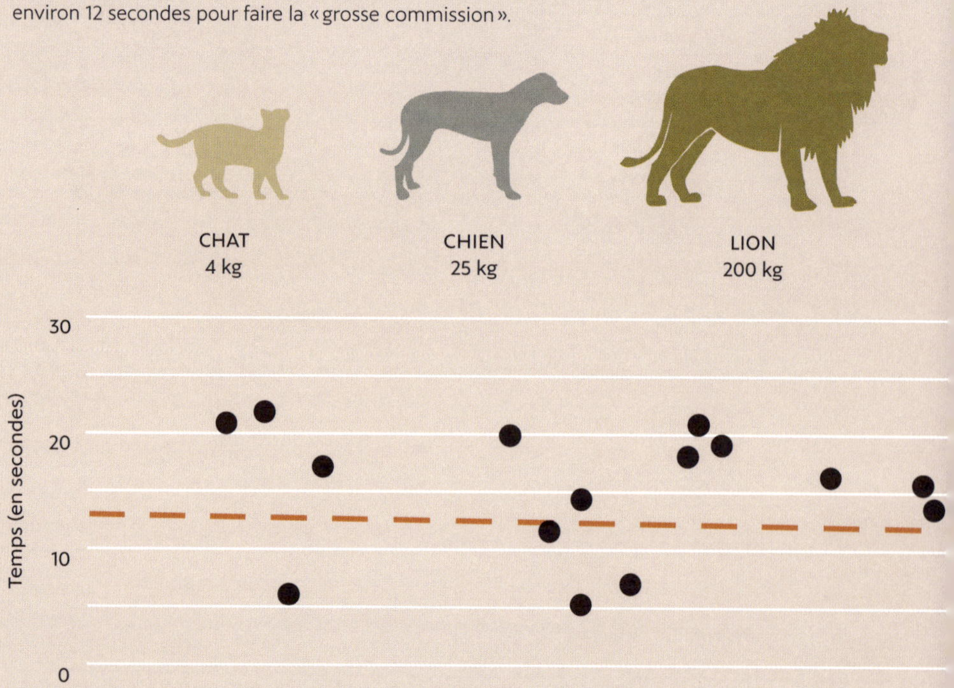

couche de glaires (ou mucus). S'il est vrai que les gros animaux ont des fèces et des rectums plus longs que les petits, ils produisent également des glaires plus épaisses. Cela permet à leurs selles d'aller plus vite et de parcourir de plus grandes distances dans un même intervalle de temps.

La même équipe scientifique a également analysé le temps qu'il faut aux mammifères pour uriner. Ces travaux ont permis de formuler la, un tantinet pompeuse, « loi de miction ». En s'appuyant à nouveau sur différentes vidéos YouTube, ils ont recueilli de nombreuses données concernant la masse corporelle, la pression vésicale et la longueur de l'urètre (le tube qui relie la vessie au monde extérieur) de différentes espèces. Ils ont découvert que les mammifères de taille moyenne à grande taille mettent tous 21 secondes pour vider une vessie pleine.

Un éléphant normal, par exemple, possède un urètre d'un mètre de long et d'une largeur équivalente à une descente de gouttière. Cela permet à l'urine de prendre de la vitesse lors de son passage et ainsi, même s'il y a un plus gros volume d'urine, elle est évacuée dans le même intervalle de temps que les autres. Les animaux de taille moyenne comme les chiens ont, eux, des urètres plus courts, des débits plus lents et des vessies plus petites que les gros animaux.

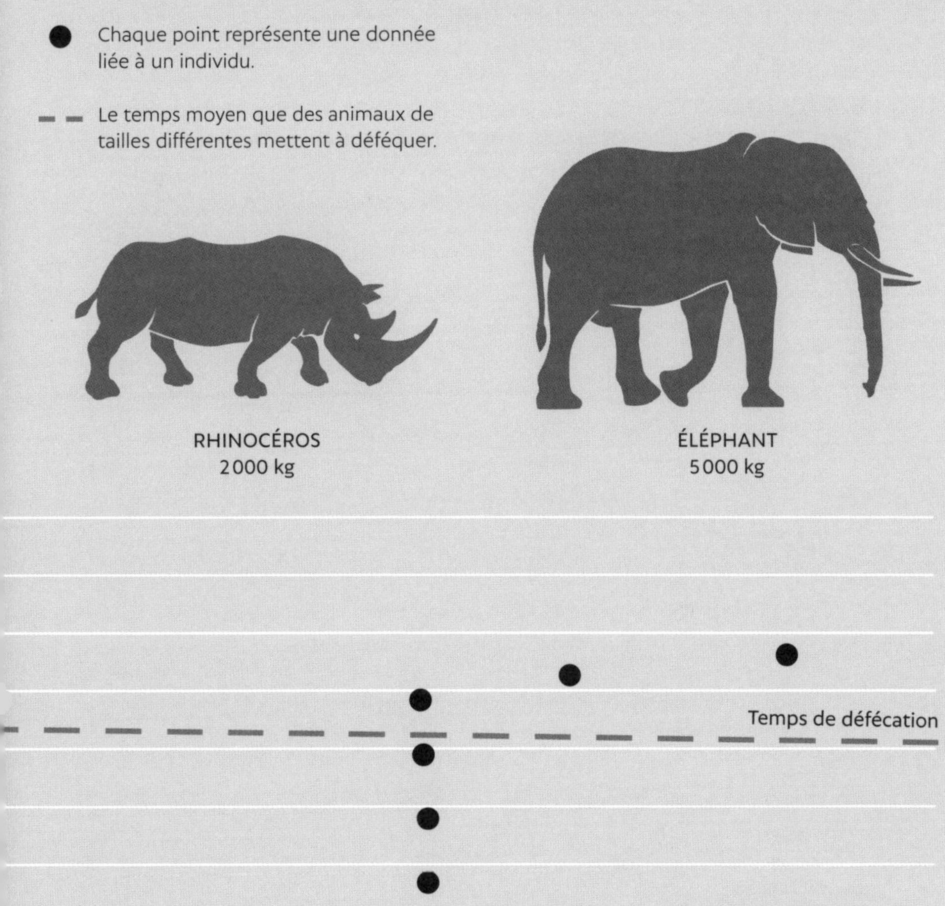

RESPIRE

Le 27 mars 2021, le Croate Budimir Šobat a battu le record du monde d'apnée statique en retenant sa respiration pendant 24 minutes et 37 secondes ! Cet exploit remarquable est la suspension volontaire de la respiration la plus longue jamais effectuée par un être humain. Pourtant, elle fait pâle figure en comparaison avec les capacités respiratoires de certains mammifères.

Lorsqu'elles partent en chasse à la recherche de calamars et de poissons, les baleines à bec de Cuvier plongent plus profondément et plus longtemps que n'importe quel autre mammifère marin. Une étude de 2020, qui a analysé 3 680 plongées effectuées par 23 baleines de Cuvier, a mis en évidence que la moitié des plongées consacrées à la chasse durait plus d'une heure. Une sur 20 dépassait même les 77 minutes. Le record est, néanmoins, attribué à une baleine qui chassait au large des côtes de la Californie du Sud, en 2014. Elle est restée sous l'eau pendant 2 heures 17 minutes, à une profondeur de 2 992 m. Comment est-ce possible ?

Lorsqu'elles se préparent à plonger en profondeur, les baleines retiennent leur respiration, ralentissent leur rythme cardiaque et retirent tout le sang présent dans leurs extrémités pour le diriger là où il y en a le plus besoin : le cerveau, le cœur et les muscles. Plus la plongée est profonde, plus la pression de l'eau augmente. À environ 200 m de profondeur, la pression comprime les poumons, et les baleines puisent l'oxygène qui est stocké dans leur sang et dans leurs muscles. Les baleines ont des taux d'hémoglobine et de myoglobine (les deux protéines chargées de transporter l'oxygène) extraordinairement élevés. La myoglobine, par exemple, est 10 fois plus concentrée dans les muscles des mammifères qui plongent souvent, comme les baleines, les phoques et les castors, que dans les muscles d'un humain. Cela permet d'augmenter les réserves d'oxygène de ces champions de l'apnée et leur permet de rester sous l'eau sans respirer pendant de longues périodes.

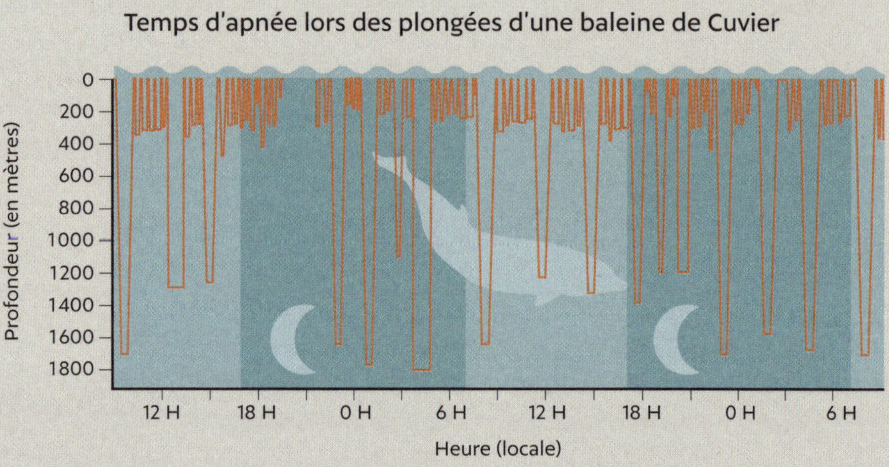

Les baleines de Cuvier alternent les plongées courtes peu profondes avec des plongées plus longues et plus profondes. La plupart des plongées en profondeur se situent aux environs de 1200 à 1800 m sous l'eau. La moitié de celles-ci durent plus d'une heure.

RESPIRATION, NATATION, ROUPILLON

Les mammifères marins, comme les phoques et les baleines, ont peut-être la capacité de retenir leur respiration, mais comment font-ils pour dormir sans se noyer? Le grand dauphin passe environ un tiers de sa journée à dormir, mais il s'agit plus d'une petite sieste que d'un sommeil profond. Le dauphin met une moitié de son cerveau, ainsi que l'œil opposé, en veille. L'autre moitié du cerveau reste en mode «vigilance basse», ce qui lui permet de surveiller l'arrivée de prédateurs et de détecter quand il a besoin de respirer. Les dauphins effectuent huit à dix respirations par minute lorsqu'ils sont éveillés et cela passe de trois à sept respirations par minute au repos. Au bout de deux heures, les hémisphères de son cerveau échangent les rôles et le dauphin peut poursuivre sa sieste.

Pendant combien de temps les mammifères marins peuvent-ils retenir leur respiration ?

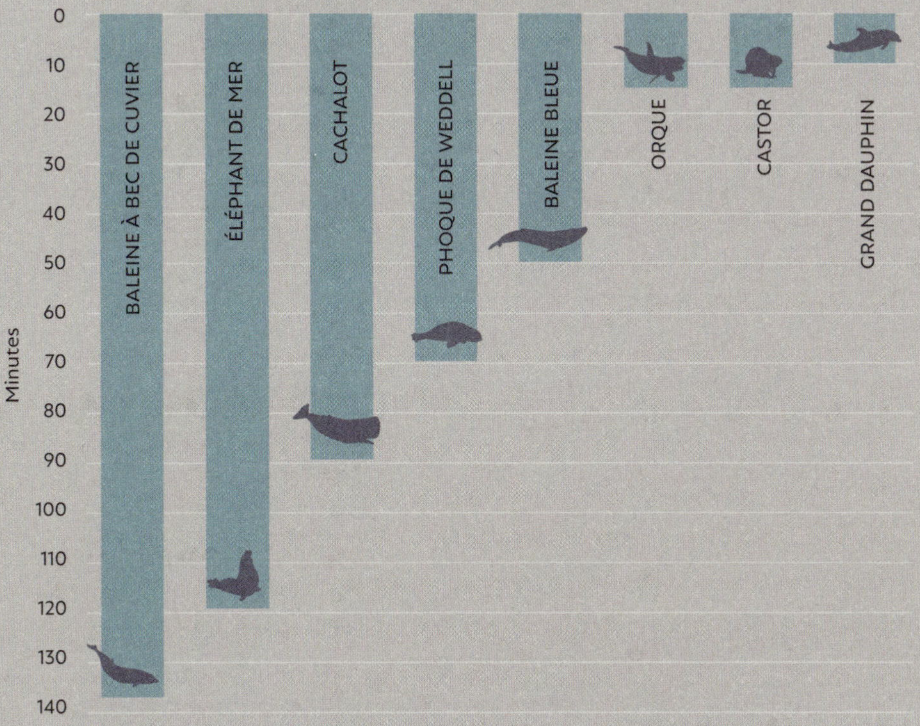

COMME UN POISSON HORS DE L'EAU

Avec leurs corps profilés et leurs écailles, les poissons sont parfaitement adaptés à la vie sous l'eau. Ils récupèrent l'oxygène dont ils ont besoin pour respirer grâce à l'eau qu'ils avalent par la bouche et qui passe à travers leurs branchies. Les branchies occupent une grande surface et sont remplies de minuscules vaisseaux sanguins à parois minces, que l'on appelle les « capillaires ». L'oxygène passe de l'eau aux capillaires du poisson, et le dioxyde de carbone qu'ils rejettent fait le trajet inverse. C'est une technique efficace, mais elle nécessite que le poisson soit dans l'eau.

Si l'on sort un poisson de l'eau, il meurt généralement d'asphyxie en quelques minutes. Mais ce n'est pas le cas du killi des mangroves, un petit poisson audacieux qui peut survivre jusqu'à 66 jours hors de l'eau. Il réussit cet exploit, non pas en retenant

La capacité du killi des mangroves à respirer hors de l'eau

Le killi des mangroves vit dans les mangroves du sud des États-Unis, d'Amérique centrale et d'Amérique du Sud.

Lorsque l'eau saumâtre des étendues dans lesquelles il vit devient trop chaude, trop salée, trop bondée ou s'assèche, le killi se sert de sa queue pour se projeter hors de l'eau, jusque sur la terre ferme.

son souffle mais en passant de la respiration par les branchies à la respiration par la peau.

D'autres espèces de poissons peuvent respirer hors de l'eau mais moins longtemps que le killi. Le poisson à tête de serpent du Nord (*Channa argus*), par exemple, est une espèce invasive présente aux États-Unis, où elle est considérée comme nuisible pour l'environnement. Ce poisson possède un système respiratoire inhabituel doté d'organes spécialisés supplémentaires, situés au-dessus de ses branchies, qui lui permettent de survivre hors de l'eau durant plusieurs jours. Pendant ce temps, il peut se déplacer en frétillant jusqu'à d'autres rivières ou d'autres lacs, ce qui rend son expansion difficile à maîtriser.

Alors qu'il se déplace en frétillant pour trouver un endroit plus accueillant pour vivre, le poisson commence à se transformer sur le plan physiologique. La première série de transformations rapides survient dans un délai d'un jour.

Au bout d'une journée

Durant des périodes de sécheresse prolongée, des douzaines de poissons se terrent ainsi dans des espaces humides, comme des terriers de crabes ou des rondins de bois en décomposition. Au cours de la première semaine, leur physiologie se transforme encore davantage.

Au bout d'une semaine

Le poisson se prépare à ne plus respirer par ses branchies. L'activité de quatre gènes clés augmente, déclenchant le développement de capillaires sanguins près de la surface de la peau. Au bout d'une journée, le poisson respire par la peau. L'oxygène présent dans l'air traverse la peau jusque dans les capillaires nouvellement formés. Malgré le fait qu'il inhale moins d'oxygène, le poisson peut tout de même maintenir son métabolisme de base.

Après une semaine, les branchies ont complètement cessé de fonctionner. Un amas de cellules croît à l'intérieur des branchies pour empêcher que ces structures fragiles ne s'affaissent. Le poisson continue de respirer par la peau, mais son métabolisme est désormais ralenti. Cela permet au killi de faire durer ses réserves d'énergie qui baissent progressivement. De l'azote ainsi que d'autres « déchets » sont également excrétés par la peau, plutôt que par les branchies.

JUSTE UNE BOUFFÉE D'AIR PUR

Inspirez, expirez et répétez l'exercice aussi souvent que nécessaire. Chez les animaux, la fréquence respiratoire – soit le nombre de cycles d'inspiration et d'expiration par minute – est très variable. Elle est influencée par de nombreux facteurs, y compris la taille, la physiologie et le niveau d'activité. Le minuscule colibri a une fréquence de 250 à 300 cycles par minute. La girafe, le plus grand mammifère du monde, n'effectue que sept cycles par minute. L'alligator, quant à lui, respire encore moins souvent. Les ours, eux, inspirent et expirent six à huit fois par minute, mais cette fréquence est drastiquement ralentie durant l'hivernation. Un ours endormi durant cette période ne respire qu'une fois toutes les 45 secondes.

Combien de cycles respiratoires par minute ?

Nombre moyen de cycles respiratoires (inspiration et expiration) par minute

UN BOL D'AIR

Le système respiratoire des oiseaux est très différent de celui des mammifères. Les oiseaux n'ont pas de diaphragme, mais ils ont bien des poumons entourés de plusieurs poches, appelées « sacs aériens ». Ils s'en servent comme des soufflets pour déplacer l'air à travers leurs poumons.

Il faut deux cycles respiratoires complets pour que l'air entre et sorte de l'oiseau en effectuant un circuit entier, mais un flux d'air oxygéné passe en continu dans ses poumons. La respiration des oiseaux est, ainsi, très efficace, car leur corps est alimenté en oxygène aussi bien quand ils inspirent que quand ils expirent.

Ce flux d'air unidirectionnel permet à des oiseaux comme l'oie à tête barrée de voler au-dessus de l'Himalaya malgré le manque d'oxygène. Ces oiseaux des hauteurs ont été observés à des altitudes de plus de 7 000 m. Plusieurs alpinistes affirment en avoir aperçu en train de voler au-dessus de l'Everest. Le flux d'air unidirectionnel permet également aux oiseaux de chanter sans qu'ils aient besoin de s'arrêter pour reprendre leur souffle.

Le système respiratoire du pigeon

LA VITESSE DU SON

En 1967, le biologiste Roger Payne plonge un micro dans l'océan et enregistre le plus incroyable des sons : le chant envoûtant des baleines à bosse. Un album est né de ces enregistrements dont les bénéfices ont permis de lever des fonds afin d'interdire la chasse commerciale à la baleine. Le son se propage sous forme d'ondes. La fréquence d'un son correspond au nombre d'ondes produites par une source à chaque seconde. Elle se mesure en hertz (Hz). Les êtres vivants communiquent par des sons de fréquences variables. Les mélodies chantées par la baleine à bosse, par exemple, se situent entre 20 Hz et 4000 Hz.

La fréquence de la voix humaine parlée, chez un adulte, varie entre 85 et 255 Hz, mais notre champ auditif, c'est-à-dire la gamme de fréquences audibles, est bien plus grand : de 20 à 20000 Hz. Tout son dont la fréquence est inférieure à 16 Hz est appelé « infrason » et tout son dont la fréquence est supérieure à 20000 Hz est appelé « ultrason ». Les deux sont inaudibles par l'oreille humaine.

Lorsque le tsunami meurtrier qui a touché le Sri Lanka, le 26 décembre 2004, a balayé les côtes du pays, de nombreux animaux avaient déjà quitté les lieux. On pense qu'ils ont dû percevoir les fréquences basses infrasoniques du tremblement de terre avant que le tsunami n'approche, ce qui leur aurait permis de s'enfuir. Même si personne n'en a la certitude, ce qui est sûr, c'est que de nombreux animaux peuvent entendre des infrasons et même communiquer à cette fréquence sonore.

Ondes sonores et fréquence

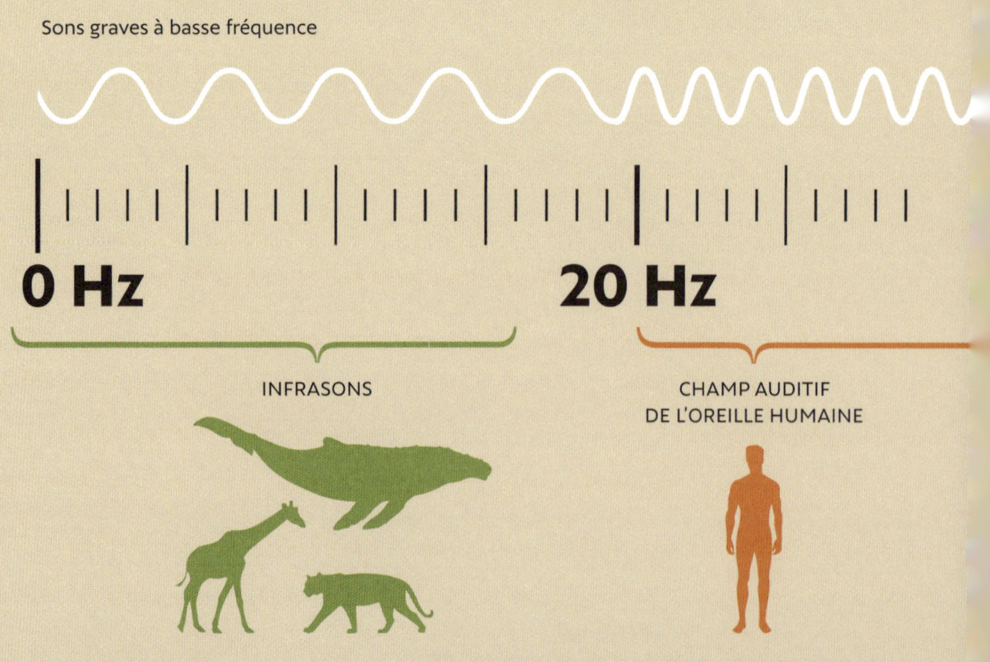

Les baleines, les éléphants, les hippopotames, les girafes et les alligators communiquent tous à l'aide d'infrasons. Les tigres, aussi, produiraient des grognements infrasonores pour attirer leurs partenaires et éloigner les rivaux. Les vocalisations d'un éléphant peuvent s'entendre sur plusieurs kilomètres, et leur pas lourd, qui produit des ondes sismiques infrasonores se propageant par le sol, peut être ressenti par les pieds de tout un troupeau à plus de 10 km de distance. Cela permet à différents membres d'un troupeau, qui se seraient dispersés, de rester en lien. Dans l'eau, les infrasons peuvent se propager encore plus loin. Le chant d'une baleine à bosse dans les Caraïbes peut être entendu par une autre baleine à plus de 6000 km de distance, au large des côtes irlandaises.

LES ÉLÉPHANTS « ENTENDENT » AVEC LEURS PIEDS

Des récepteurs sensoriels sensibles à la pression, disposés à l'avant et à l'arrière de leurs pieds, pourraient permettre aux éléphants de détecter des ondes sismiques souterraines, comme celles produites par d'autres éléphants ou celles des tremblements de terre. Les éléphants s'appuient souvent sur la partie avant de leur pied ou bien sur la partie arrière en réponse à un signal sismique afin de placer les récepteurs sensoriels encore plus près du sol. Un coussin graisseux à l'arrière du pied aiderait également à ressentir les vibrations.

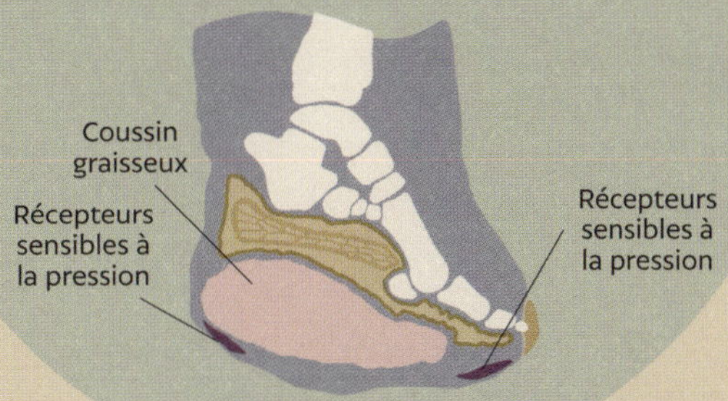

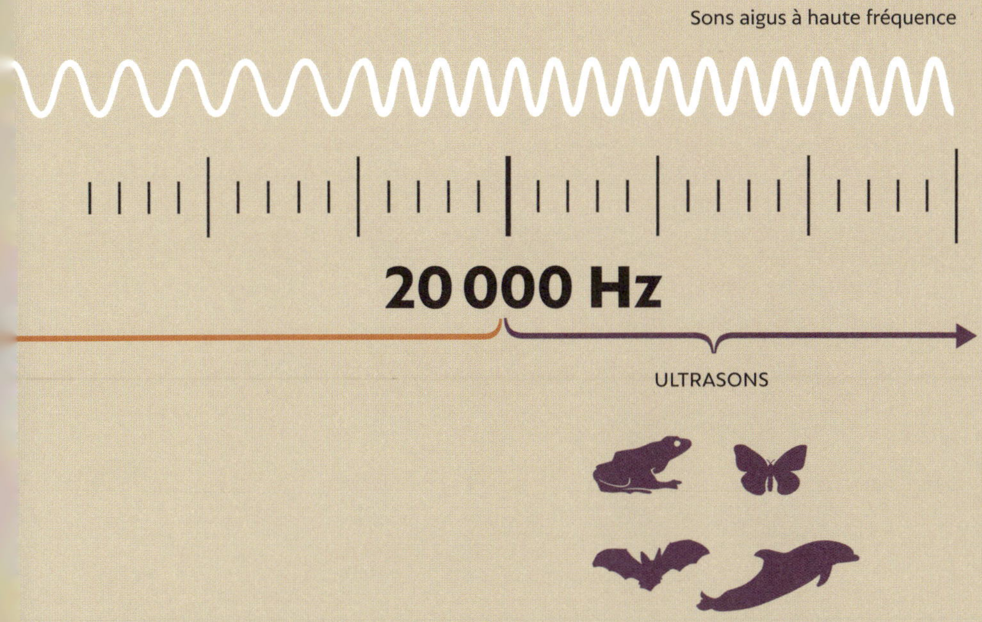

LA VIE EN ULTRASONS

À l'autre extrémité du spectre sonore, de nombreux animaux communiquent à l'aide d'ultrasons à haute fréquence. Les chauves-souris sont peut-être les représentantes les plus connues parmi ces espèces. Elles émettent des ultrasons sous forme de pulsations qui rebondissent sur les objets qui les entourent. Les chauves-souris en reçoivent ensuite les « échos » dont elles se servent pour déterminer la taille et la forme des objets, ainsi que la distance à laquelle ils se trouvent.

Cette technique, appelée « écholocalisation », permet aux chauves-souris d'attraper des papillons de nuit en plein vol. Certains papillons ont développé, au fil de l'évolution, des parades assez rusées. Le thorax poilu du papillon de nuit *Antherina suraka*, endémique de Madagascar, peut absorber jusqu'à 85 % des ultrasons qui arrivent sur lui, ce qui lui permet de ne pas être perçu par ses prédateurs. Certains papillons se laissent tomber au sol dès qu'ils entendent le sonar d'une chauve-souris, tandis que d'autres encore, comme *Bertholdia trigona*, émettent une sorte de cliquetis de défense ultrasonique qui brouille le sonar avec efficacité, rendant le papillon invisible pour la chauve-souris. Les dauphins et autres cétacés à dents, les salanganes et le petit tenrec, hérisson de Madagascar, utilisent également l'écholocalisation. Le champ auditif des chiens et des

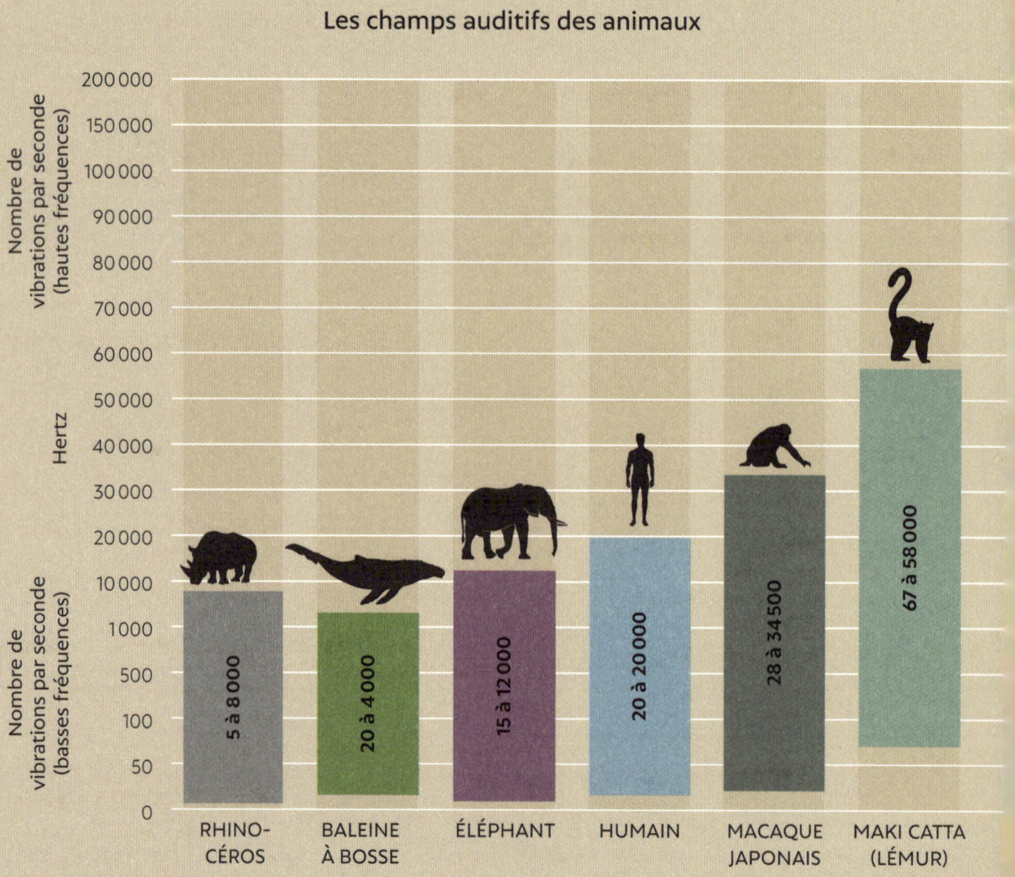

chats comprend les ultrasons. Les chiens peuvent entendre des sons d'une fréquence allant jusqu'à 45 kHz et les chats jusqu'à 79 kHz. Les sifflets utilisés pour le dressage des chiens émettent un son à une fréquence de 23 kHz à 54 kHz, au-delà de ce que l'humain peut entendre. Cela explique pourquoi les chiens les entendent et pas nous.

La grenouille *Odorrana tormota* se sert des ultrasons pour trouver un partenaire. La plupart des grenouilles ont des tympans épais proches de la surface de la peau et elles ne peuvent entendre des sons qu'à des fréquences inférieures à 12 kHz. *Odorrana tormota*, elle, possède des tympans très fins de forme concave lui permettant de détecter des fréquences bien plus hautes. Elle émet aussi des ultrasons. Des sons émis par certaines femelles ont été enregistrés à près de 128 kHz. Cela leur permet d'être entendues malgré le vacarme des torrents coulant à fort débit de la région des sources chaudes de Huangshan, en Chine, où elles vivent.

Certaines grenouilles ont des tympans spécialisés leur permettant d'entendre les sons à haute fréquence.

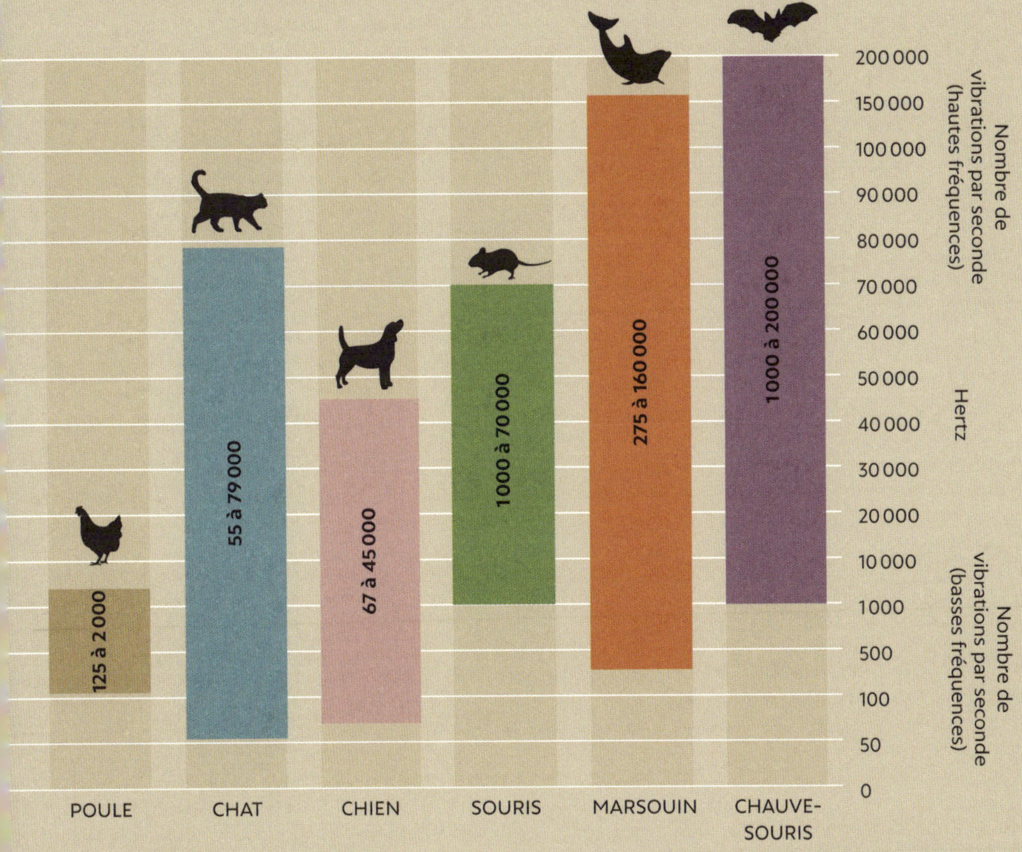

RESSOURCES

LIVRES

Brusatte (Steve), trad. Gerlier (Jérémie), *Le Triomphe et la chute des dinosaures. La Nouvelle Histoire d'un monde oublié*, Quanto, Lausanne, 2021.

Gow (Derek), *Bringing Back the Beaver: The Story of One Man's Quest to Rewild Britain's Waterways*, Chelsea Green Publishing, Danvers, 2020.

Kolbert (Elizabeth), trad. Blanc (Marcel). *La Sixième Extinction. Comment l'homme détruit la vie*, La Librairie Vuibert, Paris, 2015.

Lloyd (Christopher) et Forshaw (Andy), *La Nature – Timeline. Découvrez l'histoire de la nature, des origines à nos jours !*, White Star Kids/Natural History Museum, 2018.

Macdonald (Benedict), *Cornerstones: Wild Forces That Can Change Our World*, Bloomsbury Wildlife, Londres, 2022.

Monbiot (George), *Feral: Searching for Enchantment on the Frontiers of Rewilding*, Penguin, Londres, 2013.

Pilcher (Helen), *Life Changing: How Humans Are Altering Life on Earth*, Bloomsbury Publishing, Londres, 2020.

Roberts (Alice), *Tamed: Ten Species That Changed Our World*, Hutchinson, Londres, 2017.

ARTICLES

Publication sur le killi des mangroves et sa capacité à respirer par la peau hors de l'eau :
Blanchard (Tessa S.) *et al.*, « Phenotypic Flexibility in Respiratory Traits Is Associated With Improved Aerial Respiration in an Amphibious Fish Out of Water », *Journal of Experimental Biology* 222, 2019.

Publication sur l'hirondelle à front blanc et le rétrécissement de ses ailes :
Brown (Charles R.), « Where Has All the Road Kill Gone? », *Current Biology* 23, 2013.

Publication sur la durée de vie des cétacés à dents une fois leur période reproductive terminée :
Ellis (Samuel) *et al.*, « Analyses of Ovarian Activity Reveal Repeated Evolution of Post-reproductive Lifespans in Toothed Whales », *Scientific Reports* 8, 2018.

Publication sur le réchauffement des océans du monde :
Gleckler (Peter J.) *et al.*, « Industrial-era Global Ocean Heat Uptake Doubles in Recent Decades », *Nature Climate Change* 6: p. 394–398, 2016.

Publication sur la perception du temps en lien avec le métabolisme et la taille des organismes :
Healy (Kevin) *et al.*, « Metabolic Rate and Body Size Are Linked With Perception of Temporal Information », *Animal Behaviour* 86, p. 685–696, 2013.

Publication sur l'utilité des castors dans la restauration des habitats et le réensauvagement :
Law (Alan) *et al.*, « Using Ecosystem Engineers as Tools in Habitat Restoration and Rewilding: Beaver and Wetlands », *Science of the Total Environment*, p. 605–606 et p. 1021–1030, 2017.

Publication sur les temps de réactions chez les mammifères terrestres :
More (Heather L.) et Donelan (Maxwell J.), « Scaling of Sensorimotor Delays in Terrestrial Mammals », *Proceedings of the Royal Society B* 285, 2018.

Publication sur la communication des éléphants par ondes sismiques :
O'Connell-Rodwell (Caitlin E.), « Keeping an "Ear" to the Ground: Seismic Communication in Elephants ». *Physiology* 22, p. 287–294, 2007.

Publication sur la plante carnivore *Drosera glanduligera* :
Poppinga (Simon) *et al.*, « Catapulting Tentacles in a Sticky Carnivorous Plant », *PLoS ONE* 7, 2012.

Publication sur l'horloge circadienne des papillons monarques durant leur migration :
Reppert (Steven M.), « The Ancestral Circadian Clock of Monarch Butterflies: Role in Time-compensated Sun Compass Orientation », *Cold Spring Harbor Symposia on Quantitative Biology* 72, p. 113–118, 2007.

Publication sur le cactus *Mammillaria hernandezii* et sa stratégie de rétention des graines :
Santini (Bianca A.) et Martorell (Carlos), « Does Retained-seed Priming Drive the Evolution of Serotiny in Drylands? An Assessment Using the Cactus *Mammillaria hernandezii* », *American Journal of Botany* 100, p. 365–373, 2013.

Publication sur les apnées record des baleines de Cuvier :
Schorr (Gregory S.) *et al.*, « First Long-Term Behavioural Records from Cuvier's Beaked Whales (*Ziphius cavirostris*) Reveal Record-breaking Dives », *PLoS ONE* 9, 2014.

Publication sur la corrélation entre la durée de la copulation chez les mammifères et leur taille :
Stallmann (Robert) et Harcourt (Alexander H.), « Size Matters: the (Negative) Allometry of Copulatory Duration in Mammals », *Biological Journal of the Linnean Society* 87, p. 185–193, 2006.

Publication sur les contributions des microbiotes à la production et la conservation des nutriments chez les vertébrés :
Stevens (Charles. E.) et Hume (Ian. D.), « Contributions of Microbes in Vertebrate Gastrointestinal Tract to Production and Conservation of Nutrients », *Physiological Reviews* 78, p. 393–427, 1998.

Publication sur la migration du papillon belle-dame :
Talavera (Gerard) *et al.*, « Discovery of Mass Migration and Breeding of the Painted Lady Butterfly *Vanessa cardui* in the Sub-Sahara: the Europe–Africa Migration Revisited », *Biological Journal of the Linnean Society* 120, p. 274–285, 2017.

Publication sur les différences de régime alimentaire chez les tyrannosaures en fonction de leur stade de développement :
Therrien (François) *et al.*, « Mandibular Force Profiles and Tooth Morphology in Growth Series of *Albertosaurus sarcophagus* and *Gorgosaurus libratus* (Tyrannosauridae: Albertosaurinae) Provide Evidence for an Ontogenic Dietary Shift in Tyrannosaurids », *Canadian Journal of Earth Sciences* 58, p. 812–818, 2021.

Publication sur la corrélation entre les niveaux de cortisol chez les baleines et la chasse à la baleine du XXe siècle :
Trumble (Steven. J.) *et al.*, « Baleen Whale Cortisol Levels Reveal a Physiological Response to 20th Century Whaling », *Nature* 9, 2018.

Publication sur la régénération chez l'axolotl et la façon dont on pourrait s'en inspirer dans la médecine régénératrice :
Viera (Warren. A.) *et al.*, « Advancements to the Axolotl Model for Regeneration and Aging », *Gerontology* 66, p. 1–11, 2019.

Publication sur les bénéfices de passer du temps dans la nature sur la santé et le bien-être :
White (Mathew P.) *et al.*, « Spending at Least 120 Minutes a Week in Nature is Associated with Good Health and Wellbeing », *Scientific Reports* 13, 2019.

Publication sur la défécation chez les mammifères :
Yang (Patricia. J.) *et al.*, « Hydrodynamics of Defecation », *Soft Matter* 13, 2017.

Publication sur la durée de la miction chez les mammifères :
Yang (Patricia. J.) *et al.*, « Duration of Urination Does Not Change With Body Size », *PNAS* 111, 2014.

Publication sur la rémiz de Chine :
Zheng (Jia) *et al.*, « Breeding Biology and Parental Care Strategy of the Little-Known Chinese Penduline Tit (*Remiz consorbrinus*) », *Journal of Ornithology* 159, p. 657-666, 2018.

RAPPORTS D'ÉTUDES CLÉS

Étude sur les impacts du changement climatique sur les lançons en tant que proies des macareux :
Dawson (Kathryn) *et al.*, « Climate Change and Marine Conservation: Supporting management in a changing environment », MCCIP, 2018, mccip.org.uk/sites/default/files/2021-07/mccip-sandeels-and-theiravailability-as-prey.pdf

Étude sur les impacts du réchauffement climatique au-delà de 1,5 °C :
Groc (Isabelle) *et al.*, « Feeling the Heat: The Fate of Nature Beyond 1.5°C of Global Warming », 2021, wwf.org.uk/sites/default/files/2021-06/FEELING_THE_HEAT_REPORT.pdf

ORGANISATIONS ET ASSOCIATIONS

World Wildlife Fund
www.worldwildlife.org

Noé Conservation
www.noe.org/

Réserve mondiale de semences de Svalbard
www.seedvault.no

INDEX

CRÉDITS PHOTOGRAPHIQUES

L'éditeur remercie les organismes suivants pour leur aimable autorisation de reproduire des images soumises au droit d'auteur :

Alamy : Marli Wakeling 95B ; ImageBroker 124T, 150B ; Image Source 101 ; Minden Pictures 71C, 172T ; Nature Picture Library 86B, 88T ; WorldFoto 145

Gerald R. Allen/Western Australia Museum 106C

Julia Bartoli/Chantal Abergel/IGS/CNRS/AMU 108C

Doklady Biological Sciences 108L

Science Photo Library : Gerry Bishop 111TR ; Expedition to the Deep Slope 2007, NOAA-OE 87B ; Thomas Marent/ Look at Science 90 ; Reuters 111BR ; Sarit Richerson 111BL ; John Serrao 140

Shutterstock : Aldona Griskeviciene 125BL ; Angelo Giampiccolo 131 ; Antonio Galvez Lopez 60–1 ; ay Ondreicka 104L ; AyhanTuranMenekay 137C ; BelezaPoy 133 ; Bene_A 89BC ; Binturong-tonoscarpe 105B ; Butterfly Hunter 184–5 ; byvalet 169R ; Cavan-Images 153C ; Chase Dekker 55 ; COZ 169L ; Creeping Things 70TR ; Dan Olsen 125BR ; Danita Delimont 163R ; David Havel 9 ; Dennis Jacobsen 150C ; diegooscar01 107L ; Dotted Yeti 124C ; Double Brow Imagery 151B ; Ecopix 173T ; Edwin Godinho 100 ; Ekaterina Gerasimchuk 124B ; Eric Isselee 106L, 153B ; Erik Mandre 104R ; Etienne Outram 168R ; Evelyn D. Harrison 123C ; Facanv 193 ; Grzegorz Dlugosz 164 ; Hugh Lansdown 71TL ; Igor Kruglikov 151T ; irinaroma 95T ; Israel Moran 115 ; Jiri Balek 163L ; Joshua Davenport 181 ; Joule Sorubou 163C ; Ken Griffiths 71TR ; Kerry Hargrove 78T ; Kevin Wells Photography 123B ; Kirk Wester 151C ; komkrit Preechachanwate 127B ; Kuttelvaserova Stuchelova 153TC ; kwhw 125CL ; LeoDeKol 111TL ; lucacavallari 89L ; Marcin Kadziolka 110 ; margo_black 179 ; Mark Time Author 186 ; Maryna Pleshkun 107B ; Matis75 35 ; MLArduengo 71 BR ; mnoor 162C ; MZPHOTO.CZ 104C ; Peterson 89TR ; Phuong-Thao 111CR ; Primi2 150T ; Ricardo.Flores 125TR ; Rob Jansen 67 ; Ronald Shimek 130 ; Sallye 174 ; Salmeroncasanova 91L ; shymar2 89R ; slowmotiongli 162R ; Sue Leonard Photography 78B ; Super Prin 149 ; teekayu 125T ; Tom Reichner 70BR ; tristan tan 153T ; Ua_Biologist 109C ; Vadim Petrakov 21 ; vagabond54 105C ; Vagabondering Andy 162L ; Vera Larina 153BC ; Victoria Tucholka 107T ; Vince Adam 201 ; Vladimir Wrangel 88T ; wisawa222 119 ; wonderisland 89TL ; Wonderly Imaging 123T ; Zbigniew Guzowski 137T

Wikimedia Commons : 88 BR ; Aaron Lucas 105C ; Dr Alex Hyatt, CSIRO 70TL ; CactiLegacy 161 ; David V. Raju 95B ; Dcrjsr 85 ; Diego Fontaneto 108L ; Guillaume Dargaud 87T ; Jiang Chunsheng/ doi.org/10.1038/s41598-021-92372-z 66 ; © 2011 Jee & Rani Nature Photography 173B ; Jim Rorabaugh/USFWS 71BL ; Karl Brodowsky 91R ; Kembangraps 168L ; Leyo 86T ; Nico Michiels 172B ; NOAA Okeanos Explorer Program 87C ; Oskar Liset Pryds Hansen 109L ; Petr Hamerník 70 BL ; S. Rae 86C ; Steve Trewick 109R ; Taollan82, Kirt L. Onthank 88BC ; USDA Forest Service 79 ; writings. stephenwolfram.com/2018/01/showing-off-to-the-universe-beacons-for-the-afterlife-of-our-civilization 169L

L'éditeur souhaite également remercier les sources suivantes :

p. 28 fr.wikipedia .org/wiki/Histoire_%C3%A9volutive_des_%C3%89quid%C3%A9s
p. 56 marinesanctuary.org/wp-content/uploads/2021/01/whale-fall-poster-noaa-onms
p. 74 news.mongabay.com/2015/06/study-confirms-what-scientists-have-been-saying-fordecades-the-sixth-mass-extinction-is-real-and-caused-by-us
p. 80 oregonzoo.org/sites/default/files/gallery/images/Condor_graphic_web_H
p. 138 sitn.hms.harvard.edu/flash/2018/regeneration-axolotl-can-teach-us-regrowing-human-limbs
p. 140 rzuser.uni-heidelberg.de/~bu6/Introduction03.html
p. 180 learning.rzss.org.uk/mod/book/view.php?id=1277&chapterid=668

Tout a été mis en œuvre afin de trouver les détenteurs des droits d'auteur et d'obtenir leur autorisation pour utiliser les documents soumis au droit d'auteur. L'éditeur présente par avance ses excuses si des erreurs ou des omissions se sont glissées dans les listes ci-dessus et effectuera, dans le cadre de futures réimpressions, toutes les corrections nécessaires qui auront été portées à sa connaissance.